छाया (कहानी संग्रह)
और
स्कंदगुप्त

छाया (कहानी संग्रह) और स्कंदगुप्त

जयशंकर प्रसाद

ISBN: 978-93-90112-46-3

Published: -

LECTOR HOUSE LLP
E-MAIL: lectorpublishing@gmail.com

छाया (कहानी संग्रह)
और
स्कंदगुप्त

जयशंकर प्रसाद

अनुक्रम

पृष्ठ

छाया
(कहानी संग्रह)

स्कंदगुप्त

छाया
(कहानी संग्रह)

तानसेन

१

यह छोटा सा परिवार भी क्या ही सुन्दर है, सुहावने आम और जामुन के वृक्ष चारों ओर से इसे घेरे हुए हैं। दूर से देखने में यहाँ केवल एक बड़ा-सा वृक्षों का झुरमुट दिखाई देता है, पर इसका स्वच्छ जल अपने सौन्दर्य को ऊँचे ढूहों में छिपाये हुए है। कठोर-हृदया धरणी के वक्षःस्थल में यह छोटा-सा करुणा कुण्ड, बड़ी सावधानी से, प्रकृति ने छिपा रक्खा है।

सन्ध्या हो चली है। विहँग-कुल कोमल कल-रव करते हुए अपने-अपने नीड़ की ओर लौटने लगे हैं। अन्धकार अपना आगमन सूचित कराता हुआ वृक्षों के ऊँचे टहनियों के कोमल किसलयों को धुँधले रंग का बना रहा है। पर सूर्य की अन्तिम किरणें अभी अपना स्थान नहीं छोड़ना चाहती हैं। वे हवा के झोंकों से हटाई जाने पर भी अन्धकार के अधिकार का विरोध करती हुई सूर्यदेव की उँगलियों की तरह हिल रही हैं।

सन्ध्या हो गई। कोकिल बोल उठा। एक सुन्दर कोमल कण्ठ से निकली हुई रसीली तान ने उसे भी चुप कर दिया। मनोहर-स्वर-लहरी उस सरोवर-तीर से उठकर तट के सब वृक्षों को गुंजरित करने लगी। मधुर-मलयानिल-ताड़ित जल-लहरी उस स्वर के ताल पर नाचने लगी। हर-एक पत्ता ताल देने लगा। अद्भुत आनन्द का समावेश था। शान्ति का नैसर्गिक राज्य उस छोटी रमणीय भूमि में मानों जमकर बैठ गया था।

यह आनन्द-कानन अपना मनोहर स्वरूप एक पथिक से छिपा न सका, क्योंकि वह प्यासा था। जल की उसे आवश्यकता थी। उसका घोड़ा, जो बड़ी शीघ्रता से आ रहा था, रुका, ओर वह उतर पड़ा। पथिक बड़े वेग से अश्व से उतरा, पर वह भी स्तब्ध खड़ा हो गया; क्योंकि उसको भी उसी स्वर-लहरी ने मन्त्रमुग्ध फणी की तरह बना दिया। मृगया-शील पथिक क्लान्त था-वृक्ष के सहारे खड़ा हो गया। थोड़ी देर तक वह अपने को भूल गया। जब स्वर-लहरी ठहरी, तब उसकी निद्रा भी टूटी। युवक सारे श्रम को भूल गया, उसके अंग में एक अद्भुत स्फूर्ति मालूम हुई। वह, जहाँ से स्वर सुनाई पड़ता था, उसी ओर चला। जाकर देखा, एक युवक खड़ा होकर उस अन्धकार-रंजित जल की ओर देख रहा है।

पथिक ने उत्साह के साथ जाकर उस युवक के कंधे को पकड़ कर हिलाया। युवक का ध्यान टूटा। उसने पलटकर देखा।

२

पथिक का वीर-वेश भी सुन्दर था। उसकी खड़ी मूँछें उसके स्वाभाविक गर्व को तनकर जता रही थीं। युवक को उसके इस असभ्य बर्ताव पर क्रोध तो आया, पर कुछ सोचकर वह चुप हो रहा। और, इधर पथिक ने सरल स्वर से एक छोटा-सा प्रश्न कर दिया-क्यों भई, तुम्हारा नाम क्या है?

युवक ने उत्तर दिया-रामप्रसाद।

पथिक-यहाँ कहाँ रहते हो? अगर बाहर के रहने वाले हो, तो चलो, हमारे घर पर आज ठहरो।

युवक कुछ न बोला, किन्तु उसने एक स्वीकार-सूचक इंगित किया। पथिक और युवक, दोनों, अश्व के समीप आये। पथिक ने उसकी लगाम हाथ में ले ली। दोनों पैदल ही सड़क की ओर बढ़े।

दोनों एक विशाल दुर्ग के फाटक पर पहुँचे और उसमें प्रवेश किया। द्वार के रक्षकों ने उठकर आदर के साथ उस पथिक को अभिवादन किया। एक ने बढ़कर घोड़ा थाम लिया। अब दोनों ने बड़े दालानों और अमराइयों को पार करके एक छोटे से पाईं बाग में प्रवेश किया।

रामप्रसाद चकित था, उसे यह नहीं ज्ञात होता था कि वह किसके संग कहाँ जा रहा है। हाँ, यह उसे अवश्य प्रतीत हो गया कि यह पथिक इस दुर्ग का कोई प्रधान पुरुष है।

पाईं बाग में बीचोबीच एक चबूतरा था, जो संगमरमर का बना था। छोटी-छोटी सीढ़ियाँ चढ़कर दोनों उस पर पहुँचे। थोड़ी देर में एक दासी पानदान और दूसरी वारुणी की बोतल लिये हुए आ पहुँची।

पथिक, जिसे अब हम पथिक न कहेंगे, ग्वालियर-दुर्ग का किलेदार था, मुगल सम्राट अकबर के सरदारों में से था। बिछे हुए पारसी कालीन पर मसनद के सहारे वह बैठ गया। दोनों दासियाँ फिर एक हुक्का ले आईं और उसे रखकर मसनद के पीछे खड़ी होकर चँवर करने लगीं। एक ने रामप्रसाद की ओर बहुत बचाकर देखा।

युवक सरदार ने थोड़ी-सी वारुणी ली। दो-चार गिलौरी पान की खाकर फिर वह हुक्का खींचने लगा। रामप्रसाद क्या करे; बैठे-बैठे सरदार का मुँह देख रहा था। सरदार के ईरानी चेहरे पर वारुणी ने वार्निश का काम किया। उसका चेहरा चमक उठा। उत्साह से भरकर उसने कहा-रामप्रसाद, कुछ-कुछ गाओ। यह उस दासी की ओर देख रहा था।

३

रामप्रसाद, सरदार के साथ बहुत मिल गया। उसे अब कहीं भी रोक-टोक नहीं है। उसी पाईं-बाग में उसके रहने की जगह है। अपनी खिचड़ी आँच पर चढ़ाकर प्राय: चबूतरे पर आकर गुनगुनाया करता। ऐसा करने की उसे मनाही नहीं थी। सरदार भी कभी-कभी खड़े होकर बड़े प्रेम से उसे सुनते थे। किन्तु उस गुनगुनाहट ने एक बड़ा बेढब कार्य किया। वह यह कि सरदार-महल की एक नवीना दासी, उस गुनगुनाहट की धुन में, कभी-कभी पान में चूना रखना भूल जाया करती थी, और कभी-कभी मालकिन के 'किताब' माँगने पर 'आफ़ताबा' ले जाकर बड़ी लज्जित होती थी। पर तो भी बरामदे में से उसे एक बार उस चबूतरे की ओर देखना ही पड़ता था।

रामप्रसाद को कुछ नहीं-वह जंगली जीव था। उसे इस छोटे-से उद्यान में रहना पसन्द नहीं था, पर क्या करे। उसने भी एक कौतुक सोच रखा था। जब उसके स्वर में मुग्ध होकर कोई अपने कार्य में च्युत हो जाता, तब उसे बड़ा आनन्द मिलता।

सरदार अपने कार्य में व्यस्त रहते थे। उन्हें सन्ध्या को चबूतरे पर बैठकर रामप्रसाद के दो-एक गाने सुनने का नशा हो गया था। जिस दिन गाना नहीं सुनते, उस दिन उनको वारुणी में नशा कम हो जाता-उनकी विचित्र दशा हो जाती थी। रामप्रसाद ने एक दिन अपने पूर्व-परिचित सरोवर पर जाने के लिए छुट्टी माँगी; मिल भी गई।

सन्ध्या को सरदार चबूतरे पर नहीं बैठे, महल में चले गये। उनकी स्त्री ने कहा-आज आप उदास क्यों हैं?

सरदार-रामप्रसाद के गाने में मुझे बड़ा ही सुख मिलता है।

सरदार-पत्नी-क्या आपका रामप्रसाद इतना अच्छा गाता है जो उसके बिना आपको चैन नहीं?

मेरी समझ में मेरी बाँदी उससे अच्छा गा सकती है।

सरदार-(हँसकर) भला! उसका नाम क्या है?

सरदार-पत्नी-वही, सौसन-जिसे में देहली से खरीदकर ले आई हूँ।

सरदार-क्या खूब! अजी, उसको तो मैं रोज देखता हूँ। वह गाना जानती होती, तो क्या मैं आज तक न सुन सकता।

सरदार-पत्नी-तो इसमें बहस की कोई जरूरत नहीं है। कल उसका और रामप्रसाद का सामना कराया जावे।

सरदार-क्या हर्ज।

४

आज उस छोटे-से उद्यान में अच्छी सज-धज है। साज लेकर दासियाँ बजा रही हैं। 'सौसन' संकुचित होकर रामप्रसाद के सामने बैठी है। सरदार ने उसे गाने की आज्ञा दी। उसने गाना आरम्भ किया-

> कहो री, जो कहिबे की होई।
> बिरह बिथा अन्तर की वेदन सो जाने जेहि होई।।
> ऐसे कठिन भये पिय प्यारे काहि सुनावों रोई।
> 'सूरदास' सुखमूरि मनोहर लै जुगयो मन गोई।।

कमनीय कामिनी-कण्ठ की प्रत्येक तान में ऐसी सुन्दरता थी कि सुननेवाले बजानेवाले-सब चित्र लिखे-से हो गये। रामप्रसाद की विचित्र दशा थी, क्योंकि सौसन के स्वाभाविक भाव, जो उसकी ओर देखकर होते थे-उसे मुग्ध किये हुए थे।

रामप्रसाद गायक था, किन्तु रमणी-सुलभ भ्रू-भाव उसे नहीं आते थे। उसकी अन्तरात्मा ने उससे धीरे-से कहा कि 'सर्वस्व हार चुका'!

सरदार ने कहा-रामप्रसाद, तुम भी गाओ। वह भी एक अनिवार्य आकर्षण से-इच्छा न रहने पर भी, गाने लगा।

> हमारो हिरदय कलिसहु जीत्यो।

> फटत न सखी अजहुँ उहि आसा बरिस दिवस पर बीत्यो।।

> हमहूँ समुझि पर्यो नीके कर यह आसा तनु रीत्यो।

> 'सूरस्याम' दासी सुख सोवहु भयउ उभय मन चीत्यो।

सौसन के चेहरे पर गाने का भाव एकबारगी अरुणिमा में प्रगट हो गया। रामप्रसाद ने ऐसे करुण स्वर से इस पद को गाया कि दोनों मुग्ध हो गये।

सरदार ने देखा कि मेरी जीत हुई। प्रसन्न होकर बोल उठा-रामप्रसाद, जो इच्छा हो, माँग लो।

यह सुनकर सरदार-पत्नी के यहाँ से एक बाँदी आई और सौसन से बोली-बेगम ने कहा है कि तुम्हें भी जो माँगना हो, हमसे माँग लो।

रामप्रसाद ने थोड़ी देर तक कुछ न कहा। जब दूसरी बार सरदार ने माँगने को कहा, तब उसका चेहरा कुछ अस्वाभाविक-सा हो उठा। वह विक्षिप्त स्वर से बोल उठा-यदि आप अपनी बात पर दृढ़ हों, तो 'सौसन' को मुझे दे दीजिये।

उसी समय सौसन भी उस बाँदी से बोली-बेगम साहिबा यदि कुछ मुझे देना चाहें, तो अपने दासीपन से मुझे मुक्त कर दें।

बाँदी भीतर चली गई। सरदार चुप रह गये। बाँदी फिर आई और बोली-बेगम ने तुम्हारी प्रार्थना स्वीकार की और यह हार दिया है।

इतना कहकर उसने एक जड़ाऊ हार सौसन को पहना दिया।

सरदार ने कहा-रामप्रसाद, आज से तुम 'तानसेन' हुए। यह सौसन भी तुम्हारी हुई; लेकिन धरम से इसके साथ ब्याह करो।

तानसेन ने कहा-आज से हमारा धर्म 'प्रेम' है।

चंदा

१

चैत्र-कृष्णाष्टमी का चन्द्रमा अपना उज्ज्वल प्रकाश 'चन्द्रप्रभा' के निर्मल जल पर डाल रहा है। गिरि-श्रेणी के तरुवर अपने रंग को छोड़कर धवलित हो रहे हैं; कल-नादिनी समीर के संग धीरे-धीरे बह रही है। एक शिला-तल पर बैठी हुई कोलकुमारी सुरीले स्वर से-'दरद दिल काहि सुनाऊँ प्यारे! दरद' ...गा रही है।

गीत अधूरा ही है कि अकस्मात् एक कोलयुवक धीर-पद-संचालन करता हुआ उस रमणी के सम्मुख आकर खड़ा हो गया। उसे देखते ही रमणी की हृदय-तन्त्री बज उठी। रमणी बाह्य-स्वर भूलकर आन्तरिक स्वर से सुमधुर संगीत गाने लगी और उठकर खड़ी हो गई। प्रणय के वेग को सहन न करके वर्षा-वारिपूरिता स्रोतस्विनी के समान कोलकुमार के कंध-कूल से रमणी ने आलिंगन किया।

दोनों उसी शिला पर बैठ गये, और निर्निमेष सजल नेत्रों से परस्पर अवलोकन करने लगे। युवती ने कहा-तुम कैसे आये?

युवक-जैसे तुमने बुलाया।

युवती-(हँसकर) हमने तुम्हें कब बुलाया? और क्यों बुलाया?

युवक-गाकर बुलाया, और दरद सुनाने के लिये।

युवती-(दीर्घ निःश्वास लेकर) कैसे क्या करूँ? पिता ने तो उसी से विवाह करना निश्चय किया है।

युवक-(उत्तेजना से खड़ा होकर) तो जो कहो, मैं करने के लिए प्रस्तुत हूँ।

युवती-(चन्द्रप्रभा की ओर दिखाकर) बस, यही शरण है।

युवक-तो हमारे लिए कौन दूसरा स्थान है?

युवती-मैं तो प्रस्तुत हूँ।

युवक-हम तुम्हारे पहले।

युवती ने कहा-तो चलो।

युवक ने मेघ-गर्जन-स्वर से कहा-चलो।

दोनों हाथ में हाथ मिलाकर पहाड़ी से उतरने लगे। दोनों उतरकर चन्द्रप्रभा के तट पर आये, और एक शिला पर खड़े हो गये। तब युवती ने कहा-अब विदा!

युवक ने कहा-किससे? मैं तो तुम्हारे साथ-जब तक सृष्टि रहेगी तब तक-रहूँगा।

इतने ही में शाल-वृक्ष के नीचे एक छाया दिखाई पड़ी और वह इन्हीं दोनों की ओर आती हुई दिखाई देने लगी। दोनों ने चकित होकर देखा कि एक कोल खड़ा है। उसने गम्भीर स्वर से युवती से पूछा-चंदा! तू यहाँ क्यों आई?

युवती-तुम पूछने वाले कौन हो?

आगन्तुक युवक-मैं तुम्हारा भावी पति 'रामू' हूँ।

युवती-मैं तुमसे ब्याह न करूँगी।

आगन्तुक युवक-फिर किससे तुम्हारा ब्याह होगा?

युवती ने पहले के आये हुए युवक की ओर इंगित करके कहा-इन्हीं से।

आगन्तुक युवक से अब न सहा गया। घूमकर पूछा-क्यों हीरा! तुम ब्याह करोगे?

हीरा-तो इसमें तुम्हारा क्या तात्पर्य है?

रामू-तुम्हें इससे अलग हो जाना चाहिये।

हीरा-क्यों, तुम कौन होते हो?

रामू-हमारा इससे संबंध पक्का हो चुका है।

हीरा-पर जिससे संबंध होने वाला है, वह सहमत न हो, तब?

रामू-क्यों चंदा! क्या कहती हो?

चंदा-मैं तुमसे ब्याह न करूँगी।

रामू-तो हीरा से भी तुम ब्याह नहीं कर सकतीं!

चंदा-क्यों?

रामू-(हीरा से) अब हमारा-तुम्हारा फैसला हो जाना चाहिये, क्योंकि एक म्यान में दो तलवारें नहीं रह सकतीं।

इतना कहकर हीरा के ऊपर झपटकर उसने अचानक छुरे का वार किया।

हीरा, यद्यपि सचेत हो रहा था; पर उसको सम्हलने में विलम्ब हुआ, इससे घाव लग गया, और वह वक्ष थामकर बैठ गया। इतने में चंदा जोर से क्रन्दन कर उठी-साथ ही एक वृद्ध भील आता हुआ दिखाई पड़ा।

२

युवती मुँह ढाँपकर रो रही है, और युवक रक्ताक्त छूरा लिये, घृणा की दृष्टि से खड़े हुए, हीरा की ओर देख रहा है। विमल चन्द्रिका में चित्र की तरह वे दिखाई दे रहे हैं। वृद्ध को जब चंदा ने देखा, तो और वेग से रोने लगी। उस दृश्य को देखते ही वृद्ध कोल-पति सब बात समझ गया, और रामू के समीप जाकर छूरा उसके हाथ से ले लिया, और आज्ञा के स्वर में कहा-तुम दोनों हीरा को उठाकर नदी के समीप ले चलो।

इतना कहकर वृद्ध उन सबों के साथ आकर नदी-तट पर जल के समीप खड़ा हो गया। रामू और चंदा दोनों ने मिलकर उसके घाव को धोया और हीरा के मुँह पर छींटा दिया, जिससे उसकी मूर्च्छा दूर हुई। तब वृद्ध ने सब बातें हीरा से पूछीं; पूछ लेने पर रामू से कहा-क्यों, यह सब ठीक है?

रामू ने कहा-सब सत्य है।

वृद्ध-तो तुम अब चंदा के योग्य नहीं हो, और यह छूरा भी-जिसे हमने तुम्हें दिया था। तुम्हारे योग्य नहीं है। तुम शीघ्र ही हमारे जंगल से चले जाओ, नहीं तो तुम्हारा हाल महाराज से कह देंगे, और उसका क्या परिणाम होगा सो तुम स्वयं समझ सकते हो। (हीरा की ओर देखकर) बेटा! तुम्हारा घाव शीघ्र अच्छा हो जायगा, घबड़ाना नहीं, चंदा तुम्हारी ही होगी।

यह सुनकर चंदा और हीरा का मुख प्रसन्नता से चमकने लगा, पर हीरा ने लेटे-ही-लेटे हाथ जोड़कर कहा-पिता! एक बात कहनी है, यदि आपकी आज्ञा हो।

वृद्ध-हम समझ गये, बेटा! रामू विश्वासघाती है।

हीरा-नहीं पिता! अब वह ऐसा कार्य नहीं करेगा। आप क्षमा करेंगे, मैं ऐसी आशा करता हूँ।

वृद्ध-जैसी तुम्हारी इच्छा।

कुछ दिन के बाद जब हीरा अच्छी प्रकार से आरोग्य हो गया, तब उसका ब्याह चंदा से हो गया। रामू भी उस उत्सव में सम्मिलित हुआ, पर उसका बदन मलीन और चिन्तापूर्ण था। वृद्ध कुछ ही काल में अपना पद हीरा को सौंप स्वर्ग को सिधारा। हीरा और चंदा सुख से विमल चाँदनी में बैठकर पहाड़ी झरनों का कल-नाद-मय आनन्द-संगीत सुनते थे।

३

अंशुमाली अपनी तीक्ष्ण किरणों से वन्य-देश को परितापित कर रहे हैं। मृग-सिंह एक स्थान पर बैठकर, छाया-सुख में अपने बैर-भाव को भूलकर, ऊँघ रहे हैं। चन्द्रप्रभा के तट पर पहाड़ी की एक गुहा में जहाँ कि छतनार पेड़ों की छाया उष्ण वायु को भी शीतल कर देती है, हीरा और चंदा बैठे हैं। हृदय के अनन्त विकास से उनका मुख प्रफुल्लित दिखाई पड़ता है। उन्हें वस्त्र के लिये वृक्षगण वल्कल देते हैं; भोजन के लिये प्याज, मेवा इत्यादि जंगली सुस्वादु फल, शीतल स्वच्छन्द पवन; निवास के लिये गिरि-गुहा; प्राकृतिक झरनों का शीतल जल उनके सब अभावों को दूर करता है, और सबल तथा स्वच्छन्द बनाने में ये सब सहायता देते हैं। उन्हें किसी की अपेक्षा नहीं पड़ती। अस्तु, उन्हीं सब सुखों से आनन्दित व्यक्तिद्वय 'चन्द्रप्रभा' के जल का कल-नाद सुनकर अपनी हृदय-वीणा को बजाते हैं।

चंदा-प्रिय! आज उदासीन क्यों हो?

हीरा-नहीं तो, मैं यह सोच रहा हूँ कि इस वन में राजा आने वाले हैं। हम लोग यद्यपि अधीन नहीं हैं तो भी उन्हें शिकार खेलाया जाता है, और इसमें हम लोगों की कुछ हानि भी नहीं है। उसके प्रतिकार में हम लोगों को कुछ मिलता है, पर आजकल इस वन में जानवर दिखाई नहीं पड़ते। इसलिये सोचता हूँ कि कोई शेर या छोटा चीता भी मिल जाता, तो कार्य हो जाता।

चंदा-खोज किया था?

हीरा-हाँ, आदमी तो गया है।

इतने में एक कोल दौड़ता हुआ आया, और कहा राजा आ गये हैं और तहखाने में बैठे हैं। एक तेंदुआ भी दिखाई दिया है।

हीरा का मुख प्रसन्नता से चमकने लगा, और वह अपना कुल्हाड़ा सम्हालकर उस आगन्तुक के साथ वहाँ पहुँचा, जहाँ शिकार का आयोजन हो चुका था।

राजा साहब झंझरी में बंदूक की नाल रखे हुए ताक रहे हैं। एक ओर से बाजा बज उठा। एक चीता भागता हुआ सामने से निकला। राजा साहब ने उस पर वार किया। गोली लगी, पर चमड़े को छेदती हुई पार हो गई; इससे वह जानवर भागकर निकल गया। अब तो राजा साहब बहुत ही दुःखित हुए। हीरा को बुलाकर कहा-क्यों जी, यह जानवर नहीं मिलेगा?

उस वीर कोल ने कहा-क्यों नहीं?

इतना कहकर वह उसी ओर चला। झाड़ी में, जहाँ वह चीता घाव से व्याकुल बैठा था, वहाँ पहुँचकर उसने देखना आरम्भ किया। क्रोध से भरा हुआ चीता उस कोल-युवक को देखते ही झपटा।

युवक असावधानी के कारण वार न कर सका, पर दोनों हाथों से उस भयानक जन्तु की गर्दन को पकड़ लिया, और उसने भी इसके कंधे पर अपने दोनों पंजों को जमा दिया।

दोनों में बल-प्रयोग होने लगा। थोड़ी देर में दोनों जमीन पर लेट गये।

४

यह बात राजा साहब को विदित हुई। उन्होंने उसकी मदद के लिए कोलों को जाने की आज्ञा दी। रामू उस अवसर पर था। उसने सबके पहले जाने के लिए पैर बढ़ाया, और चला। वहाँ जब पहुँचा, तो उस दृश्य को देखकर घबड़ा गया, और हीरा से कहा-हाथ ढीला कर; जब यह छोड़ने लगे, तब गोली मारूँ, नहीं तो सम्भव है कि तुम्हीं को लग जाय।

हीरा-नहीं, तुम गोली मारो।

रामू-तुम छोड़ो तो मैं वार करूँ।

हीरा-नहीं, यह अच्छा नहीं होगा।

रामू-तुम उसे छोड़ो, मैं अभी मारता हूँ।

हीरा-नहीं, तुम वार करो।

रामू-वार करने से सम्भव है कि उछले और तुम्हारे हाथ छूट जायँ, तो तुमको यह तोड़ डालेगा।

हीरा-नहीं, तुम मार लो, मेरा हाथ ढीला हुआ जाता है।

रामू-तुम हठ करते हो, मानते नहीं।

इतने में हीरा का हाथ कुछ बात-चीत करते-करते ढीला पड़ा; वह चीता उछलकर हीरा की कमर को पकड़कर तोड़ने लगा।

रामू खड़ा होकर देख रहा है, और पैशाचिक आकृति उस घृणित पशु के मुख पर लक्षित हो रही है और वह हँस रहा है।

हीरा टूटी हुई साँस से कहने लगा-अब भी मार ले।

रामू ने कहा-अब तू मर ले, तब वह भी मारा जायेगा। तूने हमारा हृदय निकाल लिया है, तूने हमारा घोर अपमान किया है, उसी का प्रतिफल है। इसे भोग।

हीरा को चीता खाये डालता है; पर उसने कहा-नीच! तू जानता है कि 'चंदा' अब तेरी होगी। कभी नहीं! तू नीच है-इस चीते से भी भयंकर जानवर है।

रामू ने पैशाचिक हँसी हँसकर कहा-चंदा अब तेरी तो नहीं है, अब वह चाहे जिसकी हो।

हीरा ने टूटी हुई आवाज से कहा-तुझे इस विश्वासघात का फल शीघ्र मिलेगा और चंदा फिर हमसे मिलेगी। चंदा...प्यारी...च...

इतना उसके मुख से निकला ही था कि चीते ने उसका सिर दाँतों के तले दाब लिया। रामू देखकर पैशाचिक हँसी हँस रहा था। हीरा के समाप्त हो जाने पर रामू लौट आया, और झूठी बातें बनाकर राजा से कहा कि उसको हमारे जाने के पहले ही चीता ने मार लिया।

राजा बहुत दुखी हुए, और जंगल की सरदारी रामू को मिली।

५

बसंत की राका चारों ओर अनूठा दृश्य दिखा रही है। चन्द्रमा न मालूम किस लक्ष्य की ओर

दौड़ा चला जा रहा है; कुछ पूछने से भी नहीं बताता। कुटज की कली का परिमल लिये पवन भी न मालूम कहाँ दौड़ रहा है; उसका भी कुछ समझ नहीं पड़ता। उसी तरह, चन्द्रप्रभा के तीर पर बैठी हुई कोल-कुमारी का कोमल कण्ठ-स्वर भी किस धुन में है-नहीं ज्ञात होता।

अकस्मात् गोली की आवाज ने उसे चौंका दिया। गाने के समय जो उसका मुख उद्वेग और करुणा से पूर्ण दिखाई पड़ता था, वह घृणा और क्रोध से रंजित हो गया, और वह उठकर पुच्छमर्दिता सिंहनी के समान तनकर खड़ी हो गई, और धीरे से कहा-यही समय है। ज्ञात होता है, राजा इस समय शिकार खेलने पुन: आ गये हैं-बस, वह अपने वस्त्र को ठीक करके कोल-बालक बन गई, और कमर में से एक चमचमाता हुआ छुरा निकालकर चूमा। वह चाँदनी में चमकने लगा। फिर वह कहने लगी-यद्यपि तुमने हीरा का रक्तपात कर लिया है, लेकिन पिता ने रामू से तुम्हें ले लिया है। अब तुम हमारे हाथ में हो, तुम्हें आज रामू का भी खून पीना होगा।

इतना कहकर वह गोली के शब्द की ओर लक्ष्य करके चली। देखा कि तहखाने में राजा साहब बैठे हैं। शेर को गोली लग चुकी है, और वह भाग गया है, उसका पता नहीं लग रहा है, रामू सरदार है, अतएव उसको खोजने के लिए आज्ञा हुई, वह शीघ्र ही सन्नद्ध हुआ। राजा ने कहा-कोई साथी लेते जाओ।

पहले तो उसने अस्वीकार किया, पर जब एक कोल युवक स्वयं साथ चलने को तैयार हुआ, तो वह नहीं भी न कर सका, और सीधे-जिधर शेर गया था, उसी ओर चला। कोल-बालक भी उसके पीछे हैं। वहाँ घाव से व्याकुल शेर चिंघ्घाड़ रहा है, इसने जाते ही ललकारा। उसने तत्काल ही निकलकर वार किया। रामू कम साहसी नहीं था, उसने उसके खुले मुँह में निर्भीक होकर बन्दूक की नाल डाल दी; पर उसके जरा-सा मुँह घुमा लेने से गोली चमड़ा छेदकर पार निकल गई, और शेर ने क्रुद्ध होकर दाँत से बंदूक की नाल दबा ली। अब दोनों एक दूसरे को ढकेलने लगे; पर कोल-बालक चुपचाप खड़ा है। रामू ने कहा-मार, अब देखता क्या है?

युवक-तुम इससे बहुत अच्छी तरह लड़ रहे हो।

रामू-मारता क्यों नहीं?

युवक-इसी तरह शायद हीरा से भी लड़ाई हुई थी, क्या तुम नहीं लड़ सकते?

रामू-कौन, चंदा! तुम हो? आह, शीघ्र ही मारो, नहीं तो अब यह सबल हो रहा है।

चंदा ने कहा-हाँ, लो मैं मारती हूँ, इसी छुरे से हमारे सामने तुमने हीरा को मारा था, यह वही छुरा है, यह तुझे दु:ख से निश्चय ही छुड़ावेगा-इतना कहकर चंदा ने रामू की बगल में छुरा उतार दिया। वह छटपटाया। इतने ही में शेर को मौका मिला, वह भी रामू पर टूट पड़ा और उसका इति कर आप भी वहीं गिर पड़ा।

चंदा ने अपना छुरा निकाल लिया, और उसको चाँदनी में रंगा हुआ देखने लगी, फिर खिलखिलाकर हँसी और कहा, -'दरद दिल काहि सुनाऊँ प्यारे!' फिर हँसकर कहा-हीरा! तुम देखते होगे, पर अब तो यह छुरा ही दिल की दाह सुनेगा। इतना कहकर अपनी छाती में उसे भोंक लिया और उसी जगह गिर गई, और कहने लगी......हीरा......हम......तुमसे तुमसे......मिले ही......

चन्द्रमा अपने मन्द प्रकाश में यह सब देख रहा था।

ग्राम

१

टन! टन! टन! स्टेशन पर घण्टी बोली।

श्रावण-मास की सन्ध्या भी कैसी मनोहारिणी होती है! मेघ-माला-विभूषित गगन की छाया सघन रसाल-कानन में पड़ रही है! अँधियारी धीरे-धीरे अपना अधिकार पूर्व-गगन में जमाती हुई, सुशासनकारिणी महाराणी के समान, विहंग प्रजागण को सुख-निकेतन में शयन करने की आज्ञा दे रही है। आकाशरूपी शासन-पत्र पर प्रकृति के हस्ताक्षर के समान बिजली की रेखा दिखाई पड़ती है...ग्राम्य स्टेशन पर कहीं एक-दो दीपालोक दिखाई पड़ता है। पवन हरे-हरे निकुञ्जों में से भ्रमण करता हुआ झिल्ली के झनकार के साथ भरी हुई झीलों में लहरों के साथ खेल रहा है। बूँदियाँ धीरे-धीरे गिर रही हैं, जो जूही की कलियों को आर्द्र करके पवन को भी शीतल कर रही हैं।

थोड़े समय में वर्षा बंद हो गई। अन्धकार-रूपी अंजन के अग्रभाग-स्थित आलोक के समान चतुर्दशी की लालिमा को लिये हुए चन्द्रदेव प्राची में हरे-हरे तरुवरों की आड़ में से अपनी किरण-प्रभा दिखाने लगे। पवन की सनसनाहट के साथ रेलगाड़ी का शब्द सुनाई पड़ने लगा। सिग्नलर ने अपना कार्य किया। घण्टा का शब्द उस हरे-भरे मैदान में गूंजने लगा। यात्री लोग अपनी गठरी बाँधते हुए स्टेशन पर पहुँचे। महादैत्य के लाल-लाल नेत्रों के समान अंजन-गिरिनिभ इंजिन का अग्रस्थित रक्त-आलोक दिखाई देने लगा। पागलों के समान बड़बड़ाती हुई अपनी धुन की पक्की रेलगाड़ी स्टेशन पर पहुँच गई। धड़ाधड़ यात्री लोग उतरने-चढ़ने लगे। एक स्त्री की ओर देखकर फाटक के बाहर खड़ी हुई दो औरतें-जो उसकी सहेली मालूम देती हैं-रो रही हैं, और वह स्त्री एक मनुष्य के साथ रेल में बैठने को उद्यत है। उनकी क्रन्दन-ध्वनि से वह स्त्री दीन-भाव से उनकी ओर देखती हुई, बिना समझे हुए, सेकंड क्लास की गाड़ी में चढ़ने लगी; पर उसमें बैठे हुए बाबू साहब- 'यह दूसरा दर्जा है, इसमें मत चढ़ो' कहते हुए उतर पड़े, और अपना हण्टर घुमाते हुए स्टेशन से बाहर होने का उद्योग करने लगे।

विलायती पिक का वृचिस पहने, बूट चढ़ाये, हण्टिंग कोट, धानी रंग का साफा, अंग्रेजी हिन्दस्तानी का महासम्मेलन बाबू साहब के अंग पर दिखाई पड़ रहा है। गौर वर्ण, उन्नत ललाट-उसकी आभा को बढ़ा रहे हैं। स्टेशन मास्टर से सामना होते ही शेकहैंड करने के उपरान्त बाबू साहब से बातचीत होने लगी।

स्टेशन मास्टर-आप इस वक्त कहाँ से आ रहे हैं?

मोहन-कारिंदों ने इलाके में बड़ा गड़बड़ मचा रक्खा है, इसलिये मैं कुसुमपुर-जो कि हमारा इलाका है-इंस्पेक्शन के लिए जा रहा हूँ।

स्टेशन मास्टर-फिर कब पलटियेगा?

मोहन-दो रोज में। अच्छा, गुड इवनिंग।

स्टेशन मास्टर, जो लाइन-क्लियर दे चुके थे, गुड इवनिंग करते हुए अपने आफिस में घुस गये।

बाबू मोहनलाल अंग्रेजी काठी से सजे हुए घोड़े पर, जो पूर्व ही स्टेशन पर खड़ा था, सवार होकर चलते हुए।

२

सरलस्वभावा ग्रामवासिनी कुलकामिनीगण का सुमधुर संगीत धीरे-धीरे आम्र-कानन में से निकलकर चारों ओर गूँज रहा है। अन्धकार गगन में जुगनू-तारे चमक-चमक कर चित्त को चंचल कर रहे हैं। ग्रामीण लोग अपना हल कंधे पर रक्खे, बिरहा गाते हुए, बैलों की जोड़ी के साथ, घर की ओर प्रत्यावर्तन कर रहे हैं।

एक विशाल तरुवर की शाखा में झूला पड़ा हुआ है, उस पर चार महिलाएँ बैठी हैं, और पचासों उसको घेरकर गाती हुई घूम रही हैं। झूले के पेंग के साथ 'अबकी सावन सइयाँ घर रहु रे' की सुरीली पचासों कोकिल-कण्ठ से निकली हुई तान पशुगणों को भी मोहित कर रही है। बालिकाएँ स्वच्छन्द भाव से क्रीड़ा कर रही हैं। अकस्मात् अश्व के पद-शब्द ने उन सरला कामिनियों को चौंका दिया। वे सब देखती हैं, तो हमारे पूर्व-परिचित बाबू मोहनलाल घोड़े को रोककर उस पर से उतर रहे हैं। वे सब उनका भेष देखकर घबरा गयीं और आपस में कुछ इंगित करके चुप रह गयीं।

बाबू मोहनलाल ने निस्तब्धता को भंग किया, और बोले-भद्रे! यहाँ से कुसुमपुर कितनी दूर है? और किधर से जाना होगा? एक प्रौढ़ा ने सोचा कि 'भद्रे' कोई परिहास-शब्द तो नहीं है, पर वह कुछ कह न सकी, केवल एक ओर दिखाकर बोली-इहाँ से डेढ़ कोस तो बाय, इहै पेंड़वा जाई।

बाबू मोहनलाल उसी पगडंडी से चले। चलते-चलते उन्हें भ्रम हो गया, और वह अपनी छावनी का पथ छोड़कर दूसरे मार्ग से जाने लगे। मेघ घिर आये, जल वेग से बरसने लगा, अन्धकार और घना हो गया। भटकते-भटकते वह एक खेत के समीप पहुँचे; वहाँ उस हरे-भरे खेत में एक ऊँचा और बड़ा मचान था, जो कि फूस से छाया हुआ था, और समीप ही में एक छोटा-सा कच्चा मकान था।

उस मचान पर बालक और बालिकाएँ बैठी हुई कोलाहल मचा रही थीं। जल में भीगते हुए भी मोहनलाल खेत के समीप खड़े होकर उनके आनन्द-कलरव को श्रवण करने लगे।

भ्रान्त होने से उन्हें बहुत समय व्यतीत हो गया। रात्रि अधिक बीत गयी। कहाँ ठहरें? इसी विचार में वह खड़े रहे, बूँदें कम हो गयीं। इतने में एक बालिका अपने मलिन वसन के अंचल की आड़ में दीप लिये हुए उसी मचान की ओर जाती हुई दिखाई पड़ी।

३

बालिका की अवस्था 15 वर्ष की है। आलोक से उसका अंग अन्धकार-घन में विद्युल्लेखा की तरह चमक रहा था। यद्यपि दरिद्रता ने उसे मलिन कर रक्खा है, पर ईश्वरीय सुषमा उसके कोमल अंग पर अपना निवास किये हुए है। मोहनलाल ने घोड़ा बढ़ाकर उससे कुछ पूछना चाहा, पर संकुचित होकर ठिठक गये। परन्तु पूछने के अतिरिक्त दूसरा उपाय ही नहीं था। अस्तु, रूखेपन के साथ पूछा-कुसुमपुर का रास्ता किधर है?

बालिका इस भव्य मूर्ति को देखकर डरी, पर साहस के साथ बोली-मैं नहीं जानती। ऐसे सरल नेत्र-संचालन से इंगित करके उसने ये शब्द कहे कि युवक को क्रोध के स्थान में हँसी आ गयी और कहने लगा-तो जो जानता हो, मुझे बतलाओ, मैं उससे पूछ लूँगा।

बालिका-हमारी माता जानती होंगी।

मोहन-इस समय तुम कहाँ जाती हो?

बालिका-(मचान की ओर दिखाकर) वहाँ जो कई लड़के हैं, उनमें से एक हमारा भाई है, उसी

को खिलाने जाती हूँ।

मोहन-बालक इतनी रात को खेत में क्यों बैठा है?

बालिका-वह रात-भर और लड़कों के साथ खेत में ही रहता है।

मोहन-तुम्हारी माँ कहाँ है?

बालिका-चलिये, मैं लिवा चलती हूँ।

इतना कहकर बालिका अपने भाई के पास गयी, और उसको खिलाकर तथा उसके पास बैठे हुए लड़कों को भी कुछ देकर उसी क्षुद्र-कुटीराभिमुख गमन करने लगी। मोहनलाल उस सरला बालिका के पीछे चले।

४

उस क्षुद्र कुटीर में पहुँचने पर एक स्त्री मोहनलाल को दिखाई पड़ी, जिसकी अंगप्रभा स्वर्ण-तुल्य थी, तेजोमय मुख-मण्डल, तथा ईषत् उन्नत अधर अभिमान से भरे हुए थे, अवस्था उसकी 50 वर्ष से अधिक थी। मोहनलाल की आन्तरिक अवस्था, जो ग्राम्य जीवन देखने से कुछ बदल चुकी थी, उस सरल गम्भीर तेजोमय मूर्ति को देख और भी सरल विनययुक्त हो गयी। उसने झुककर प्रणाम किया। स्त्री ने आशीर्वाद दिया और पूछा-बेटा! कहाँ से आते हो?

मोहन-मैं कुसुमपुर जाता था, किन्तु रास्ता भूल गया......।

'कुसुमपुर' का नाम सुनते ही स्त्री का मुख-मण्डल आरक्तिम हो गया और उसके नेत्र से दो बूंद आँसू निकल आये। वे अश्रु करुणा के नहीं किन्तु अभिमान के थे।

मोहनलाल आश्चर्यान्वित होकर देख रहे थे। उन्होंने पूछा-आपको कुसुमपुर के नाम से क्षोभ क्यों हुआ?

स्त्री-बेटा! उसकी बड़ी कथा है, तुम सुनकर क्या करोगे?

मोहन-नहीं, मैं सुनना चाहता हूँ, यदि आप कृपा करके सुनावें।

स्त्री-अच्छा, कुछ जलपान कर लो, तब सुनाऊँगी।

पुन: बालिका की ओर देखकर स्त्री ने कहा-कुछ जल पीने को ले आओ।

आज्ञा पाते ही बालिका उस क्षुद्र गृह के एक मिट्टी के बर्तन में से कुछ वस्तु निकाल, उसे एक पात्र में घोलकर ले आयी, और मोहनलाल के सामने रख दिया। मोहनलाल उस शर्बत को पान करके फूस की चटाई पर बैठकर स्त्री की कथा सुनने लगे।

५

स्त्री कहने लगी-हमारे पति इस प्रान्त के गण्य भूस्वामी थे, और वंश भी हम लोगों का बहुत उच्च था। जिस गाँव का अभी आपने नाम लिया है, वही हमारे पति की प्रधान जमींदारी थी। कार्यवश कुंदनलाल नामक एक महाजन से कुछ ऋण लिया गया। कुछ भी विचार न करने से उनका बहुत रुपया बढ़ गया, और जब ऐसी अवस्था पहुँची तो अनेक उपाय करके हमारे पति धन जुटाकर उनके पास ले गये, तब उस धूर्त ने कहा-क्या हर्ज है बाबू साहब! आप आठ रोज में आना, हम रुपया ले लेंगे, और जो घाटा होगा, उसे छोड़ देंगे, आपका इलाका फिर जायगा, इस समय रेहननामा भी नहीं मिल रहा है। उसका विश्वास करके हमारे पति फिर बैठ रहे, और उसने कुछ भी न पूछा। उनकी उदारता के कारण वह संचित धन भी थोड़ा हो गया, और उधर उसने दावा करके इलाका-जो कि वह ले लेना चाहता था-बहुत थोड़े रुपये में नीलाम करा लिया। फिर हमारे पति के हृदय में, उस इलाके के इस

भाँति निकल जाने के कारण, बहुत चोट पहुँची, और इसी से उनकी मृत्यु हो गयी। इस दशा के होने के उपरान्त हम लोग इस दूसरे गाँव में आकर रहने लगीं। यहाँ के जमींदार बहुत धर्मात्मा हैं, उन्होंने कुछ सामान्य ‹कर› पर यह भूमि दी है, इसी से अब हमारी जीविका है। ....

इतना कहते-कहते स्त्री का गला अभिमान से भर आया और कुछ कह न सकी।

स्त्री की कथा को सुनकर मोहनलाल को बड़ा दुःख हुआ। रात विशेष बीत चुकी थी, अत: रात्रि-यापन करके, प्रभात में मलिन तथा पश्चिमगामी चन्द्र का अनुसरण करके, बताये हुए पथ से वह चले गये।

पर उनके मुख पर विषाद तथा लज्जा ने अधिकार कर लिया था। कारण यह था कि स्त्री की जमींदारी हरण करने वाले, तथा उसके प्राणप्रिय पति से उसे विच्छेद कराकर इस भाँति दुःख देने वाले कुंदनलाल मोहनलाल के ही पिता थे।

रसिया बालम

१

संसार को शान्तिमय करने के लिए रजनी देवी ने अभी अपना अधिकार पूर्णत: नहीं प्राप्त किया है। अंशुमाली अभी अपने आधे बिम्ब को प्रतीची में दिखा रहे हैं। केवल एक मनुष्य अर्बुद-गिरि-सुदृढ़ दुर्ग के नीचे एक झरने के तट पर बैठा हुआ उस अर्ध-स्वर्ण पिंड की ओर देखता है और कभी-कभी दुर्ग के ऊपर राजमहल की खिड़की की ओर भी देख लेता है, फिर कुछ गुनगुनाने लगता है।

घण्टों उसे वैसे ही बैठे बीत गये। कोई कार्य नहीं, केवल उसे उस खिड़की की ओर देखना। अकस्मात् एक उजाले की प्रभा उस नीची पहाड़ी भूमि पर पड़ी और साथ ही किसी वस्तु का शब्द भी हुआ, परन्तु उस युवक का ध्यान उस ओर नहीं था। वह तो केवल उस खिड़की में के उस सुन्दर मुख की ओर देखने की आशा से उसी ओर देखता रहा, जिसने केवल एक बार उसे झलक दिखाकर मन्त्रमुग्ध कर दिया था।

इधर उस कागज में लिपटी हुई वस्तु को एक अपरिचित व्यक्ति, जो छिपा खड़ा था, उठाकर चलता हुआ। धीरे-धीरे रजनी की गम्भीरता उस शैल-प्रदेश में और भी गम्भीर हो गयी और झाड़ियों की ओट में तो अन्धकार मूर्तिमान हो बैठा हुआ ज्ञात होता था, परन्तु उस युवक को इसकी कुछ भी चिन्ता नहीं। जब तक उस खिड़की में प्रकाश था, तब तक वह उसी ओर निर्निमेष देख रहा था, और कभी-कभी अस्फुट स्वर से वही गुन-गुनाहट उसके मुख से वनस्पतियों को सुनाई पड़ती थी।

जब वह प्रकाश बिल्कुल न रहा, तब वह युवक उठा और समीप के झरने के तट से होते हुए उसी अन्धकार में विलीन हो गया।

२

दिवाकर की पहली किरण ने जब चमेली की कलियों को चटकाया, तब उन डालियों को उतना नहीं ज्ञात हुआ, जितना कि एक युवक के शरीर-स्पर्श से उन्हें हिलना पड़ा, जो कि काँटे और झाड़ियों का कुछ भी ध्यान न करके सीधा अपने मार्ग का अनुसरण कर रहा है। वह युवक फिर उसी खिड़की के सामने पहुँचा और जाकर अपने पूर्व-परिचित शिलाखंड पर बैठ गया, और पुन: वही क्रिया आरम्भ हुई। धीरे-धीरे एक सैनिक पुरुष ने आकर उस युवक के कंधे पर अपना हाथ रक्खा।

युवक चौंक उठा और क्रोधित होकर बोला–तुम कौन हो?

आगन्तुक हँस पड़ा और बोला–यही तो मेरा भी प्रश्न है कि तुम कौन हो? और क्यों इस अन्त:पुर की खिड़की के सामने बैठे हो? और तुम्हारा क्या अभिप्राय है?

युवक–मैं यहाँ घूमता हूँ, और यही मेरा मकान है। मैं जो यहाँ बैठा हूँ, मित्र! वह बात यह है कि मेरा एक मित्र इसी प्रकोष्ठ में रहता है; मैं कभी-कभी उसका दर्शन पा जाता हूँ, और अपने चित्त को प्रसन्न करता हूँ।

सैनिक–पर मित्र! तुम नहीं जानते कि यह राजकीय अन्त:पुर है। तुम्हें ऐसे देखकर तुम्हारी क्या

दशा हो सकती है? और महाराजा तुम्हें क्या समझेंगे?

युवक-जो कुछ हो; मेरा कुछ असत् अभिप्राय नहीं है, मैं तो केवल सुन्दर रूप का दर्शन ही निरन्तर चाहता हूँ, और यदि महाराज भी पूछें तो यही कहूँगा।

सैनिक-तुम जिसे देखते हो, वह स्वयं राजकुमारी है, और तुम्हें कभी नहीं चाहती। अतएव तुम्हारा यह प्रयास व्यर्थ है।

युवक-क्या वह राजकुमारी है? तो चिन्ता क्या! मुझे तो केवल देखना है, मैं बैठे-बैठे देखा करूँगा। पर तुम्हें यह कैसे मालूम कि वह मुझे नहीं चाहती?

सैनिक-प्रमाण चाहते हो तो (एक पत्र देकर) यह देखो।

युवक उसे लेकर पढ़ता है। उसमें लिखा था।

"युवक!

तुम क्यों अपना समय व्यर्थ व्यतीत करते हो? मैं तुमसे कदापि नहीं मिल सकती। क्यों महीनों से यहाँ बैठे-बैठे अपना शरीर नष्ट कर रहे हो, मुझे तुम्हारी अवस्था देखकर दया आती है। अत: तुमको सचेत करती हूँ, फिर कभी यहाँ मत बैठना।

वही-
जिसे तुम देखा करते हो!"

३

युवक कुछ देर के लिए स्तम्भित हो गया। सैनिक सामने खड़ा था। अकस्मात् युवक उठकर खड़ा हो गया और सैनिक का हाथ पकड़कर बोला-मित्र! तुम हमारा कुछ उपकार कर सकते हो? यदि करो, तो कुछ विशेष परिश्रम न होगा।

सैनिक-कहो, क्या है? यदि हो सकेगा, तो अवश्य करूँगा।

तत्काल उस युवक ने अपनी उँगली एक पत्थर से कुचल दी, और अपने फटे वस्त्र में से एक टुकड़ा फाड़कर तिनका लेकर उसी रक्त से टुकड़े पर कुछ लिखा, और उस सैनिक के हाथ में देकर कहा-यदि हम न रहें, तो इसको उस निष्ठुर के हाथ में दे देना। बस, और कुछ नहीं।

इतना कहकर युवक ने पहाड़ी पर से कूदना चाहा; पर सैनिक ने उसे पकड़ लिया, और कहा-रसिया! ठहरो! -

युवक अवाक् हो गया; क्योंकि अब पाँच प्रहरी सैनिक के सामने सिर झुकाये खड़े थे, और पूर्व सैनिक स्वयं अर्बुदगिरि के महाराज थे।

महाराज आगे हुए और सैनिकों के बीच में रसिया। सब सिंहद्वार की ओर चले। किले के भीतर पहुँचकर रसिया को साथ में लिये हुए महाराज एक प्रकोष्ठ में पहुँचे। महाराज ने प्रहरी को आज्ञा दी कि महारानी और राजकुमारी को बुला लावे। वह प्रणाम कर चला गया।

महाराज-क्यों बलवंत सिंह! तुमने अपनी यह क्या दशा बना रक्खी है?

रसिया-(चौंककर) महाराज को मेरा नाम कैसे ज्ञात हुआ?

महाराज-बलवंत! मैं बचपन से तुम्हें जानता हूँ और तुम्हारे पूर्व पुरुषों को भी जानता हूँ।

रसिया चुप हो गया। इतने में महारानी भी राजकुमारी को साथ लिये हुए आ गयीं।

महारानी ने प्रणाम कर पूछा-क्या आज्ञा है?

महाराज-बैठो, कुछ विशेष बात है। सुनो, और ध्यान से उसका उत्तर दो। यह युवक जो तुम्हारे सामने बैठा है, एक उत्तम क्षत्रिय कुल का है, और मैं इसे जानता हूँ। यह हमारी राजकुमारी के प्रणय का भिखारी है। मेरी इच्छा है कि इससे उसका ब्याह हो जाय।

राजकुमारी, जिसने कि आते ही युवक को देख लिया था और जो संकुचित होकर इस समय महारानी के पीछे खड़ी थी, यह सुनकर और भी संकुचित हुई। पर महारानी का मुख क्रोध से लाल हो गया। वह कड़े स्वर में बोलीं-क्या आपको खोजते-खोजते मेरी कुसुम-कुमारी कन्या के लिये यही वर मिला है? वाह! अच्छा जोड़ मिलाया। कंगाल और उसके लिए निधि; बंदर और उसके गले में हार; भला यह भी कहीं सम्भव है? आप शीघ्र अपने भ्रान्तिरोग की औषधि कर डालिये। यह भी कैसा परिहास है! (कन्या से) चलो बेटी, यहाँ से चलो।

महाराज-नहीं, ठहरो और सुनो। यह स्थिर हो चुका है कि राजकुमारी का ब्याह बलवंत से होगा, तुम इसे परिहास मत जानो।

अब जो महारानी ने महाराज के मुख की ओर देखा, तो वह दृढ़प्रतिज्ञ दिखाई पड़े। निदान विचलित होकर महारानी ने कहा-अच्छा, मैं भी प्रस्तुत हो जाऊँगी पर इस शर्त पर कि जब यह पुरुष अपने बाहुबल से उस झरने के समीप से नीचे तक एक पहाड़ी रास्ता काटकर बना ले; उसके लिए समय अभी से केवल प्रातःकाल तक का देती हूँ-जब तक कि कुक्कुट का स्वर न सुनाई पड़े। तब अवश्य मैं भी राजकुमारी का ब्याह इसी से कर दूँगी।

महाराज ने युवक की ओर देखा, जो निस्तब्ध बैठा हुआ सुन रहा था। वह उसी क्षण उठा और बोला-मैं प्रस्तुत हूँ, पर कुछ औजार और मसाले के लिए थोड़े विष की आवश्यकता है।

उसकी आज्ञानुसार सब वस्तुएँ उसे मिल गयीं, और वह शीघ्रता से उसी झरने के तट की ओर दौड़ा, और एक विशाल शिलाखंड पर जाकर बैठ गया, और उसे तोड़ने का उद्योग करने लगा; क्योंकि इसी के नीचे एक गुप्त पहाड़ी पथ था।

४

निशा का अन्धकार कानन-प्रदेश में अपना पूरा अधिकार जमाये हुए है। प्रायः आधी रात बीत चुकी है। पर केवल उन अग्नि-स्फुलिंगों से कभी-कभी थोड़ा-सा जुगनू का-सा प्रकाश हो जाता है, जो कि रसिया के शस्त्र-प्रहार से पत्थर में से निकल पड़ते हैं। दनादन् चोट चली जा रही है-विराम नहीं है क्षण भर भी-न तो उस शैल को और न उस शस्त्र को। अलौकिक शक्ति से वह युवक अविराम चोट लगाये ही जा रहा है। एक क्षण के लिये भी इधर-उधर नहीं देखता। देखता है, तो केवल अपना हाथ और पत्थर; उंगली एक तो पहले ही कुचली जा चुकी थी, दूसरे अविराम परिश्रम! इससे रक्त बहने लगा था। पर विश्राम कहाँ? उस वज्रसार शैल पर वज्र के समान कर से वह युवक चोट लगाये ही जाता है। केवल परिश्रम ही नहीं, युवक सफल भी हो रहा है। उसकी एक-एक चोट में दस-दस सेर के ढोके कट-कटकर पहाड़ पर से लुढ़कते हैं, जो सोये हुए जंगली पशुओं को घबड़ा देते हैं। यह क्या है? केवल उसकी तन्मयता-केवल प्रेम ही उस पाषाण को भी तोड़े डालता है।

फिर वही दनादन्-बराबर लगातार परिश्रम, विराम नहीं है! इधर उस खिड़की में से आलोक भी निकल रहा है और कभी-कभी एक मुखड़ा उस खिड़की से झाँककर देख रहा है। पर युवक को कुछ ध्यान नहीं, वह अपना कार्य करता जा रहा है।

अभी रात्रि के जाने के लिए पहर-भर है। शीतल वायु उस कानन को शीतल कर रही है। अकस्मात् 'तरुण-कुक्कुट-कण्ठनाद' सुनाई पड़ा, फिर कुछ नहीं। वह कानन एकाएक शून्य हो गया। न तो वह शब्द ही है और न तो पत्थरों से अग्नि-स्फुलिंग निकलते हैं।

अकस्मात् उस खिड़की में से एक सुन्दर मुख निकला। उसने आलोक डालकर देखा कि रसिया

एक पात्र हाथ में लिये है और कुछ कह रहा है। इसके उपरान्त वह उस पात्र को पी गया और थोड़ी देर में वह उसी शिलाखंड पर गिर पड़ा। यह देख उस मुख से भी एक हल्का चीत्कार निकल गया। खिड़की बंद हो गयी। फिर केवल अन्धकार रह गया।

५

प्रभात का मलय-मारुत उस अर्बुद-गिरि के कानन में वैसी क्रीड़ा नहीं कर रहा है, जैसी पहले करता था। दिवाकर की किरण भी कुछ प्रभात के मिस से मन्द और मलिन हो रही है। एक शव के समीप एक पुरुष खड़ा है, और उसकी आँखों से अश्रुधारा बह रही है, और वह कह रहा है-बलवंत! ऐसी शीघ्रता क्या थी, जो तुमने ऐसा किया? यह अर्बुद-गिरि का प्रदेश तो कुछ समय में यह वृद्ध तुम्हीं को देता, और तुम उसमें चाहे जिस स्थान पर अच्छे पर्यंक पर सोते। फिर, ऐसे क्यों पड़े हो? वत्स! यह तो केवल तुम्हारी परीक्षा[1] थी, यह तुमने क्या किया?

इतने में एक सुन्दरी विमुक्त-कुन्तला-जो कि स्वयं राजकुमारी थी-दौड़ी हुई आयी और उस शव को देखकर ठिठक गयी, नतजानु होकर उस पुरुष का, जो कि महाराज थे और जिसे इस समय तक राजकुमारी पहचान न सकी थी-चरण धरकर बोली-महात्मन् ! क्या व्यक्ति ने, जो यहाँ पड़ा है, मुझे कुछ देने के लिए आपको दिया है? या कुछ कहा है?

महाराज ने चुपचाप अपने वस्त्र में से एक वस्त्र का टुकड़ा निकालकर दे दिया। उस पर लाल अक्षरों में कुछ लिखा था। उस सुन्दरी ने उसे देखा और देखकर कहा-कृपया आप ही पढ़ दीजिये।

महाराज ने उसे पढ़ा। उसमें लिखा था-"मैं नहीं जानता था कि तुम इतनी निठुर हो। अस्तु; अब मैं यहीं रहूँगा; पर याद रखना; मैं तुमसे अवश्य मिलूँगा, क्योंकि मैं तुम्हें नित्य देखना चाहता हूँ, और ऐसे स्थान में देखूँगा, जहाँ कभी पलक गिरती ही नहीं।

तुम्हारा दर्शनाभिलाषी-
रसिया"

इसी समय महाराज को सुन्दरी पहचान गयी, और फिर चरण धरकर बोली-पिताजी, क्षमा करना। और, शीघ्रतापूर्वक रसिया के कर-स्थित पात्र को लेकर अवशेष पी गयी और गिर पड़ी। केवल उसके मुख से इतना निकला-'पिताजी, क्षमा करना।' महाराज देख रहे थे!

---

[1] वास्तव में वह शब्द कुक्कुट का नहीं बल्कि छद्म-वेशिनी महारानी का था, जो कि बलवंत सिंह ऐसे दीन व्यक्ति से अपनी कुसुम-कुमारी के पाणिग्रहण की अभिलाषा नहीं रखती थी। किन्तु महाराज इससे अनभिज्ञ थे।

शरणागत

१

प्रभात-कालीन सूर्य की किरणें अभी पूर्व के आकाश में नहीं दिखाई पड़ती हैं। ताराओं का क्षीण प्रकाश अभी अम्बर में विद्यमान है। यमुना के तट पर दो-तीन रमणियाँ खड़ी हैं, और दो-यमुना की उन्हीं क्षीण लहरियों में, जो कि चन्द्र के प्रकाश से रंजित हो रही हैं-स्नान कर रही हैं। अकस्मात् पवन बड़े वेग से चलने लगा। इसी समय एक सुन्दरी, जो कि बहुत ही सुकुमारी थी, उन्हीं तरंगों से निमग्न हो गयी। दूसरी, जो कि घबड़ाकर निकलना चाहती थी, किसी काठ का सहारा पाकर तट की ओर खड़ी हुई अपनी सखियों में जा मिली। पर वहाँ सुकुमारी नहीं थी। सब रोती हुई यमुना के तट पर घूमकर उसे खोजने लगीं।

अन्धकार हट गया। अब सूर्य भी दिखाई देने लगे। कुछ ही देर में उन्हें, घबड़ाई हुई स्त्रियों को आश्वासन देती हुई, एक छोटी-सी नाव दिखाई दी। उन सखियों ने देखा कि वह सुकुमारी उसी नाव पर एक अंग्रेज और एक लेडी के साथ बैठी हुई है।

तट पर आने पर मालूम हुआ कि सिपाही-विद्रोह की गड़बड़ से भागे हुए एक सम्भ्रान्त योरोपियन-दम्पति उस नौका के आरोही हैं। उन्होंने सुकुमारी को डूबते हुए बचाया है और इसे पहुँचाने के लिये वे लोग यहाँ तक आये हैं।

सुकुमारी को देखते ही सब सखियों ने दौड़कर उसे घेर लिया और उससे लिपट-लिपटकर रोने लगीं। अंग्रेज और लेडी दोनों ने जाना चाहा, पर वे स्त्रियाँ कब मानने वाली थीं? लेडी साहिबा को रुकना पड़ा। थोड़ी देर में यह खबर फैल जाने से उस गाँव के जमींदार ठाकुर किशोर सिंह भी उस स्थान पर आ गये। अब, उनके अनुरोध करने से, विल्फर्ड और एलिस को उनका आतिथ्य स्वीकार करने के लिये विवश होना पड़ा क्योंकि सुकुमारी, किशोर सिंह की ही स्त्री थी, जिसे उन लोगों ने बचाया था।

२

चन्दनपुर के जमींदार के घर में, जो यमुना-तट पर बना हुआ है, पाईंबाग के भीतर, एक रविश में चार कुर्सियाँ पड़ी हैं। एक पर किशोर सिंह और दो कुर्सियों पर विल्फर्ड और एलिस बैठे हैं, तथा चौथी कुर्सी के सहारे सुकुमारी खड़ी है। किशोर सिंह मुस्करा रहे हैं, और एलिस आश्चर्य की दृष्टि से सुकुमारी को देख रही है।

विल्फर्ड उदास हैं और सुकुमारी मुख नीचा किये हुए है। सुकुमारी ने कनखियों से किशोर सिंह की ओर देखकर सिर झुका लिया।

एलिस-(किशोर सिंह से) बाबू साहब, आप इन्हें बैठने की इजाजत दें।

किशोर सिंह-मैं क्या मना करता हूँ?

एलिस-(सुकुमारी को देखकर) फिर वह क्यों नहीं बैठतीं?

किशोर सिंह-आप कहिये, शायद बैठ जायँ।

विल्फर्ड-हाँ, आप क्यों खड़ी हैं?

बेचारी सुकुमारी लज्जा से गड़ी जाती थी।

एलिस-(सुकुमारी की ओर देखकर) अगर आप न बैठेंगी, तो मुझे बहुत रंज होगा।

किशोर सिंह-यों न बैठेंगी, हाथ पकड़कर बिठाइये।

एलिस सचमुच उठी, पर सुकुमारी एक बार किशोर सिंह की ओर वक्र दृष्टि से देखकर हँसती हुई पास की बारहदरी में भागकर चली गयी, किन्तु एलिस ने पीछा न छोड़ा। वह भी वहाँ पहुँची, और उसे पकड़ा। सुकुमारी एलिस को देख गिड़-गिड़ाकर बोली-क्षमा कीजिये, हम लोग पति के सामने कुर्सी पर नहीं बैठतीं, और न कुर्सी पर बैठने का अभ्यास ही है।

एलिस चुपचाप खड़ी रह गयी, यह सोचने लगी कि-क्या सचमुच पति के सामने कुर्सी पर न बैठना चाहिये। फिर उसने सोचा-यह बेचारी जानती ही नहीं कि कुर्सी पर बैठने में क्या सुख है?

३

चन्दनपुर के जमींदार के यहाँ आश्रय लिये हुए योरोपियन-दम्पति सब प्रकार सुख से रहने पर भी सिपाहियों का अत्याचार सुनकर शंकित रहते थे। दयालु किशोर सिंह यद्यपि उन्हें बहुत आश्वासन देते, तो भी कोमल प्रकृति की सुन्दरी एलिस सदा भयभीत रहती थी।

दोनों दम्पति कमरे में बैठे हुए यमुना का सुन्दर जल-प्रवाह देख रहे हैं। विचित्रता यह है कि 'सिगार' न मिल सकने के कारण विल्फर्ड साहब सटक के सड़ाके लगा रहे हैं। अभ्यास न होने के कारण सटक से उन्हें बड़ी अड़चन पड़ती थी, तिस पर सिपाहियों के अत्याचार का ध्यान उन्हें और भी उद्विग्न किये हुए था; क्योंकि एलिस का भय से पीला मुख उनसे देखा न जाता था।

इतने में बाहर कोलाहल सुनाई पड़ा। एलिस के मुख से 'ओ माई गाड' (Oh My God !) निकल पड़ा और भय से वह मूर्च्छित हो गयी। विल्फर्ड और किशोर सिंह ने एलिस को पलंग पर लिटाया, और आप 'बाहर क्या है' सो देखने के लिये चले।

विल्फर्ड ने अपनी राइफल हाथ में ली और साथ में जान चाहा, पर किशोर सिंह ने उन्हें समझाकर बैठाला और आप खूँटी पर लटकती तलवार लेकर बाहर निकल गये।

किशोर सिंह बाहर आ गये, देखा तो पाँच कोस पर जो उनका सुन्दरपुर ग्राम है, उसे सिपाहियों ने लूट लिया और प्रजा दुखी होकर अपने जमींदार से अपनी दुःख-गाथा सुनाने आयी है। किशोर सिंह ने सबको आश्वासन दिया, और उनके खाने-पीने का प्रबन्ध करने के लिए कर्मचारियों को आज्ञा देकर आप विल्फर्ड और एलिस को देखने के लिये भीतर चले आये।

किशोर सिंह स्वाभाविक दयालु थे और उनकी प्रजा उन्हें पिता के समान मानती थी, और उनका उस प्रान्त में भी बड़ा सम्मान था। वह बहुत बड़े इलाकेदार होने के कारण छोटे-से राजा समझे जाते थे। उनका प्रेम सब पर बराबर था। किन्तु विल्फर्ड और सरला एलिस को भी वह बहुत चाहने लगे, क्योंकि प्रियतमा सुकुमारी की उन लोगों ने प्राण-रक्षा की थी।

४

किशोर सिंह भीतर आये। एलिस को देखकर कहा-डरने की कोई बात नहीं है। यह मेरी प्रजा थी, समीप के सुन्दरपुर गाँव में सब रहते हैं। उन्हें सिपाहियों ने लूट लिया है। उनका बंदोबस्त कर दिया गया है। अब उन्हें कोई तकलीफ नहीं।

एलिस ने लम्बी साँस लेकर आँख खोल दी, और कहा-क्या वे सब गये?

सुकुमारी-घबराओ मत, हम लोगों के रहते तुम्हारा कोई अनिष्ट नहीं हो सकता।

विल्फर्ड-क्या सिपाही रियासतों को लूट रहे हैं?

किशोर सिंह-हाँ, पर अब कोई डर नहीं है, वे लूटते हुए इधर से निकल गये।

विल्फर्ड-अब हमको कुछ डर नहीं है।

किशोर सिंह-आपने क्या सोचा?

विल्फर्ड-अब ये सब अपने भाइयों को लूटते हैं, तो शीघ्र ही अपने अत्याचार का फल पावेंगे और इनका किया कुछ न होगा।

किशोर सिंह ने गम्भीर होकर कहा-ठीक है।

एलिस ने कहा-मैं आज आप लोगों के संग भोजन करूँगी।

किशोर सिंह और सुकुमारी एक दूसरे का मुख देखने लगे। फिर किशोर सिंह ने कहा-बहुत अच्छा।

५

साफ दालान में दो कम्बल अलग-अलग दूरी पर बिछा दिये गये हैं। एक पर किशोर सिंह बैठे थे और दूसरे पर विल्फर्ड और एलिस; पर एलिस की दृष्टि बार-बार सुकुमारी को खोज रही थी और वह बार-बार यही सोच रही थी कि किशोर सिंह के साथ सुकुमारी अभी नहीं बैठी।

थोड़ी देर में भोजन आया, पर खानसामा नहीं। स्वयं सुकुमारी एक थाल लिये हैं और तीन-चार औरतों के हाथ में भी खाद्य और पेय वस्तुएँ हैं। किशोर सिंह के इशारा करने पर सुकुमारी ने वह थाल एलिस के सामने रखा, और इसी तरह विल्फर्ड और किशोर सिंह को परस दिया गया। पर किसी ने भोजन करना नहीं आरम्भ किया।

एलिस ने सुकुमारी से कहा-आप क्या यहाँ भी न बैठेंगी? क्या यहाँ भी कुर्सी है?

सुकुमारी-परसेगा कौन?

एलिस-खानसामा।

सुकुमारी-क्यों, क्या मैं नहीं हूँ?

किशोर सिंह-जिद न कीजिये, यह हमारे भोजन कर लेने पर भोजन करती हैं।

एलिस ने आश्चर्य और उदासी-भरी एक दृष्टि सुकुमारी पर डाली। एलिस को भोजन कैसा लगा, सो नहीं कहा जा सकता।

६

भारत में शान्ति स्थापित हो गयी है। अब विल्फर्ड और एलिस अपनी नील की कोठी पर वापस जाने वाले हैं। चन्दनपुर में उन्हें बहुत दिन रहना पड़ा। नील-कोठी वहाँ से दूर है।

दो घोड़े सजे-सजाये खड़े हैं और किशोर सिंह के आठ सशस्त्र सिपाही उनको पहुँचाने के लिए उपस्थित हैं। विल्फर्ड साहब किशोर सिंह से बात-चीत करके छुट्टी पा चुके हैं। केवल एलिस अभी तक भीतर से नहीं आयी। उन्हीं के आने की देर है।

विल्फर्ड और किशोर सिंह पाईं-बाग में टहल रहे थे। इतने में सात-आठ स्त्रियों का झुंड मकान

से बाहर निकला। हैं! यह क्या? एलिस ने अपना गाउन नहीं पहना, उसके बदले फिरोजी रंग के रेशमी कपड़े का कामदानी लहँगा और मखमल की कंचुकी, जिसके सितारे रेशमी ओढ़नी के ऊपर से चमक रहे हैं। हैं! यह क्या? स्वाभाविक अरुण अधरों में पान की लाली भी है, आँखों में काजल की रेखा भी है, चोटी भी फूलों से गूँथी जा चुकी है, और मस्तक में सुन्दर सा बाल-अरुण का बिन्द भी तो है!

देखते ही किशोर सिंह खिलखिलाकर हँस पड़े, और विल्फर्ड तो भौंचक्के-से रह गये।

किशोर सिंह ने एलिस से कहा-आपके लिये भी घोड़ा तैयार है-पर सुकुमारी ने कहा-नहीं, इनके लिये पालकी मँगा दो।

सिकंदर की शपथ

१

सूर्य की चमकीली किरणों के साथ, यूनानियों के बरछे की चमक से 'मिंगलौर'-दुर्ग घिरा हुआ है। यूनानियों के दुर्ग तोड़नेवाले यन्त्र दुर्ग की दीवालों से लगा दिये गये हैं, और वे अपना कार्य बड़ी शीघ्रता के साथ कर रहे हैं। दुर्ग की दीवाल का एक हिस्सा टूटा और यूनानियों की सेना उसी भग्न मार्ग से जयनाद करती हुई घुसने लगी। पर वह उसी समय पहाड़ से टकराये हुए समुद्र की तरह फिरा दी गयी, और भारतीय युवक वीरों की सेना उनका पीछा करती हुई दिखाई पड़ने लगी। सिकंदर उनके प्रचण्ड अस्त्राघात को रोकता पीछे हटने लगा।

अफगानिस्तान में 'अश्वक' वीरों के साथ भारतीय वीर कहाँ से आ गये? यह शंका हो सकती है, किन्तु पाठकगण! वे निमन्त्रित होकर उनकी रक्षा के लिये सुदूर से आये हैं, जो कि संख्या में केवल सात हजार होने पर भी ग्रीकों की असंख्य सेना को बराबर पराजित कर रहे हैं।

सिकंदर को उस सामान्य दुर्ग के अवरोध में तीन दिन व्यतीत हो गये। विजय की सम्भावना नहीं है, सिकंदर उदास होकर कैम्प में लौट गया, और सोचने लगा। सोचने की बात ही है। ग़ाजा और परसिपोलिस आदि के विजेता को अफगानिस्तान के एक छोटे-से दुर्ग के जीतने में इतना परिश्रम उठाकर भी सफलता मिलती नहीं दिखाई देती, उलटे कई बार उसे अपमानित होना पड़ा।

बैठे-बैठे सिकंदर को बहुत देर हो गयी। अन्धकार फैलकर संसार को छिपाने लगा, जैसे कोई कपटाचारी अपनी मन्त्रणा को छिपाता हो। केवल कभी-कभी दो-एक उल्लू उस भीषण रणभूमि में अपने भयावह शब्द को सुना देते हैं। सिकंदर ने सीटी देकर कुछ इंगित किया, एक वीर पुरुष सामने दिखाई पड़ा। सिकंदर ने उससे कुछ गुप्त बातें कीं, और वह चला गया। अन्धकार घनीभूत हो जाने पर सिकंदर भी उसी ओर उठकर चला, जिधर वह पहला सैनिक जा चुका था।

२

दुर्ग के उस भाग में, जो टूट चुका था, बहुत शीघ्रता से काम लगा हुआ था, जो बहुत शीघ्र कल की लड़ाई के लिये प्रस्तुत कर दिया गया और सब लोग विश्राम करने के लिये चले गये। केवल एक मनुष्य उसी स्थान पर प्रकाश डालकर कुछ देख रहा है। वह मनुष्य कभी तो खड़ा रहता है और कभी अपनी प्रकाश फैलानेवाली मशाल को लिये हुए दूसरी ओर चला जाता है। उस समय उस घोर अन्धकार में उस भयावह दुर्ग की प्रकाण्ड छाया और भी स्पष्ट हो जाती है। उसी छाया में छिपा हुआ सिकंदर खड़ा है। उसके हाथ में धनुष और बाण है, उसके सब अस्त्र उसके पास हैं। उसका मुख यदि कोई इस समय प्रकाश में देखता, तो अवश्य कहता कि यह कोई बड़ी भयानक बात सोच रहा है, क्योंकि उसका सुन्दर मुखमण्डल इस समय विचित्र भावों से भरा है। अकस्मात् उसके मुख से एक प्रसन्नता का चीत्कार निकल पड़ा, जिसे उसने बहुत व्यग्र होकर छिपाया।

समीप की झाड़ी से एक दूसरा मनुष्य निकल पड़ा, जिसने आकर सिकंदर से कहा-देर न कीजिये, क्योंकि यह वही है।

सिकंदर ने धनुष को ठीक करके एक विषमय बाण उस पर छोड़ा और उसे उसी दुर्ग पर टहलते हुए मनुष्य की ओर लक्ष्य करके छोड़ा। लक्ष्य ठीक था, वह मनुष्य लुढ़ककर नीचे आ रहा। सिकंदर और उसके साथी ने झट जाकर उसे उठा लिया, किन्तु उसके चीत्कार से दुर्ग पर का एक प्रहरी झुककर देखने लगा। उसने प्रकाश डालकर पूछा-कौन है?

उत्तर मिला-मैं दुर्ग से नीचे गिर पड़ा हूँ।

प्रहरी ने कहा-घबड़ाइये मत, मैं डोरी लटकाता हूँ।

डोरी बहुत जल्द लटका दी गयी, अफगान वेशधारी सिकंदर उसके सहारे ऊपर चढ़ गया। ऊपर जाकर सिकंदर ने उस प्रहरी को भी नीचे गिरा दिया, जिसे उसके साथी ने मार डाला और उसका वेश आप लेकर उस सीढ़ी से ऊपर चढ़ गया। जाने के पहले उसने अपनी छोटी-सी सेना को भी उसी जगह बुला लिया और धीरे-धीरे उसी रस्सी की सीढ़ी से वे सब ऊपर पहुँचा दिये गये।

३

दुर्ग के प्रकोष्ठ में सरदार की सुन्दर पत्नी बैठी हुई है। मदिरा-विलोल दृष्टि से कभी दर्पण में अपना सुन्दर मुख और कभी अपने नवीन नील वसन को देख रही है। उसका मुख लालसा की मदिरा से चमक-चमक कर उसकी ही आँखों में चकाचौंध पैदा कर रहा है। अकस्मात् 'प्यारे सरदार', कहकर वह चौंक पड़ी, पर उसकी प्रसन्नता उसी क्षण बदल गयी, जब उसने सरदार के वेश में दूसरे को देखा। सिकंदर का मानुषिक सौन्दर्य कुछ कम नहीं था, अबला-हृदय को और भी दुर्बल बना देने के लिये वह पर्याप्त था। वे एक-दूसरे को निर्निमेष दृष्टि से देखने लगे। पर अफगान-रमणी की शिथिलता देर तक न रही, उसने हृदय के सारे बल को एकत्र करके पूछा-तुम कौन हो?

उत्तर मिला-शाहंशाह सिकंदर।

रमणी ने पूछा-यह वस्त्र किस तरह मिला?

सिकंदर ने कहा-सरदार को मार डालने से।

रमणी के मुख से चीत्कार के साथ ही निकल पड़ा-क्या सरदार मारा गया?

सिकंदर-हाँ, अब वह इस लोक में नहीं है।

रमणी ने अपना मुख दोनों हाथों से ढक लिया, पर उसी क्षण उसके हाथ में एक चमकता हुआ छुरा दिखाई देने लगा।

सिकंदर घुटने के बल बैठ गया और बोला-सुन्दरी! एक जीव के लिये तुम्हारी दो तलवारें बहुत थीं, फिर तीसरी की क्या आवश्यकता है?

रमणी की दृढ़ता हट गयी, और न जाने क्यों उसके हाथ का छुरा छटककर गिर पड़ा, वह भी घुटनों के बल बैठ गयी।

सिकंदर ने उसका हाथ पकड़कर उठाया। अब उसने देखा कि सिकंदर अकेला नहीं है, उसके बहुत से सैनिक दुर्ग पर दिखाई दे रहे हैं। रमणी ने अपना हृदय दृढ़ किया और संदूक खोलकर एक जवाहिरात का डिब्बा ले आकर सिकंदर के आगे रक्खा। सिकंदर ने उसे देखकर कहा-मुझे इसकी आवश्यकता नहीं है, दुर्ग पर मेरा अधिकार हो गया, इतना ही बहुत है।

दुर्ग के सिपाही यह देखकर कि शत्रु भीतर आ गया है, अस्त्र लेकर मारपीट करने पर तैयार हो गये। पर सरदार-पत्नी ने उन्हें मना किया, क्योंकि उसे बतला दिया गया था कि सिकंदर की विजयवाहिनी दुर्ग के द्वार पर खड़ी है।

सिकंदर ने कहा-तुम घबड़ाओ मत, जिस तरह से तुम्हारी इच्छा होगी, उसी प्रकार सन्धि के

नियम बनाये जायँगे। अच्छा, मैं जाता हूँ।

अब सिकंदर को थोड़ी दूर तक सरदार-पत्नी पहुँचा गयी। सिकंदर थोड़ी सेना छोड़कर आप अपने शिविर में चला गया।

४

सन्धि हो गयी। सरदार-पत्नी ने स्वीकार कर लिया कि दुर्ग सिकंदर के अधीन होगा। सिकंदर ने भी उसी को यहाँ की रानी बनाया और कहा-भारतीय योद्धा जो तुम्हारे यहाँ आये हैं, वे अपने देश को लौटकर चले जायँ। मैं उनके जाने में किसी प्रकार की बाधा न डालूँगा। सब बातें शपथपूर्वक स्वीकार कर ली गयीं।

राजपूत वीर अपने परिवार के साथ उस दुर्ग से निकल पड़े, स्वदेश की ओर चलने के लिए तैयार हुए। दुर्ग के समीप ही एक पहाड़ी पर उन्होंने अपना डेरा जमाया और भोजन करने का प्रबन्ध करने लगे।

भारतीय रमणियाँ जब अपने प्यारे पुत्रों और पतियों के लिये भोजन प्रस्तुत कर रहीं थीं, तो उनमें उस अफगान-रमणी के बारे में बहुत बातें हो रही थीं, और वे सब उसे बड़ी घृणा की दृष्टि से देखने लगीं, क्योंकि उसने एक पति-हत्याकारी को आत्म-समर्पण कर दिया था। भोजन के उपरान्त जब सब सैनिक विराम करने लगे तब युद्ध की बातें कहकर अपने चित्त को प्रसन्न करने लगे। थोड़ी देर नहीं बीती थी कि एक ग्रीक अश्वारोही उनके समीप आता दिखाई पड़ा, जिसे देखकर एक राजपूत युवक उठ खड़ा हुआ और उसकी प्रतीक्षा करने लगा।

ग्रीक सैनिक उसके समीप आकर बोला-शाहंशाह सिकंदर ने तुम लोगों को दया करके अपनी सेना में भरती करने का विचार किया है। आशा है कि इस सम्वाद से तुम लोग बहुत प्रसन्न होगे।

युवक बोल उठा-इस दया के लिये हम लोग कृतज्ञ हैं, पर अपने भाइयों पर अत्याचार करने में ग्रीकों का साथ देने के लिए हम लोग कभी प्रस्तुत नहीं हैं।

ग्रीक-तुम्हें प्रस्तुत होना चाहिये, क्योंकि शाहंशाह सिकंदर की आज्ञा है।

युवक-नहीं महाशय, क्षमा कीजिये। हम लोग आशा करते हैं कि सन्धि के अनुसार हम लोग अपने देश को शान्तिपूर्वक लौट जायेंगे, इसमें बाधा न डाली जायगी।

ग्रीक-क्या तुम लोग इस बात पर दृढ़ हो? एक बार और विचार कर उत्तर दो, क्योंकि उसी उत्तर पर तुम लोगों का जीवन-मरण निर्भर होगा।

इस पर कुछ राजपूतों ने समवेत स्वर से कहा-हाँ-हाँ, हम अपनी बात पर दृढ़ हैं, किन्तु सिकंदर, जिसने देवताओं के नाम से शपथ ली है, अपनी शपथ को न भूलेगा।

ग्रीक-सिकंदर ऐसा मूर्ख नहीं है कि आये हुए शत्रुओं को और दृढ़ होने का अवकाश दे। अस्तु अब तुम लोग मरने के लिए तैयार हो।

इतना कहकर वह ग्रीक अपने घोड़े को घुमाकर सीटी बजाने लगा, जिसे सुनकर अगणित ग्रीक-सेना उन थोड़े से हिन्दओं पर टूट पड़ी।

इतिहास इस बात का साक्षी है कि उन्होंने प्राण-प्रण से युद्ध किया और जब तक कि उनमें एक भी बचा, बराबर लड़ता गया। क्यों न हो, जब उनकी प्यारी स्त्रियाँ उन्हें अस्त्रहीन देखकर तलवार देती थीं और हँसती हुई अपने प्यारे पतियों की युद्ध क्रिया देखती थीं। रणचण्डियाँ भी अकर्मण्य न रहीं, जीवन देकर अपना धर्म रखा। ग्रीकों की तलवारों ने उनके बच्चों को भी रोने न दिया, क्योंकि पिशाच सैनिकों के हाथ सभी मारे गये।

अज्ञात स्थान में निराश्रय होकर उन सब वीरों ने प्राण दिये। भारतीय लोग उनका नाम भी नहीं जानते!

चित्तौर-उद्धार

१

दीपमालाएँ आपस में कुछ हिल-हिलकर इंगित कर रही हैं, किन्तु मौन हैं। सज्जित मन्दिर में लगे हुए चित्र एकटक एक-दूसरे को देख रहे हैं, शब्द नहीं हैं। शीतल समीर आता है, किन्तु धीरे-से वातायन-पथ के पार हो जाता है, दो सजीव चित्रों को देखकर वह कुछ नहीं कह सकता है। पर्यंक पर भाग्यशाली मस्तक उन्नत किये हुए चुपचाप बैठा हुआ युवक, स्वर्ण-पुत्तली की ओर देख रहा है, जो कोने में निर्वात दीपशिखा की तरह प्रकोष्ठ को आलोकित किये हुए है। नीरवता का सुन्दर दृश्य, भाव-विभोर होने का प्रत्यक्ष प्रमाण, स्पष्ट उस गृह में आलोकित हो रहा है।

अकस्मात् गम्भीर कण्ठ से युवक उद्वेग में भर बोल उठा-सुन्दरी! आज से तुम मेरी धर्म-पत्नी हो, फिर मुझसे संकोच क्यों?

युवती कोकिल-स्वर से बोली-महाराजकुमार! यह आपकी दया है, जो दासी को अपनाना चाहते हैं, किन्तु वास्तव में दासी आपके योग्य नहीं है।

युवक-मेरी धर्मपरिणीता वधू, मालदेव की कन्या अवश्य मेरे योग्य है। यह चाटूक्ति मुझे पसन्द नहीं। तुम्हारे पिता ने, यद्यपि वह मेरे चिर-शत्रु हैं, तुम्हारे ब्याह के लिए नारियल भेजा, और मैंने राजपूत धर्मानुसार उसे स्वीकार किया, फिर भी तुम्हारी-ऐसी सुन्दरी को पाकर हम प्रवञ्चित नहीं हुए और इसी अवसर पर अपने पूर्व-पुरुषों की जन्मभूमि का भी दर्शन मिला।

'उदारहृदय राजकुमार! मुझे क्षमा कीजिये। देवता से छलना मनुष्य नहीं कर सकता। मैं इस सम्मान के योग्य नहीं कि पर्यंक पर बैठूँ, किन्तु चरण-प्रान्त में बैठकर एक बार नारी-जीवन का स्वर्ग भोग कर लेने में आपके-ऐसे देवता बाधा न देंगे।'

इतना कहकर युवती ने पर्यंक से लटकते हुए राजकुमार के चरणों को पकड़ लिया।

वीर कुमार हम्मीर अवाक् होकर देखने लगे। फिर उसका हाथ पकड़कर पास में बैठा लिया। राजकुमारी शीघ्रता से उतरकर पलंग के नीचे बैठ गयी।

दाम्पत्य-सुख से अपरिचित कुमार की भँवें कुछ चढ़ गयीं, किन्तु उसी क्षण यौवन के नवीन उल्लास ने उन्हें उतार दिया। हम्मीर ने कहा-फिर क्यों तुम इतना उत्कण्ठित कर रही हो? सुन्दरी! कहो, क्या बात है?

राजकुमारी-मैं विधवा हूँ। सात वर्ष की अवस्था में, सुना है कि मेरा ब्याह हुआ और आठवें वर्ष विधवा हुई। यह भी सुना है कि विधवा का शरीर अपवित्र होता है। तब, जगत्पवित्र शिशौदिया-कुल के कुमार को छूने का कैसे साहस कर सकती हूँ?

हम्मीर-हैं! तुम क्या विधवा हो? फिर तुम्हारा ब्याह पिता ने क्यों किया?

राजकुमारी-केवल देवता को अपमानित करने के लिये।

हम्मीर की तलवार में स्वयं एक झनकार उत्पन्न हुई। फिर भी उन्होंने शान्त होकर कहा-अपमान

इससे नहीं होता, किन्तु परिणीता वधू को छोड़ देने में अवश्य अपमान है।

राजकुमारी-प्रभो! पतिता को लेकर आप क्यों कलंकित होते हैं?

हम्मीर ने मुस्कुराकर कहा-ऐसे निर्दोष और सच्चे रत्न को लेकर कौन कलंकित हो सकता है?

राजकुमारी संकुचित हो गयी। हम्मीर ने हाथ पकड़कर उठाकर पलँग पर बैठाया, और कहा-आओ, तुम्हें मुझसे-समाज, संसार-कोई भी नहीं अलग कर सकता।

राजकुमारी ने वाष्परुद्ध कण्ठ से कहा-इस अनाथिनी को सनाथ करके आपने चिर-ऋणी बनाया, और विह्वल होकर हम्मीर के अंक में सिर रख दिया।

२

कैलवाड़ा-प्रदेश के छोटे-से दुर्ग के एक प्रकोष्ठ में राजकुमार हम्मीर बैठे हुए चिन्ता में निमग्न हैं। सोच रहे थे-जिस दिन मुंज का सिर मैंने काटा, उसी दिन एक भारी बोझ मेरे सिर दिया गया, वह पितृव्य का दिया हुआ महाराणा-वंश का राजतिलक है, उसका पूरा निर्वाह जीवन भर करना कर्तव्य है। चित्तौर का उद्धार करना ही मेरा प्रधान लक्ष्य है। पर देखूँ, ईश्वर कैसे इसे पूरा करता है। इस छोटी-सी सेना से, यथोचित धन का अभाव रहते, वह क्योंकर हो सकता है? रानी मुझे चिन्ताग्रस्त देखकर यही समझती है कि विवाह ही मेरे चिन्तित होने का कारण है। मैं उसकी ओर देखकर मालदेव पर कोई अत्याचार करने पर संकुचित होता हूँ। ईश्वर की कृपा से एक पुत्र भी हुआ, किन्तु मुझे नित्य चिन्तित देखकर रानी पिता के यहाँ चली गयी है। यद्यपि देवता-पूजन करने के लिये ही वहाँ उनका जाना हुआ है, किन्तु मेरी उदासीनता भी कारण है। भगवान एकलिंगेश्वर कैसे इस दु:साध्य कार्य को पूर्ण करते हैं, यह वही जानें।

इसी तरह की अनेक विचार-तरंगें मानस में उठ रही थीं। सन्ध्या की शोभा सामने की गिरि-श्रेणी पर अपनी लीला दिखा रखी है, किन्तु चिन्तित हम्मीर को उसका आनन्द नहीं। देखते-देखते अन्धकार ने गिरिप्रदेश को ढँक लिया। हम्मीर उठे, वैसे ही द्वारपाल ने आकर कहा-महाराज विजयी हों। चित्तौर से एक सैनिक, महारानी का भेजा हुआ, आया है।

थोड़ी ही देर में सैनिक लाया गया और अभिवादन करने के बाद उसने एक पत्र हम्मीर के हाथ में दिया। हम्मीर ने उसे लेकर सैनिक को विदा किया, और पत्र पढ़ने लगे-

प्राणनाथ जीवनसर्वस्व के चरणों में
कोटिश: प्रणाम।

देव! आपकी कृपा ही मेरे लिये कुशल है। मुझे यहाँ आये इतने दिन हुए, किन्तु एक बार भी आपने पूछा नहीं। इतनी उदासीनता क्यों? क्या, साहस में भरकर जो मुझे आपने स्वीकार किया, उसका प्रतिकार कर रहे हैं? देवता! ऐसा न चाहिये। मेरा अपराध ही क्या? मैं आपका चिन्तित मुख नहीं देख सकती, इसीलिए कुछ दिनों के लिए यहाँ चली आयी हूँ, किन्तु बिना उस मुख के देखे भी शान्ति नहीं। अब कहिये, क्या करूँ? देव! जिस भूमि की दर्शनाभिलाषा ने ही आपको मुझसे ब्याह करने के लिये बाध्य किया, उसी भूमि में आने से मेरा हृदय अब कहता है कि आप ब्याह करके नहीं पश्चात्ताप कर रहे हैं, किन्तु आपकी उदासीनता केवल चित्तौर-उद्धार के लिये है। मैं इसमें बाधा-स्वरूप आपको दिखाई पड़ती हूँ। मेरे ही स्नेह से आप पिता के ऊपर चढ़ाई नहीं कर सकते, और पितरों के ऋण से उद्धार नहीं पा रहे हैं। इस जन्म में तो आपसे उद्धार नहीं हो सकती और होने की इच्छा भी नहीं-कभी, किसी भी जन्म में। चित्तौर-अधिष्ठात्री देवी ने मुझे स्वप्न में जो आज्ञा दी है, मैं उसी कार्य के लिये रुकी हूँ। पिता इस समय चित्तौर में नहीं हैं, इससे यह न समझिये कि मैं आपको कायर समझती हूँ, किन्तु इसलिये कि युद्ध में उनके न रहने से उनकी कोई शारीरिक क्षति नहीं होगी। मेरे कारण जिसे आप बचाते हैं, वह बात बच जायेगी। सरदारों से रक्षित चित्तौर-दुर्ग के वीर सैनिकों के

साथ सम्मुख युद्ध में इस समय विजय प्राप्त कर सकते हैं। मुझे निश्चय है, भवानी आपकी रक्षा करेगी। और, मुझे चित्तौर से अपने साथ लिवा न जाकर यहीं सिंहासन पर बैठिये। दासी चरण-सेवा करके कृतार्थ होगी।

३

चित्तौर-दुर्ग के सिंहद्वार पर एक सहस्र राजपूत-सवार और उतने ही भील-धनुर्धर पदातिक उन्मुक्त शस्त्र लिये हुए महाराणा हम्मीर की जय का भीम-नाद कर रहे हैं।

दुर्ग-रक्षक सचेष्ट होकर बुर्जियों पर से अग्नि-वर्षा करा रहा है, किन्तु इन दृढ़ प्रतिज्ञ वीरों को हटाने में असमर्थ है। दुर्गद्वार बंद है। आक्रमणकारियों के पास दुर्गद्वार तोड़ने का कोई साधन नहीं है, तो भी वे अदम्य उत्साह से आक्रमण कर रहे हैं। वीर हम्मीर कतिपय उत्साही वीरों के साथ अग्रसर होकर प्राचीर पर चढ़ने का उद्योग करने लगे, किन्तु व्यर्थ, कोई फल नहीं हुआ। भीलों की बाण-वर्षा से हम्मीर का शत्रुपक्ष निर्बल होता था, पर वे सुरक्षित थे। चारों ओर भीषण हत्याकाण्ड हो रहा है। अकस्मात् दुर्ग का सिंहद्वार सशब्द खुला।

हम्मीर की सेना ने समझा कि शत्रु मैदान में, युद्ध करने के लिये आ गये, बड़े उल्लास से आक्रमण किया गया। किन्तु देखते हैं तो सामने एक सौ क्षत्राणियाँ हाथ में तलवार लिये हुए दुर्ग के भीतर खड़ी हैं! हम्मीर पहले तो संकुचित हुए, फिर जब देखा कि स्वयं राजकुमारी ही उन क्षत्राणियों की नेत्री हैं और उनके हाथ में भी तलवार है, तो वह आगे बढ़े। राजकुमारी ने प्रणाम करके तलवार महाराणा के हाथों में दे दी, राजपूतों ने भीम-नाद के साथ 'एकलिंग की जय' घोषित किया।

वीर हम्मीर अग्रसर नहीं हो रहे हैं। दुर्ग से रक्षक ससैन्य उसी स्थान पर आ गया, किन्तु वहाँ का दृश्य देखकर वह भी अवाक् हो गया। हम्मीर ने कहा-सेनापते! मैं इस तरह दुर्ग-अधिकार पा तुम्हें बन्दी नहीं करना चाहता, तुम ससैन्य स्वतन्त्र हो। यदि इच्छा हो, तो युद्ध करो। चित्तौर-दुर्ग राणा-वंश का है। यदि हमारा होगा, तो एकलिंग-भगवान् की कृपा से उसे हम हस्तगत करेंगे ही।

दुर्ग-रक्षक ने कुछ सोचकर कहा-भगवान की इच्छा है कि आपको आपका पैतृक दुर्ग मिले, उसे कौन रोक सकता है? सम्भव है कि इसमें राजपूतों की भलाई हो। इससे बन्धुओं का रक्तपात हम नहीं कराना चाहते। आपको चित्तौर का सिंहासन सुखद हो, देश की श्री-वृद्धि हो, हिन्दुओं का सूर्य मेवाड़-गगन में एक बार फिर उदित हो। भील, राजपूत, शत्रुओं ने मिलकर महाराणा का जयनाद किया, दुन्दभि बज उठी। मंगल-गान के साथ सपत्नीक हम्मीर पैतृक सिंहासन पर आसीन हुए। अभिवादन ग्रहण कर लेने पर महाराणा ने महिषी से कहा-क्या अब भी तुम कहोगी कि तुम हमारे योग्य नहीं हो?

अशोक

१

पूत-सलिला भागीरथी के तट पर चन्द्रालोक में महाराज चक्रवर्ती अशोक टहल रहे हैं। थोड़ी दूर पर एक युवक खड़ा है। सुधाकर की किरणों के साथ नेत्र-ताराओं को मिलाकर स्थिर दृष्टि से महाराज ने कहा-विजयकेतु, क्या यह बात सच है कि जैन लोगों ने हमारे बौद्ध-धर्माचार्य होने का जनसाधारण में प्रवाद फैलाकर उन्हें हमारे विरुद्ध उत्तेजित किया है और पौण्ड्रवर्धन में एक बुद्धमूर्ति तोड़ी गयी है?

विजयकेतु-महाराज, क्या आपसे भी कोई झूठ बोलने का साहस कर सकता है?

अशोक-मनुष्य के कल्याण के लिये हमने जितना उद्योग किया, क्या वह सब व्यर्थ हुआ? बौद्धधर्म को हमने क्यों प्रधानता दी? इसीलिये कि शान्ति फैलेगी, देश में द्वेष का नाम भी न रहेगा, और उसी शान्ति की छाया में समाज अपने वाणिज्य, शिल्प और विद्या की उन्नति करेगा। पर नहीं, हम देख रहे हैं कि हमारी कामना पूर्ण होने में अभी अनेक बाधाएँ हैं। हमें पहले उन्हें हटाकर मार्ग प्रशस्त करना चाहिये।

विजयकेतु-देव ! आपकी क्या आज्ञा है?

अशोक-विजयकेतु, भारत में एक समय वह था, जब कि इसी अशोक के नाम से लोग काँप उठते थे। क्यों? इसीलिये कि वह बड़ा कठोर शासक था। पर वही अशोक जब से बौद्ध कहकर सर्वत्र प्रसिद्ध हुआ है, उसके शासन को लोग कोमल कहकर भूलने लग गये हैं। अस्तु, तुमको चाहिये कि अशोक का आतंक एक बार फिर फैला दो; और यह आज्ञा प्रचारित कर दो कि जो मनुष्य जैनों का साथी होगा, वह अपराधी होगा; और जो एक जैन का सिर काट लावेगा, वह पुरस्कृत किया जावेगा।

विजयकेतु-(काँपकर) जो महाराज की आज्ञा!

अशोक-जाओ, शीघ्र जाओ।

विजयकेतु चला गया। महाराज अभी वहीं खड़े हैं। नूपुर का कलनाद सुनाई पड़ा। अशोक ने चौंककर देखा, तो बीस-पचीस दासियों के साथ महारानी तिष्यरक्षिता चली आ रही हैं।

अशोक-प्रिये! तुम यहाँ कैसे?

तिष्यरक्षिता-प्राणनाथ! शरीर से कहीं छाया अलग रह सकती है? बहुत देर हुई, मैंने सुना था कि आप आ रहे हैं; पर बैठे-बैठे जी घबड़ा गया कि आने में क्यों देर हो रही है। फिर दासी से ज्ञात हुआ कि आप महल के नीचे बहुत देर से टहल रहे हैं। इसीलिये मैं स्वयं आपके दर्शन के लिये चली आई। अब भीतर चलिये!

अशोक-मैं तो आ ही रहा था। अच्छा चलो।

अशोक और तिष्यरक्षिता समीप के सुन्दर प्रासाद की ओर बढ़े। दासियाँ पीछे थीं।

२

राजकीय कानन में अनेक प्रकार के वृक्ष, सुरभित सुमनों से भरे झूम रहे हैं। कोकिला भी कूक-कूक कर आम की डालों को हिलाये देती है। नव-वसंत का समागम है। मलयानिल इठलाता हुआ कुसुम-कलियों को ठुकराता जा रहा है।

इसी समय कानन-निकटस्थ शैल के झरने के पास बैठकर एक युवक जल-लहरियों की तरंग-भंगी देख रहा है। युवक बड़े सरल विलोकन से कृत्रिम जलप्रपात को देख रहा है। उसकी मनोहर लहरियाँ जो बहुत ही जल्दी-जल्दी लीन हो स्रोत में मिलकर सरल पथ का अनुकरण करती हैं, उसे बहुत ही भली मालूम हो रही हैं। पर युवक को यह नहीं मालूम कि उसकी सरल दृष्टि और सुन्दर अवयव से विवश होकर एक रमणी अपने परम पवित्र पद से च्युत होना चाहती है।

देखो, उस लता-कुंज में, पत्तियों की ओट में, दो नीलमणि के समान कृष्णतारा चमककर किसी अदृश्य आश्चर्य का पता बता रहे हैं। नहीं-नहीं, देखो, चन्द्रमा में भी कहीं तारे रहते हैं? वह तो किसी सुन्दरी के मुख-कमल का आभास है।

युवक अपने आनन्द में मग्न है। उसे इसका कुछ भी ध्यान नहीं है कि कोई व्याघ्र उसकी ओर अलक्षित होकर बाण चला रहा है। युवक उठा, और उसी कुंज की ओर चला। किसी प्रच्छन्न शक्ति की प्रेरणा से वह उसी लता-कुञ्ज की ओर बढ़ा। किन्तु उसकी दृष्टि वहाँ जब भीतर पड़ी, तो वह अवाक् हो गया। उसके दोनों हाथ आप जुट गये। उसका सिर स्वयं अवनत हो गया।

रमणी स्थिर होकर खड़ी थी। उसके हृदय में उद्वेग और शरीर में कम्प था। धीरे-धीरे उसके होंठ हिले और कुछ मधुर शब्द निकले। पर वे शब्द स्पष्ट होकर वायुमण्डल में लीन हो गये। युवक का सिर नीचे ही था। फिर युवती ने अपने को सम्भाला, और बोली-कुनाल, तुम यहाँ कैसे? अच्छे तो हो?

माताजी की कृपा से-उत्तर में कुनाल ने कहा।

युवती मन्द मुस्कान के साथ बोली-मैं तुम्हें देर से यहाँ छिप कर देख रही हूँ।

कुनाल-महारानी तिष्यरक्षिता को छिपकर मुझे देखने की क्या आवश्यकता है?

तिष्यरक्षिता-(कुछ कम्पित स्वर से) तुम्हारे सौन्दर्य से विवश होकर।

कुनाल-(विस्मित तथा भयभीत होकर) पुत्र का सौन्दर्य तो माता ही का दिया हुआ है।

तिष्यरक्षिता-नहीं कुनाल, मैं तुम्हारी प्रेम-भिखारिनी हूँ, राजरानी नहीं हूँ; और न तुम्हारी माता हूँ।

कुनाल-(कुंज से बाहर निकलकर) माताजी, मेरा प्रणाम ग्रहण कीजिए, और अपने इस पाप का शीघ्र प्रायश्चित कीजिये। जहाँ तक सम्भव होगा, अब आप इस पाप-मुख को कभी न देखेंगी।

इतना कहकर शीघ्रता से वह युवक राजकुमार कुनाल, अपनी विमाता की बात सोचता हुआ, उपवन के बाहर निकल गया। पर तिष्यरक्षिता किंकर्तव्यविमूढ़ होकर वहीं तब तक खड़ी रहीं, जब तक किसी दासी के भूषण-शब्द ने उसकी मोह-निद्रा को भंग नहीं किया।

३

श्रीनगर के समीपवर्ती कानन में एक कुटीर के द्वार पर कुनाल बैठा हुआ ध्यानमग्न है। उसकी सुशील पत्नी उसी कुटीर में कुछ भोजन बना रही है।

कुटीर स्वच्छ तथा उसकी भूमि परिष्कृत है। शान्ति की प्रबलता के कारण पवन भी उसी समय धीरे-धीरे चल रहा है।

किन्तु वह शान्ति देर तक न रही, क्योंकि एक दौड़ता हुआ मृगशावक कुनाल की गोद में आ

गिरा, जिससे उसके ध्यान में विघ्न हुआ, और वह खड़ा हो गया। कुनाल ने उस मृगशावक को देखकर समझा कि कोई व्याघ्र भी इसके पीछे आता ही होगा। पर जब कोई उसे न देख पड़ा, तो उसने उस मृगशावक को अपनी स्त्री 'धर्मरक्षिता' को देकर कहा-प्रिये! क्या तुम इसको बच्चे की तरह पालोगी?

धर्मरक्षिता-प्राणनाथ, हमारे ऐसे वनचारियों को ऐसे ही बच्चे चाहिये।

कुनाल-प्रिये! तुमको हमारे साथ बहुत कष्ट है।

धर्मरक्षिता-नाथ, इस स्थान पर यदि सुख न मिला, तो मैं समझूँगी कि संसार में भी कहीं सुख नहीं है।

कुनाल-किन्तु प्रिये, क्या तुम्हें वे सब राज-सुख याद नहीं आते? क्या उनकी स्मृति तुम्हें नहीं सताती? और, क्या तुम अपनी मर्म-वेदना से निकलते हुए आँसुओं को रोक नहीं लेतीं! या वे सचमुच हैं ही नहीं?

धर्मरक्षिता-प्राणधार! कुछ नहीं है। यह सब आपका भ्रम है। मेरा हृदय जितना इस शान्त वन में आनन्दित है, उतना कहीं भी न रहा। भला ऐसे स्वभाववर्धित, सरल-सीधे और सुमनवाले साथी कहाँ मिलते? ऐसी मृदुला लताएँ, जो अनायास ही चरण को चूमती हैं, कहाँ उस जनरव से भरे राजकीय नगर में मिली थीं? नाथ, और सच कहना, (मृग को चूमकर) ऐसा प्यारा शिशु भी तुम्हें आज तक कहीं मिला था? तिस पर भी आपको अपनी विमाता की कृपा से जो दुःख मिलता था, वह भी यहाँ नहीं है। फिर ऐसा सुखमय जीवन और कौन होगा?

कुनाल के नेत्र आँसुओं से भर आये, और वह उठकर टहलने लगे। धर्मरक्षिता भी अपने कार्य में लगी। मधुर पवन भी उस भूमि में उसी प्रकार चलने लगा। कुनाल का हृदय अशान्त हो उठा, और वह टहलता हुआ कुछ दूर निकल गया। जब नगर का समीपवर्ती प्रान्त उसे दिखाई पड़ा, तब वह रुक गया और उसी ओर देखने लगा।

४

पाँच-छः मनुष्य दौड़ते हुए चले आ रहे हैं। वे कुनाल के पास पहुँचना ही चाहते थे कि उनके पीछे बीस अश्वारोही देख पड़े। वे सब-के-सब कुनाल के समीप पहुँचे। कुनाल चकित दृष्टि से उन सबको देख रहा था।

आगे दौड़कर आनेवालों ने कहा-महाराज, हम लोगों को बचाइये।

कुनाल उन लोगों को पीछे करके आप आगे डटकर खड़ा हो गया। वे अश्वारोही भी उस युवक कुनाल के अपूर्व तेजोमय स्वरूप को देखकर सहमकर, उसी स्थान पर खड़े हो गये। कुनाल ने उन अश्वारोहियों से पूछा-तुम लोग इन्हें क्यों सता रहे हो? क्या इन लोगों ने कोई ऐसा कार्य किया है, जिससे ये लोग न्यायतः दण्डभागी समझे गये हैं?

एक अश्वारोही, जो उन लोगों का नायक था, बोला-हम लोग राजकीय सैनिक हैं, और राजा की आज्ञा से इन विधर्मी जैनियों का बध करने के लिये आये हैं। पर आप कौन हैं, जो महाराज चक्रवर्ती देवप्रिय अशोकदेव की आज्ञा का विरोध करने पर उद्यत हैं?

कुनाल-चक्रवर्ती अशोक! वह कितना बड़ा राजा है?

नायक-मूर्ख! क्या तू अभी तक महाराज अशोक का पराक्रम नहीं जानता, जिन्होंने अपने प्रचण्ड भुजदण्ड के बल से कलिंग-विजय किया है? और, जिनकी राज्य-सीमा दक्षिण में केरल और मलयगिरि, उत्तर में सिन्धुकोश-पर्वत, तथा पूर्व और पश्चिम में किरात-देश और पटल हैं! जिनकी मैत्री के लिये यवन-नृपति लोग उद्योग करते रहते हैं, उन महाराज को तू भलीभाँति नहीं जानता?

कुनाल-परन्तु इससे भी बड़ा कोई साम्राज्य है, जिसके लिये किसी राज्य की मैत्री की आवश्यकता नहीं है।

नायक-इस विवाद की आवश्यकता नहीं है, हम अपना काम करेंगे।

कुनाल-तो क्या तुम लोग इन अनाथ जीवों पर कुछ दया न करोगे?

इतना कहते-कहते राजकुमार को कुछ क्रोध आ गया, नेत्र लाल हो गये। नायक उस तेजस्वी मूर्ति को देखकर एक बार फिर सहम गया।

कुनाल ने कहा-अच्छा, यदि तुम न मानोगे, तो यहाँ के शासक से जाकर कहो कि राजकुमार कुनाल तुम्हें बुला रहे हैं।

नायक सिर झुकाकर कुछ सोचने लगा। तब उसने अपने एक साथी की ओर देखकर कहा-जाओ, इन बातों को कहकर, दूसरी आज्ञा लेकर जल्द आओ।

अश्वारोही शीघ्रता से नगर की ओर चला। शेष सब लोग उसी स्थान पर खड़े थे।

थोड़ी देर में उसी ओर से दो अश्वारोही आते हुए दिखाई पड़े। एक तो वही था,जो भेजा गया था, और दूसरा उस प्रदेश का शासक था। समीप आते ही वह घोड़े पर से उतर पड़ा और कुनाल का अभिवादन करने के लिए बढ़ा। पर कुनाल ने रोक कर कहा-बस, हो चुका, मैंने आपको इसलिये कष्ट दिया है कि इन निरीह मनुष्यों की हिंसा की जा रही है।

शासक-राजकुमार! आपके पिता की आज्ञा ही ऐसी है, और आपका यह वेश क्या है?

कुनाल-इसके पूछने की कोई आवश्यकता नहीं, पर क्या तुम इन लोगों को मेरे कहने से छोड़ सकते हो?

शासक-(दु:खित होकर) राजकुमार, आपकी आज्ञा हम कैसे टाल सकते हैं, (ठहरकर) पर एक और बड़े दु:ख की बात है।

कुनाल-वह क्या?

शासक ने एक पत्र अपने पास से निकालकर कुनाल को दिखलाया। कुनाल उसे पढ़क़र चुप रहा, और थोड़ी देर के बाद बोला-तो तुमको इस आज्ञा का पालन अवश्य करना चाहिये।

शासक-पर, यह कैसे हो सकता है?

कुनाल-जैसे हो, वह तो तुम्हें करना ही होगा।

शासक-किन्तु राजकुमार, आपके इस देव-शरीर के दो नेत्र-रत्न निकालने का बल मेरे हाथों में नहीं है। हाँ, मैं अपने इस पद का त्याग कर सकता हूँ।

कुनाल-अच्छा, तो तुम मुझे इन लोगों के साथ महाराज के समीप भेज दो।

शासक ने कहा-जैसी आज्ञा।

५

पौण्ड्रवर्धन नगर में हाहाकार मचा हुआ है। नगर-निवासी प्राय: उद्विग्न हो रहे हैं। पर विशेषकर जैन लोगों ही में खलबली मची हुई है। जैन-रमणियाँ, जिन्होंने कभी घर के बाहर पैर भी नहीं रक्खा था, छोटे शिशुओं को लिये हुए भाग रही हैं। पर जायँ कहाँ? जिधर देखती हैं, उधर ही सशस्त्र उन्मत्त काल बौद्ध लोग उन्मत्तों की तरह दिखाई पड़ते हैं। देखो, वह स्त्री, जिसके केश परिश्रम से खुल गये हैं-गोद का शिशु अलग मचल कर रो रहा है, थककर एक वृक्ष के नीचे बैठ गयी है; अरे देखो! दुष्ट निर्दय वहाँ भी पहुँच गये, और उस स्त्री को सताने लगे।

युवती ने हाथ जोड़कर कहा-आप लोग दु:ख मत दीजिये। फिर उसने एक-एक करके अपने सब आभूषण उतार दिये और वे दुष्ट उन सब अलंकारों को लेकर भाग गये। इधर वह स्त्री निद्रा से क्लान्त होकर उसी वृक्ष के नीचे सो गयी।

उधर देखिये, वह एक रथ चला जा रहा है, और उसके पर्दें हटाकर बता रहे हैं कि उसमें स्त्री और पुरुष तीन-चार बैठे हैं। पर सारथी उस ऊँची-नीची पथरीली भूमि में भी उन लोगों की ओर बिना ध्यान दिये रथ शीघ्रता से लिये जा रहा है। सूर्य की किरणें पश्चिम में पीली हो गयी हैं। चारों ओर उस पथ में शान्ति है। केवल उसी रथ का शब्द सुनाई पड़ता है, जो अभी उत्तर की ओर चला जा रहा है।

थोड़ी ही देर में वह रथ सरोवर के समीप पहुँचा और रथ के घोड़े हाँफते हुए थककर खड़े हो गये। अब सारथी भी कुछ न कर सका और उसको रथ के नीचे उतरना पड़ा।

रथ को रुका जानकर भीतर से एक पुरुष निकला और उसने सारथी से पूछा-क्यों, तुमने रथ क्यों रोक दिया?

सारथी-अब घोड़े नहीं चल सकते।

पुरुष-तब तो फिर बड़ी विपत्ति का सामना करना होगा; क्योंकि पीछा करने वाले उन्मत्त सैनिक आ ही पहुँचेंगे।

सारथी-तब क्या किया जाय? (सोचकर) अच्छा, आप लोग इस समीप की कुटी में चलिये, यहाँ कोई महात्मा हैं, वह अवश्य आप लोगों को आश्रय देंगे।

पुरुष ने कुछ सोचकर सब आरोहियों को रथ पर से उतारा, और वे सब लोग उसी कुटी की ओर अग्रसर हुए।

कुटी के बाहर एक पत्थर पर अधेड़ मनुष्य बैठा हुआ है। उसका परिधेय वस्त्र भिक्षुओं के समान है। रथ पर के लोग उसी के सामने जाकर खड़े हुए। उन्हें देखकर वह महात्मा बोले-आप लोग कौन हैं और क्यों आये हैं?

उसी पुरुष ने आगे बढ़कर, हाथ जोड़कर कहा-महात्मन्-हम लोग जैन हैं और महाराज अशोक की आज्ञा से जैन लोगों का सर्वनाश किया जा रहा है। अत: हम लोग प्राण के भय से भाग कर अन्यत्र जा रहे हैं। पर मार्ग में घोड़े थक गये, अब ये इस समय चल नहीं सकते। क्या आप थोड़ी देर तक हम लोगों को आश्रय दीजियेगा?

महात्मा थोड़ी देर सोचकर बोले-अच्छा, आप लोग इसी कुटी में चले जाइये।

स्त्री-पुरुषों ने आश्रय पाया।

अभी उन लोगों को बैठे थोड़ी ही देर हुई है कि अकस्मात् अश्व-पद-शब्द ने सबको चकित और भयभीत कर दिया। देखते-देखते दस अश्वारोही उस कुटी के सामने पहुँच गये। उनमें से एक महात्मा की ओर लक्ष्य करके बोला-ओ भिक्षु, क्या तूने अपने यहाँ भागे हुए जैन विधर्मियों को आश्रय दिया है? समझ रख, तू हम लोगों से बहाना नहीं कर सकता, क्योंकि उनका रथ इस बात का ठीक पता दे रहा है।

महात्मा-सैनिकों, तुम उन्हें लेकर क्या करोगे? मैंने अवश्य उन दुखियों को आश्रय दिया है। क्यों व्यर्थ नर-रक्त से अपने हाथों को रंजित करते हो?

सैनिक अपने साथियों की ओर देखकर बोला-यह दुष्ट भी जैन ही है, ऊपरी बौद्ध बना हुआ है; इसे भी मारो।

'इसे भी मारो' का शब्द गूँज उठा, और देखते-देखते उस महात्मा का सिर भूमि में लोटने लगा।

इस काण्ड को देखते ही कुटी के स्त्री-पुरुष चिल्ला उठे। उन नर-पिशाचों ने एक को भी न छोड़ा! सबकी हत्या की।

अब सब सैनिक धन खोजने लगे। मृत स्त्री-पुरुषों के आभूषण उतारे जाने लगे। एक सैनिक, जो उस महात्मा की ओर झुका था, चिल्ला उठा। सबका ध्यान उसी ओर आकर्षित हुआ। सब सैनिकों ने देखा, उसके हाथ में एक अँगूठी है, जिस पर लिखा है, 'वीताशोक'!

६

महाराज अशोक के भाई, जिनका पता नहीं लगता था, वही 'वीताशोक' मारे गये! चारों ओर उपद्रव शान्त है। पौण्ड्रवर्धन नगर प्रशान्त समुद्र की तरह हो गया है।

महाराज अशोक पाटलिपुत्र के साम्राज्य-सिंहासन पर विचारपति होकर बैठे हैं। राजसभा की शोभा तो कहते नहीं बनती। सुवर्ण-रचित बेल-बूटों की कारीगरी से, जिनमें मणि-माणिक्य स्थानानुकूल बिठाये गये हैं। मौर्य-सिंहासन-मड्न्दर भारतवर्ष का वैभव दिखा रहा है, जिसे देखकर पारसीक सम्राट 'दारा' के सिंहासन-मन्दिर को ग्रीक लोग तुच्छ दृष्टि से देखते थे।

धर्माधिकारी, प्राड्विवाक, महामात्य, धर्म-महामात्य रज्जुक, और सेनापति, सब अपने-अपने स्थान पर स्थित हैं। राजकीय तेज का सन्नाटा सबको मौन किये है।

देखते-देखते एक स्त्री और एक पुरुष उस सभा में आये। सभास्थित सब लोगों की दृष्टि को पुरुष के अवनत तथा बड़े-बड़े नेत्रों ने आकर्षित कर लिया। किन्तु सब नीरव हैं। युवक और युवती ने मस्तक झुकाकर महाराजा को अभिवादन किया।

स्वयं महाराजा ने पूछा-तुम्हारा नाम?

उत्तर-कुनाल।

प्रश्न-पिता का नाम।

उत्तर-महाराज चक्रवर्ती धर्माशोक।

सब लोग उत्कण्ठा और विस्मय से देखने लगे कि अब क्या होता है, पर महाराज का मुख कुछ भी विकृत न हुआ, प्रत्युत और भी गम्भीर स्वर से प्रश्न करने लगे।

प्रश्न-तुमने कोई अपराध किया है?

उत्तर-अपनी समझ से तो मैंने अपराध से बचने का उद्योग किया था।

प्रश्न-फिर तुम किस तरह अपराधी बनाये गये?

उत्तर-तक्षशिला के महासामन्त से पूछिये।

महाराज की आज्ञा होते ही शासक ने अभिवादन के उपरान्त एक पत्र उपस्थित किया, जो अशोक के कर में पहुँचा।

महाराज ने क्षण-भर में महामात्य से फिरकर पूछा-यह आज्ञा-पत्र कौन ले गया था, उसे बुलाया जाय।

पत्रवाहक भी आया और कम्पित स्वर से अभिवादन करते हुए बोला-धर्मावतार, यह पत्र मुझे महादेवी तिष्यरक्षिता के महल से मिला था, और आज्ञा हुई थी कि इसे शीघ्र तक्षशिला के शासक के पास पहुँचाओ।

महाराज ने शासक की ओर देखा। उसने हाथ जोड़कर कहा-महाराज, यही आज्ञा-पत्र लेकर गया था।

महाराज ने गम्भीर होकर अमात्य से कहा-तिष्यरक्षिता को बुलाओ।

महामात्य ने कुछ बोलने की चेष्टा की, किन्तु महाराज के भृकुटिभंग ने उन्हें बोलने से निरस्त किया; अब वह स्वयं उठे और चले।

७

महादेवी तिष्यरक्षिता राजसभा में उपस्थित हुईं। अशोक ने गम्भीर स्वर से पूछा-यह तुम्हारी लेखनी से लिखा गया है? क्या उस दिन तुमने इसी कुकर्म के लिये राजमुद्रा छिपा ली थी? क्या कुनाल के बड़े-बड़े सुन्दर नेत्रों ने ही तुम्हें आँखें निकलवाने की आज्ञा देने के लिये विवश किया था? अवश्य तुम्हारा ही यह कुकर्म है। अस्तु, तुम्हारी-ऐसी स्त्री को पृथ्वी के ऊपर नहीं, किन्तु भीतर रहना चाहिये।

सब लोग काँप उठे। कुनाल ने आगे बढ़ घुटने टेक दिये और कहा-क्षमा।

अशोक ने गम्भीर स्वर से कहा-नहीं।

तिष्यरक्षिता उन्हीं पुरुषों के साथ गयी, जो लोग उसे जीवित समाधि देनेवाले थे। महामात्य ने राजकुमार कुनाल को आसन पर बैठाया और धर्मरक्षिता महल में गयी।

महामात्य ने एक पत्र और अँगूठी महाराज को दी। यह पौण्ड्रवर्धन के शासक का पत्र तथा वीताशोक की अँगूठी थी।

पत्र-पाठ करके और मुद्रा को देखकर वही कठोर अशोक विह्वल हो गये, ओर अवसन्न होकर सिंहासन पर गिर पड़े।

उसी दिन से कठोर अशोक ने हत्या की आज्ञा बन्द कर दी, स्थान-स्थान पर जीवहिंसा न करने की आज्ञा पत्थरों पर खुदवा दी गयी।

कुछ ही काल के बाद महाराज अशोक ने उद्विग्न चित्त को शान्त करने के लिये भगवान बुद्ध के प्रसिद्ध स्थानों को देखने के लिए धर्म-यात्रा की।

गुलाम

१

फूल नहीं खिलते हैं, बेले की कलियाँ मुरझाई जा रही हैं। समय में नीरद ने सींचा नहीं, किसी माली की भी दृष्टि उस ओर नहीं घूमी; अकाल में बिना खिले कुसुम-कोरक म्लान होना ही चाहता है। अकस्मात् डूबते सूर्य की पीली किरणों की आभा से चमकता हुआ एक बादल का टुकड़ा स्वर्ण-वर्षा कर गया। परोपकारी पवन उन छींटों को ढकेलकर उन्हें एक कोरक पर लाद गया। भला इतना भार वह कैसे सह सकता है! सब ढुलककर धरणी पर गिर पड़े। कोरक भी कुछ हरा हो गया।

यमुना के बीच धारा में एक छोटी, पर बहुत ही सुन्दर तरणी, मन्द पवन के सहारे धीरे-धीरे बह रही है। सामने के महल से अनेक चन्द्रमुख निकलकर उसे देख रहे हैं। चार कोमल सुन्दरियाँ डाँड़ें चला रही हैं, और एक बैठी हुई सितारी बजा रही है। सामने, एक भव्य पुरुष बैठा हुआ उसकी ओर निर्निमेष दृष्टि से देख रहा है।

पाठक! यह प्रसिद्ध शाहआलम दिल्ली के बादशाह हैं। जलक्रीड़ा हो रही है।

सान्ध्य-सूर्य की लालिमा जीनत-महल के अरुण मुख-मण्डल की शोभा और भी बढ़ा रही है। प्रणयी बादशाह उस आतप-मण्डित मुखारविन्द की ओर सतृष्ण नयन से देख रहे हैं, जिस पर बार-बार गर्व और लज्जा का दुबारा रंग चढ़ता-उतरता है, और इसी कारण सितार का स्वर भी बहुत शीघ्र चढ़ता-उतरता है। संगीत, तार पर चढक्कर दौड़ता हुआ, व्याकुल होकर घूम रहा है; क्षण-भर भी विश्राम नहीं।

जीनत के मुखमण्डल पर स्वेद-बिन्द झलकने लगे। बादशाह ने व्याकुल होकर कहा-बस करो, प्यारी जीनत! बस करो! बहुत अच्छा बजाया, वाह, क्या बात है! साकी, एक प्याला शीराजी शर्बत!

'हुजूर आया'-कहता हुआ एक सुकुमार बालक सामने आया, हाथ में पान-पात्र था। उस बालक की मुख-कान्ति दर्शनीय थी। भरा प्याला छलकना चाहता था, इधर घुँघराली अलकें उसकी आँखों पर बरजोरी एक पर्दा डालना चाहती थीं। बालक प्याले को एक हाथ में लेकर जब केश-गुच्छ को हटाने लगा, तब जीनत और शाहआलम दोनों चकित होकर देखने लगे। अलकें अलग हुईं। बेगम ने एक ठण्डी साँस ली। शाहआलम के मुख से भी एक आह निकलना ही चाहती थी, पर उसे रोककर निकल पड़ा-'बेगम को दो।'

बालक ने दोनों हाथों से पान-पात्र जीनत की ओर बढ़ाया। बेगम ने उसे लेकर पान कर लिया।

नहीं कह सकते कि उस शर्बत ने बेगम को कुछ तरी पहुँचाई या गर्मी; किन्तु हृदय-स्पन्दन अवश्य कुछ बढ़ गया। शाहआलम ने झुककर कहा-एक और!

बालक विचित्र गति से पीछे हटा और थोड़ी देर में दूसरा प्याला लेकर उपस्थित हुआ। पान-पात्र निश्शेष कर शाहआलम ने हाथ कुछ और फैला दिया, और बालक की ओर इंगित करके बोले-कादिर, जरा उँगलियाँ तो बुला दे।

बालक अदब से सामने बैठ गया और उनकी उँगलियों को हाथ में लेकर बुलाने लगा।

मालूम होता है कि जीनत को शर्बत ने कुछ ज्यादा गर्मी पहुँचाई। वह छोटे बजरे के मेहराब में से झुककर यमुना-जल छूने लगी। कलेजे के नीचे एक मखमली तकिया मसली जाने लगी, या न मालूम वही कामिनी के वक्षस्थल को पीडऩ करने लगी।

शाहआलम की उँगलियाँ, उस कोमल बाल-रवि-कर-समान स्पर्श से, कलियों की तरह चटकने लगीं। बालक की निर्निमेष दृष्टि आकाश की ओर थी। अकस्मात् बादशाह ने कहा-मीना! ख्वाजा-सरा से कह देना कि इस कादिर को अपनी खास तालीम में रखें, और उसके सुपुर्द कर देना।

एक डाँड़े चलाने वाली ने झुककर कहा-बहुत अच्छा हुजूर!

बेगम ने अपने सीने से तकिये को और दबा दिया; किन्तु वह कुछ न बोल सकी, दबकर रह गयी।

२

उपर्युक्त घटना को बहुत दिन बीत गये। गुलाम कादिर अब अच्छा युवक मालूम होने लगा। उसका उन्नत स्कन्ध, भरी-भरी बाँहें और विशाल वक्षस्थल बड़े सुहावने हो गये। किन्तु कौन कह सकता है कि वह युवक है। ईश्वरीय नियम के विरुद्ध उसका पुंसत्व छीन लिया गया है।

कादिर, शाहआलम का प्यारा गुलाम है। उसकी तूती बोल रही है, सो भी कहाँ? शाही नौबतखाने के भीतर।

दीवाने-आम में अच्छी सज-धज है। आज कोई बड़ा दरबार होने वाला है। सब पदाधिकारी अपने योग्यतानुसार वस्त्राभूषण से सजकर अपने-अपने स्थान को सुशोभित करने लगे। शाहआलम भी तख्त पर बैठ गये। तुला-दान होने के बाद बादशाह ने कुछ लोगों का मनसब बढ़ाया और कुछ को इनाम दिया। किसी को हर्बे दिये गये; किसी की पदवी बढ़ायी गयी; किसी की तनख्वाह बढ़ी।

किन्तु बादशाह यह सब करके भी तृप्त नहीं दिखाई पड़ते। उनकी निगाहें किसी को खोज रही हैं। वे इशारा कर रही हैं कि उन्हीं से काम निकल जाय, रसना को बोलना न पड़े; किन्तु करें क्या? वह हो नहीं सकता था। बादशाह ने एक तरफ देखकर कहा-गुलाम कादिर!

कादिर अपने कमरे में कपड़े पहनकर तैयार है, केवल कमरबंद में एक जड़ाऊ दस्ते की कटार लगाना बाकी है, जिसे बादशाह ने उसे प्रसन्न होकर दिया है। कटार लगाकर एक बड़े दर्पण में मुँह देखने की लालसा से वह उस ओर बढ़ा। दर्पण के सामने खड़े होकर उसने देखा, अपरूप सौन्दर्य! किसका? अपना ही। सचमुच कादिर की दृष्टि अपनी आँखों पर से नहीं हटती। मुग्ध होकर वह अपना रूप देख रहा है।

उसका पुरुषोचित सुन्दर मुख-मण्डल तारुण्य-सूर्य के आतप से आलोकित हो रहा है। दोनों भरे हुए कपोल प्रसन्नता से बार-बार लाल हो आते हैं, आँखें हँस रही हैं। सृष्टि सुन्दरतम होकर उसके सामने विकसित हो रही है।

प्रहरी ने आकर कहा-जहाँपनाह ने दरबार में याद किया है।

कादिर चौंक उठा और उसका रंग उतर गया। वह सोचने लगा कि उसका रूप और तारुण्य कुछ नहीं है, किसी काम का नहीं। मनुष्य की सारी सम्पत्ति उससे जबर्दस्ती छीन ली गयी है।

कादिर का जीवन भार हो उठा। निरभ्र, गगन में पावसघन घिर उठे। उसका प्राण तलमला उठा, और वह व्याकुल होकर चाहता था कि दर्पण फोड़ दे।

क्षण-भर में सारी प्रसन्नता मिट्टी में मिल गयी। जीवन दु:सह हो उठा। दाँत आपस में घिस उठे और कटार भी कमर से बाहर निकलने लगी।

कादिर कुछ शान्त हुआ। कुछ सोचकर धीरे-धीरे दरबार की ओर चला। बादशाह के सामने

पहुँचकर यथोचित अभिवादन किया

शाहआलम-कादिर! इतनी देर तक कहाँ रहा?

कादिर-जहाँपनाह! गुलाम की खता माफ हो।

शाहआलम-(हँसते हुए) खता कैसी, कादिर?

कादिर-(जलकर) हुजूर, देर हुई।

शाहआलम-अच्छा, उसकी सजा दी जायगी।

कादिर-(अदब से) लेकिन हुजूर, मेरी भी कुछ अर्ज है।

बादशाह ने पूछा-क्या?

कादिर ने कहा-मुझे यही सजा मिले कि मैं कुछ दिनों के लिये देहली से निकाल दिया जाऊँ।

शाहआलम ने कहा-सो तो बहुत बड़ी सजा है कादिर, ऐसा नहीं हो सकता। मैं तुम्हें कुछ इनाम देना चाहता हूँ, ताकि वह यादगार रहे, और तुम फिर ऐसा कुसूर न करो।

कादिर ने हाथ बाँधकर कहा-हुजूर! इनाम में मुझे छुट्टी ही मिल जाय, ताकि कुछ दिनों तक मैं अपने बूढ़े बाप की खिदमत कर सकूँ।

शाहआलम-(चौंककर) उसकी खिदमत के लिये मेरी दी हुई जागीर काफी है। सहारनपुर में उसकी आराम से गुजरती है।

कादिर ने गिड़गिड़ाकर कहा-लेकिन जहाँपनाह, लडक़ा होकर मेरा भी कोई फर्ज है।

शाहआलम ने कुछ सोचकर कहा-अच्छा, तुम्हें रुख्सत मिली और यादगार की तरह तुम्हें एक-हजारी मनसब अता किया जाता है, ताकि तुम वहाँ से लौट आने में फिर देर न करो।

उपस्थित लोग 'करामात', हुजूर का एकबाल और बुलन्द हो' की धुन मचाने लगे। गुलाम कादिर अनिच्छा रहते उन लोगों का साथ देता था, और अपनी हार्दिक प्रसन्नता प्रकट करने की कोशिश करता था।

३

भारत के सपूत, हिन्दओं के उज्ज्वल रत्न छत्रपति महाराज शिवाजी ने जो अध्यवसाय और परिश्रम किया, उसका परिणाम मराठों को अच्छा मिला, और उन्होंने भी जब तक उस पूर्व-नीति को अच्छी तरह से माना, लाभ उठाया। शाहआलम के दरबार में क्या-भारत में-आज मराठा-वीर सिन्धिया ही नायक समझा जाता है। सिन्धिया की विपुल वाहिनी के बल से शाहआलम नाममात्र को दिल्ली के सिंहासन पर बैठे हैं। बिना सिन्धिया के मंजूर किये बादशाह-सलामत रत्ती-भर हिल नहीं सकते। सिन्धिया दिल्ली और उसके बादशाह के प्रधान रक्षक हैं। शाहआलम का मुगल रक्त सर्द हो चुका है।

सिन्धिया आपस के झगड़े तय करने के लिये दक्खिन चला गया है। 'मंसूर' नामक कर्मचारी ही इस समय बादशाह का प्रधान सहायक है। शाहआलम का पूरा शुभचिन्तक होने पर भी वह हिन्द सिन्धिया की प्रधानता से भीतर-भीतर जला करता था।

जला हुआ, विद्रोह का झंडा उठाये, इसी समय, गुलाम कादिर रुहेलों के साथ सहारनपुर से आकर दिल्ली के उस पार डेरा डाले पड़ा है। मंसूर उसके लिये हर तरह से तैयार है। एक बार वह भुलावे में आकर चला गया है। अबकी बार उसकी इच्छा है कि वजारत वही करे।

बूढ़े बादशाह संगमरमर के मीनाकारी किये हुए बुर्ज में गावतकिये के सहारे लेटे हुए हैं। मंसूर

सामने हाथ बाँधे खड़ा है। शाहआलम ने भरी हुई आवाज में पूछा-क्यों मंसूर! क्या गुलाम कादिर सचमुच दिल्ली पर हमला करके तख्त छीनना चाहता है? क्या उसको इसीलिए हमने इस मरतबे पर पहुँचाया? क्या सबका आखिरी नतीजा यही है? बोलो, साफ कहो। रुको मत, जिसमें कि तुम बात बना सको।

मंसूर-जहाँपनाह! वह तो गुलाम है। फकत हुजूर की कदमबोसी हासिल करने के लिये आया है। और, उसकी तो यही अर्जी है कि हमारे आका शाहंशाहआलम-हिंद एक काफिर के हाथ की पुतली न बने रहें। अगर हुक्म दें, तो क्या यह गुलाम वह काम नहीं कर सकता?

शाहआलम-मंसूर! इसके माने?

मंसूर-बंद:परवर! वह दिल्ली की वजारत के लिये अर्ज करता है और गुलामी में हाजिर होना चाहता है। उसे तो सिन्धिया से रंज है, हुजूर तो उसके मेहरबान आका हैं।

शाहआलम-(जरा तनकर) हाँ मंसूर, उसे हमने बचपन से पाला है, और इस लायक बनाया।

मंसूर-(मन में) और उसे आपने ही, खुद-गरजी से-जो काबिले-नफरत थी-दुनिया के किसी काम का न रक्खा, जिसके लिये वह जी से जला हुआ है।

शाहआलम-बोलो मंसूर! चुप क्यों हो? क्या वह एहसान-फरामोश है?

मंसूर-हुजूर! फिर, गुलाम खिदमत में बुलाया जावे?

शाहआलम-वजारत देने में मुझे कोई उज्र नहीं है। वह सँभाल सकेगा?

मंसूर-हुजूर, अगर वह न सँभाल सकेगा, तो उसको वही झेलेगा। सिन्धिया खुद उससे समझ लेगा।

शाहआलम-हाँ जी, सिन्धिया से कह दिया जायगा कि लाचारी से उसको वजारत दी गयी। तुम थे नहीं, उसने जबर्दस्ती वह काम अपने हाथ में लिया।

मंसूर-और इससे मुसलमान रियाया भी हुजूर से खुश हो जायगी। तो, उसे हुक्म आने का भेज दिया जाय?

४

दिल्ली के दुर्ग पर गुलाम कादिर का पूर्ण अधिकार हो गया है। बादशाह के कर्मचारियों से सब काम छीन लिया गया है। रुहेलों का किले पर पहरा है। अत्याचारी गुलाम महलों की सब चीजों को लूट रहा है। बेचारी बेगमें अपमान के डर से पिशाच रुहेलों के हाथ, अपने हाथ से अपने आभूषण उतारकर दे रही हैं। पाशविक अत्याचार की मात्रा अब भी पूर्ण नहीं हुई। दीवाने-खास में सिंहासन पर बादशाह बैठे हैं। रुहेलों के साथ गुलाम कादिर उसे घेरकर खड़ा है।

शाहआलम-गुलाम कादिर, अब बस कर! मेरे हाल पर रहम कर, सब कुछ तूने कर लिया। अब मुझे क्यों नाहक परेशान करता है?

गुलाम-अच्छा इसी में है कि अपना छिपा खजाना बता दो।

एक रुहेला-हाँ,हाँ, हम लोगों के लिये भी तो कुछ चाहिये।

शाहआलम-कादिर! मेरे पास कुछ नहीं है। क्यों मुझे तकलीफ देता है?

कादिर-मालूम होता है, सीधी उँगली से घी नहीं निकलेगा।

शाहआलम-मैंने तुझे इस लायक इसलिये बनाया कि तू मेरी इस तरह बेइज्जती करे?

कादिर-तुम्हारे-ऐसों के लिये इतनी ही सजा काफी नहीं है। नहीं देखते हो कि मेरे दिल में बदले की आग जल रही है, मुझे तुमने किस काम का रक्खा? हाय!

मेरी सारी कार्रवाई फजूल है, मेरा सब तुमने लूट लिया है। बदला कहती है कि तुम्हारा गोश्त मैं अपने दाँतों से नोच डालूँ।

शाहआलम-बस कादिर! मैं अपनी खता कुबूल करता हूँ। उसे माफ कर! या तो अपने हाथों से मुझे कत्ल कर डाल! मगर इतनी बेइज्जती न कर!

गुलाम-अच्छा, वह तो किया ही जायेगा! मगर खजाना कहाँ है?

शाहआलम-कादिर! मेरे पास कुछ नहीं है!

गुलाम-अच्छा, तो उतर आएँ तख्त से, देर न करें!

शाहआलम-कादिर! मैं इसी पर बैठा हूँ, जिस पर बैठकर तुझे हुक्म दिया करता था। आ, इसी जगह खंजर से मेरा काम तमाम कर दे।

'वही होगा' कहता हुआ नर-पिशाच कादिर तख्त की ओर बढ़ा। बूढ़े बादशाह को तख्त से घसीटकर नीचे ले आया और उन्हें पटककर छाती पर चढ़ बैठा। खंजर की नोक कलेजे पर रखकर कहने लगा, अब भी अपना खजाना बताओ, तो जान सलामत बच जायगी।

शाहआलम गिड़गिड़ाकर कहने लगे कि ऐसी जिन्दगी की जरूरत नहीं है। अब तू अपना खञ्जर कलेजे के पार कर!

कादिर-लेकिन इससे क्या होगा! अगर तुम मर जाओगे, तो मेरे कलेजे की आग किसे झुलसायेगी; इससे बेहतर है कि मुझसे जैसी चीज छीन ली गयी है, उसी तरह की कोई चीज तुम्हारी भी ली जाय। हाँ, इन्हीं आँखों से मेरी खूबसूरती देखकर तुमने मुझे दुनिया के किसी काम का न रक्खा। लो, मैं तुम्हारी आँखें निकालता हूँ, जिससे मेरा कलेजा कुछ ठण्डा होगा।

इतना कह कादिर ने कटार से शाहआलम की दोनों आँखें निकाल लीं। रोशनी की जगह उन गड्ढों से रक्त के फुहारे निकलने लगे। निकली हुई आँखों को कादिर की आँखें प्रसन्नता से देखने लगीं।

जहाँआरा

१

यमुना के किनारेवाले शाही महल में एक भयानक सन्नाटा छाया हुआ है, केवल बार-बार तोपों की गड़गड़ाहट और अस्त्रों की झनकार सुनाई दे रही है। वृद्ध शाहजहाँ मसनद के सहारे लेटा हुआ है, और एक दासी कुछ दवा का पात्र लिए हुए खड़ी है। शाहजहाँ अन्यमनस्क होकर कुछ सोच रहा है, तोपों की आवाज से कभी-कभी चौंक पड़ता है। अकस्मात् उसके मुख से निकल पड़ा। नहीं-नहीं, क्या वह ऐसा करेगा, क्या हमको तख्त-ताऊस से निराश हो जाना चाहिए?

हाँ, अवश्य निराश हो जाना चाहिए।

शाहजहाँ ने सिर उठाकर कहा-कौन? जहाँआरा? क्या यह तुम सच कहती हो?

जहाँआरा-(समीप आकर) हाँ, जहाँपनाह! यह ठीक है; क्योंकि आपका अकर्मण्य पुत्र 'दारा' भाग गया, और नमक-हराम 'दिलेर खाँ' क्रूर औरंगजेब से मिल गया, और किला उसके अधिकार में हो गया।

शाहजहाँ-लेकिन जहाँआरा! क्या औरंगजेब क्रूर है? क्या वह अपने बूढ़े बाप की कुछ इज्जत न करेगा? क्या वह मेरे जीते ही तख्त-ताऊस पर बैठेगा?

जहाँआरा-(जिसकी आँखों में अभिमान का अश्रुजल भरा था) जहाँपनाह! आपके इसी पुत्रवात्सल्य ने आपकी यह अवस्था की। औरंगजेब एक नारकीय पिशाच है; उसका किया क्या नहीं हो सकता, एक भले कार्य को छोड़कर।

शाहजहाँ-नहीं जहाँआरा! ऐसा मत कहो।

जहाँआरा-हाँ जहाँपनाह! मैं ऐसा ही कहती हूँ।

शाहजहाँ-ऐसा? तो क्या जहाँआरा! इस बदन में मुगल-रक्त नहीं है? क्या तू मेरी कुछ भी मदद कर सकती है?

जहाँआरा-जहाँपनाह की जो आज्ञा हो।

शाहजहाँ-तो मेरी तलवार मेरे हाथ में दे। जब तक वह मेरे हाथ में रहेगी, कोई भी तख्त-ताऊस मुझसे न छुड़ा सकेगा।

जहाँआरा आवेश के साथ-'जहाँपनाह! ऐसा ही होगा'। कहती हुई वृद्ध शाहजहाँ की तलवार उसके हाथ में देकर खड़ी हो गयी। शाहजहाँ उठा और लड़खड़ाकर गिरने लगा, शाहजादी जहाँआरा ने बादशाह को पकड़ लिया, और तख्त-ताऊस के कमरे की ओर ले चली।

२

तख्त-ताऊस पर वृद्ध शाहजहाँ बैठा है, और नकाब डाले जहाँआरा पास ही बैठी हुई है, और कुछ सरदार-जो उस समय वहाँ थे-खड़े हैं; नकीब भी खड़ी है। शाहजहाँ के इशारा करते ही उसने

अपने चिरभ्यस्त शब्द कहने के लिए मुँह खोला। अभी पहला ही शब्द उसके मुँह से निकला था कि उसका सिर छटककर दूर जा रहा! सब चकित होकर देखने लगे।

जिरहबाँतर से लदा हुआ औरंगजेब अपनी तलवार को रुमाल से पोंछता हुआ सामने खड़ा हो गया, और सलाम करके बोला-हुजूर की तबीयत नासाज सुनकर मुझसे न रहा गया; इसलिए हाजिर हुआ।

शाहजहाँ-(काँपकर) लेकिन बेटा! इतनी खूँरेजी की क्या जरूरत थी? अभी-अभी वह देखो, बुड्ढे नकीब की लाश लोट रही है। उफ़! मुझसे यह नहीं देखा जाता! (काँपकर) क्या बेटा, मुझे भी.. (इतना कहते-कहते बेहोश होकर तख्त से झुक गया)।

औरंगजेब-(कड़ककर अपने साथियों से) हटाओ उस नापाक लाश को।

जहाँआरा से अब न रहा गया, और दौड़कर सुगन्धित जल लेकर वृद्ध पिता के मुख पर छिड़कने लगी।

औरंगजेब-(उधर देखकर) हैं! यह कौन है, जो मेरे बूढ़े बाप को पकड़े हुए है? (शाहजहाँ के मुसाहिबों से) तुम सब बड़े नामाकूल हो; देखते नहीं, हमारे प्यारे बाप की क्या हालत है, और उन्हें अभी भी पलंग पर नहीं लिटाया। (औरंगजेब के साथ-साथ सब तख्त की ओर बढ़े)।

जहाँआरा उन्हें यों बढ़ते देखकर फुरती से कटार निकालकर और हाथ में शाही मुहर किया हुआ कागज निकालकर खड़ी हो गयी और बोली-देखो, इस परवाने के मुताबिक मैं तुम लोगों को हुक्म देती हूँ कि अपनी-अपनी जगह पर खड़े रहो, जब तक मैं दूसरा हुक्म न दूँ।

सब उसी कागज की ओर देखने लगे। उसमें लिखा था-इस शख्स का सब लोग हुक्म मानो और मेरी तरह इज्जत करो।

सब उसकी अभ्यर्थना के लिए झुक गये, स्वयं औरंगजेब भी झुक गया, और कई क्षण तक सब निस्तब्ध थे।

अकस्मात् औरंगजेब तनकर खड़ा हो गया और कड़ककर बोला-गिरफ्तार कर लो इस जादूगरनी को। यह सब झूठा फिसाद है, हम सिवा शाहंशाह के और किसी को नहीं मानेंगे।

सब लोग उस औरत की ओर बढ़े। जब उसने यह देखा, तब फौरन अपना नकाब उलट दिया। सब लोगों ने सिर झुका दिया, और पीछे हट गये। औरंगजेब ने एक बार फिर सिर नीचे कर लिया, और कुछ बड़बड़ा कर जोर से बोला-कौन, जहाँआरा, तुम यहाँ कैसे?

जहाँआरा-औरंगजेब! तुम यहाँ कैसे?

औरंगजेब-(पलटकर अपने लड़के की तरफ देखकर) बेटा! मालूम होता है कि बादशाहआलम-बेगम का कुछ दिमाग बिगड़ गया है, नहीं तो इस बेशर्मी के साथ इस जगह पर न आतीं। तुम्हें इनकी हिफाजत करनी चाहिये।

जहाँआरा-और औरंगजेब के दिमाग को क्या हुआ है, जो वह अपने बाप के साथ बेअदबी से पेश आया..

अभी इतना उसके मुँह से निकला ही था कि शाहजादे ने फुरती से उसके हाथ से कटार निकाल लिया और कहा-मैं अदब के साथ कहता हूँ कि आप महल में चलें, नहीं तो..

जहाँआरा से यह देखकर न रहा गया। रमणी-सुलभ वीर्य और अस्त्र, क्रन्दन और अश्रु का प्रयोग उसने किया और गिड़गिड़ाकर औरंगजेब से बोली-क्यों औरंगजेब! तुमको कुछ भी दया नहीं है?

औरंगजेब ने कहा-दया क्यों नहीं है बादशाह-बेगम! दारा जैसे तुम्हारा भाई था, वैसा ही मैं भी तो

भाई ही था, फिर तरफदारी क्यों?

जहाँआरा-वह तो बाप का तख्त नहीं लिया चाहता था, उनके हुक्म से सल्तनत का काम चलाता था।

ओरंगजेब-तो क्या मैं वह काम नहीं कर सकता? अच्छा, बहस की जरूरत नहीं है। बेगम को चाहिये कि वह महल में जायँ।

जहाँआरा कातर दृष्टि से वृद्ध मूर्च्छित पिता को देखती हुई शाहजादे की बताई राह से जाने लगीं।

३

यमुना के किनारे एक महल में शाहजहाँ पलँग पर पड़ा है, और जहाँआरा उसके सिरहाने बैठी हुई है।

जहाँआरा से जब औरंगजेब ने पूछा कि वह कहाँ रहना चाहती है, तब उसने केवल अपने वृद्ध और हतभागे पिता के साथ रहना स्वीकार किया, और अब वह साधारण दासी के वेश में अपना जीवन अभागे पिता की सेवा में व्यतीत करती है।

वह भड़कदार शाही पेशवाज अब उसके बदन पर नहीं दिखायी पड़ती, केवल सादे वस्त्र ही उसके प्रशान्त मुख की शोभा बढ़ाते हैं। चारों ओर उस शाही महल में एक शान्ति दिखलाई पड़ती है। जहाँआरा ने, जो कुछ उसके पास थे, सब सामान गरीबों को बाँट दिये; और अपने निज के बहुमूल्य अलंकार भी उसने पहनना छोड़ दिया। अब वह एक तपस्विनी ऋषिकन्या-सी हो गयी! बात-बात पर दासियों पर वह झिड़की उसमें नहीं रही। केवल आवश्यक वस्तुओं से अधिक उसके रहने के स्थान में और कुछ नहीं है।

वृद्ध शाहजहाँ ने लेटे-लेटे आँख खोलकर कहा-बेटी,अब दवा की कोई जरूरत नहीं है, यादे-खुदा ही दवा है। अब तुम इसके लिये मत कोशिश करना।

जहाँआरा ने रोकर कहा-पिता, जब तक शरीर है, तब तक उसकी रक्षा करनी ही चाहिये।

शाहजहाँ कुछ न बोलकर चुपचाप पड़े रहे। थोड़ी देर तक जहाँआरा बैठी रही; फिर उठी और दवा की शीशियाँ यमुना के जल में फेंक दीं।

थोड़ी देर तक वहीं बैठी-बैठी वह यमुना का मन्द प्रवाह देखती रही। सोचती थी कि यमुना का प्रवाह वैसा ही है, मुगल साम्राज्य भी तो वैसा ही है; वह शाहजहाँ भी तो जीवित है, लेकिन तख्त-ताऊस पर तो वह नहीं बैठते।

इसी सोच-विचार में वह तब तक बैठी थी, जब तक चन्द्रमा की किरणें उसके मुख पर नहीं पड़ीं।

४

शाहजादी जहाँआरा तपस्विनी हो गयी है। उसके हृदय में वह स्वाभाविक तेज अब नहीं है, किन्तु एक स्वर्गीय तेज से वह कान्तिमयी थी। उसकी उदारता पहले से भी बढ़ गयी। दीन और दुखी के साथ उसकी ऐसी सहानुभूति थी कि लोग 'मूर्तिमती करुणा' मानते थे। उसकी इस चाल से पाषाण-हृदय औरंगजेब भी विचलित हुआ। उसकी स्वतन्त्रता जो छीन ली गयी थी, उसे फिर मिली। पर अब स्वतन्त्रता का उपभोग करने के लिए अवकाश ही कहाँ था? पिता की सेवा और दुखियों के प्रति सहानुभूति करने से उसे समय ही नहीं था। जिसकी सेवा के लिए सैकड़ों दासियाँ हाथ बाँधकर खड़ी रहती थीं, वह स्वयं दासी की तरह अपने पिता की सेवा करती हुई अपना जीवन व्यतीत करने लगी। वृद्ध शाहजहाँ के इंगित करने पर उसे उठाकर बैठाती और सहारा देकर कभी-कभी यमुना के तट तक उसे ले जाती और उसका मनोरंजन करती हुई छाया-सी बनी रहती।

वृद्ध शाहजहाँ ने इहलोक की लीला पूरी की। अब जहाँआरा को संसार में कोई काम नहीं है। केवल इधर-उधर उसी महल में घूमना भी अच्छा नहीं मालूम होता। उसकी पूर्व स्मृति और भी उसे सताने लगी। धीरे-धीरे वह बहुत क्षीण हो गयी। बीमार पड़ी। पर, दवा कभी न पी। धीरे-धीरे उसकी बीमारी बहुत बढ़ी और उसकी दशा बहुत खराब हो गयी, तब औरंगजेब ने सुना। अब उससे भी सहा न हो सका। वह जहाँआरा को देखने के लिये गया।

एक पुराने पलँग पर, जीर्ण बिछौने पर, जहाँआरा पड़ी थी और केवल एक धीमी साँस चल रही थी। औरंगजेब ने देखा कि वह जहाँआरा है, जिसके लिये भारतवर्ष की कोई वस्तु अलभ्य नहीं थी, जिसके बीमार पड़ने पर शाहजहाँ भी व्यग्र हो जाता था और सैकड़ों हकीम उसे आरोग्य करने के लिये प्रस्तुत रहते थे। वह इस तरह एक कोने में पड़ी है!

पाषाण भी पिघला, औरंगजेब की आँखें आँसू से भर आयीं और वह घुटने के बल बैठ गया। समीप मुँह ले जाकर बोला-बहिन, कुछ हमारे लिये हुक्म है?

जहाँआरा ने अपनी आँखें खोल दीं और एक पुरजा उसके हाथ में दिया, जिसे झुककर औरंगजेब ने लिया। फिर पूछा-बहिन, क्या तुम हमें माफ करोगी?

जहाँआरा ने खुली हुई आँखों को आकाश की ओर उठा दिया। उस समय उनमें से एक स्वर्गीय ज्योति निकल रही थी और वह वैसे ही देखती रह गयी। औरंगजेब उठा और उसने आँसू पोंछते हुए पुरजे को पढ़ा। उसमें लिखा था--

बगैर सब्ज: न पोशद कसे मजार मरा।
कि कब्रपोश गरीबाँ हमीं गयाह बसस्त।।

मदन-मृणालिनी

विजया-दशमी का त्योहार समीप है, बालक लोग नित्य रामलीला होने से आनन्द में मग्न हैं।

हाथ में धनुष और तीर लिये हुए एक छोटा-सा बालक रामचन्द्र बनने की तैयारी में लगा हुआ है। चौदह वर्ष का बालक बहुत ही सरल और सुन्दर है।

खेलते-खेलते बालक को भोजन की याद आई। फिर कहाँ का राम बनना और कहाँ की रामलीला। चट धनुष फेंककर दौड़ता हुआ माता के पास जा पहुँचा और उस ममता-मोहमयी माता के गले से लिपटकर-माँ! खाने को दे, माँ! खाने को दे-कहता हुआ जननी के चित्त को आनन्दित करने लगा।

जननी बालक का मचलना देखकर प्रसन्न हो रही थी और थोड़ी देर तक बैठी रहकर और भी मचलना देखा चाहती थी। उसके यहाँ एक पड़ोसिन बैठी थी, अतएव वह एकाएक उठकर बालक को भोजन देने में असमर्थ थी। सहज ही असन्तुष्ट हो जाने वाली पड़ोस की स्त्रियों का सहज क्रोधमय स्वभाव किसी से छिपा न होगा। यदि वह तत्काल उठकर चली जाती, तो पड़ोसिन क्रुद्ध होती। अत: वह उठकर बालक को भोजन देने में आनाकानी करने लगी। बालक का मचलना और भी बढ़ चला। धीरे-धीरे वह क्रोधित हो गया, दौड़कर अपनी कमान उठा लाया; तीर चढ़ाकर पड़ोसिन को लक्ष्य किया और कहा-तू यहाँ से जा, नहीं तो मैं मारता हूँ।

दोनों स्त्रियाँ केवल हँसकर उसको मना करती रहीं। अकस्मात् वह तीर बालक के हाथ से छूट पड़ा और पड़ोसिन की गर्दन में कुछ धँस गया! अब क्या था, वह अर्जुन और अश्वत्थामा का पाशुपतास्त्र हो गया। बालक की माँ बहुत घबरा गयी, उसने अपने हाथ से तीर निकाला, उसके रक्त को धोया, बहुत कुछ ढाढ़स दिया। किन्तु घायल स्त्री का चिल्लाना-कराहना सहज में थमने वाला नहीं था।

बालक की माँ विधवा थी, कोई उसका रक्षक न था। जब उसका पति जीता था, तब तक उसका संसार अच्छी तरह चलता था; अब जो कुछ पूँजी बच रही थी, उसी में वह अपना समय बिताती थी। ज्यों-त्यों करके उसने चिर-संरक्षित धन में से पचीस रुपये उस घायल स्त्री को दिये।

वह स्त्री किसी से यह बात न कहने का वादा करके अपने घर गयी। परन्तु बालक का पता नहीं, वह डर के मारे घर से निकल किसी ओर भाग गया।

माता ने समझा कि पुत्र कहीं डर से छिपा होगा, शाम तक आ जायगा। धीरे-धीरे सन्ध्या-पर-सन्ध्या, सप्ताह-पर-सप्ताह, मास-पर-मास, बीतने लगे; परन्तु बालक का कहीं पता नहीं। शोक से माता का हृदय जर्जर हो गया, वह चारपाई पर लग गयी। चारपाई ने भी उसका ऐसा अनुराग देखकर उसे अपना लिया, और फिर वह उस पर से न उठ सकी। बालक को अब कौन पूछने वाला है!

-- --

कलकत्ता-महानगरी के विशाल भवनों तथा राजमार्गों को आश्चर्य से देखता हुआ एक बालक सुसज्जित भवन के सामने खड़ा है। महीनों कष्ट झेलता, राह चलता, थकता हुआ बालक यहाँ पहुँचा

है।

बालक थोड़ी देर तक यही सोचता था कि अब मैं क्या करूँ, किससे अपने कष्ट की कथा कहूँ। इतने में वहाँ धोती-कमीज पहने हुए एक सभ्य बंगाली महाशय का आगमन हुआ।

उस बालक की चौड़ी हड्डी, सुडौल बदन और सुन्दर चेहरा देखकर बंगाली महाशय रुक गये और उसे एक विदेशी समझकर पूछने लगे।

तुम्हारा मकान कहाँ है?

ब...में।

तुम यहाँ कैसे आये?

भागकर।

नौकरी करोगे?

हाँ।

अच्छा, हमारे साथ चलो।

बालक ने सोचा कि सिवा काम के और क्या करना है, तो फिर इनके साथ ही उचित है। कहा-अच्छा, चलिये।

बंगाली महाशय उस बालक को घुमाते-फिराते एक मकान के द्वार पर पहुँचे। दरबान ने उठकर सलाम किया। वह बालक-सहित एक कमरे में पहुँचे, जहाँ एक नवयुवक बैठा हुआ कुछ लिख रहा था, सामने बहुत से कागज इधर-उधर बिखरे पड़े थे।

युवक ने बालक को देखकर पूछा-बाबूजी, यह बालक कौन है?

यह नौकरी करेगा, तुमको एक आदमी की जरूरत थी ही, सो इसको हम लिवा लाये हैं, अपने साथ रक्खो-बाबूजी यह कहकर घर के दूसरे भाग में चले गये थे।

युवक के कहने पर बालक भी अचकचाता हुआ बैठ गया। उनमें इस तरह बातें होने लगीं-युवक-क्यों जी, तुम्हारा नाम क्या है?

बालक-(कुछ सोचकर) मदन।

युवक-नाम तो बड़ा अच्छा है। अच्छा, कहो, तुम क्या खाओगे? रसोई बनाना जानते हो?

बालक-रसोई बनाना तो नहीं जानते। हाँ, कच्ची-पक्की जैसी हो, बनाकर खा लेते हैं, किन्तु ..

अच्छा, संकोच करने की कोई जरूरत नहीं है-इतना कहकर युवक ने पुकारा-कोई है?

एक नौकर दौड़कर आया-हुजूर, क्या हुक्म है?

युवक ने कहा-इनको भोजन कराने के लिए ले जाओ।

भोजन के उपरान्त बालक युवक के पास आया। युवक ने एक घर दिखाकर कहा कि उस सामने की कोठरी में सोओ और उसे अपने रहने का स्थान समझो।

युवक की आज्ञा के अनुसार बालक उस कोठरी में गया, देखा तो एक साधारण-सी चौकी पड़ी है; एक घड़े में जल, लोटा और गिलास भी रखा हुआ है। वह चुपचाप चौकी पर लेट गया।

लेटने पर उसे बहुत-सी बातें याद आने लगीं, एक-एक करके उसे भावना के जाल में फँसाने लगीं। बाल्यावस्था के साथी, उनके साथ खेल-कूद, राम-रावण की लड़ाई, फिर उस विजया-दशमी के दिन की घटना, पड़ोसिन के अंग में तीर का धँस जाना, माता की व्याकुलता, और मार्ग के कष्ट को

सोचते-सोचते उस भयातुर बालक की विचित्र दशा हो गयी।

मनुष्य की मिमियाई निकालने वाली द्वीप-निवासिनी जातियों की भयानक कहानियाँ, जिन्हें उसने बचपन में माता की गोद में पड़े-पड़े सुना था, उसे और भी डराने लगीं। अकस्मात् उसके मस्तिष्क को उद्वेग से भर देनेवाली यह बात भी समा गयी कि-ये लोग तो मुझे नौकर बनाने के लिए अपने यहाँ लाये थे, फिर इतने आराम से क्यों रक्खा है? हो-न-हो, वही टापूवाली बात है। बस, फिर कहाँ की नींद और कहाँ का सुख, करवटें बदलने लगा! मन में यही सोचता था कि यहाँ से किसी तरह भाग चलो।

-- --

परन्तु निद्रा भी कैसी प्यारी वस्तु है! घोर दु:ख के समय भी मनुष्य को यही सुख देती है। सब बातों से व्याकुल होने पर भी वह कुछ देर के लिये सो गया।

मदन उसी घर में रहने लगा। अब उसे उतनी घबराहट नहीं मालूम होती। अब वह निर्भय-सा हो गया है। किन्तु अभी तक यह बात कभी-कभी उसे उधेड़-बुन में लगा देती है कि ये लोग मुझसे इतना अच्छा बर्ताव क्यों करते हैं और क्यों इतना सुख देते हैं। पर इन सब बातों को वह उस समय भूल जाता है, जब 'मृणालिनी' उसकी रसोई बनवाने लगती है। देखो, रोटी जलती है, उसे उलट दो, दाल भी चला दो-इत्यादि बातें जब मृणालिनी के कोमल कण्ठ से वीणा की झंकार के समान सुनाई देती है, तब वह अपना दु:ख-माता का सोच-सब भूल जाता है।

मदन है तो अबोध, किन्तु संयुक्त प्रान्तवासी होने के कारण स्पृश्यास्पृश्य का उसे बहुत ही ध्यान रहता है। वह दूसरे का बनाया भोजन नहीं करता। अतएव मृणालिनी आकर उसे बताती है और भोजन के समय हवा भी करती है।

मृणालिनी गृहस्वामी की कन्या है। वह देवबाला-सी जान पड़ती है। बड़ी-बड़ी आँखें, उज्जवल कपोल, मनोहर अंगभंगी, गुल्फविलम्बित केश-कलाप उसे और भी सुन्दरी बनने में सहायता दे रहे हैं। अवस्था तेरह वर्ष की है; किन्तु वह बहुत गम्भीर है।

नित्य साथ होने से दोनों में अपूर्व भाव का उदय हुआ है। बालक का मुख जब आग की आँच से लाल तथा आँखें धुएँ के कारण आँसुओं से भर जाती हैं, तब बालिका आँखों में आँसू भर कर, रोष-पूर्वक पंखी फेंककर कहती है-लो जी, इससे काम लो, क्यों व्यर्थ परिश्रम करते हो? इतने दिन तुम्हें रसोई बनाते हुए, मगर बनाना न आया!

तब मदन आँच लगने के सारे दु:ख को भूल जाता। तब उसकी तृष्णा और बढ़ जाती; भोजन रहने पर भी भूख सताती है। और, सताया जाकर भी वह हँसने लगता है। मन-ही-मन सोचता, मृणालिनी! तुम बंग-महिला क्यों हुईं?

मदन के मन में यह बात क्यों उत्पन्न हुई? दोनों सुन्दर थे, दोनों ही किशोर थे, दोनों संसार से अनभिज्ञ थे, दोनों के हृदय में रक्त था-उच्छ्वास था-आवेग था-विकास था, दोनों के हृदय-सिन्धु में किसी अपूर्व चन्द्र का मधुर-उज्जवल प्रकाश पड़ता था, दोनों के हृदय-कानन में नन्दन-पारिजात खिला था!

-- --

जिस परिवार में बालक मदन पलता था, उसके मालिक हैं अमरनाथ बनर्जी। आपके नवयुवक पुत्र का नाम है किशोरनाथ बनर्जी, कन्या का नाम मृणालिनी और गृहिणी का नाम हीरामणि है। बम्बई और कलकत्ता, दोनों स्थानों में, आपकी दूकानें थीं, जिनमें बाहरी चीजों का क्रय-विक्रय होता था; विशेष काम मोती के बनिज का था। आपका आफिस सीलोन में था; वहाँ से मोती की खरीद होती थी। आपकी कुछ जमीन भी वहाँ थी। उससे आपकी बड़ी आय थी। आप प्राय: अपनी बम्बई की दूकान में और आपका परिवार कलकत्ते में रहता था। धन अपार था, किसी चीज की कमी न थी। तो

भी आप एक प्रकार से चिन्तित थे।

संसार में कौन चिन्ताग्रस्त नहीं है? पशु-पक्षी, कीट-पतंग, चेतन और अचेतन, सभी को किसी प्रकार की चिन्ता है। जो योगी हैं, जिन्होंने सब कुछ त्याग दिया है, संसार जिनके वास्ते असार है, उन्होंने भी स्वीकार किया है। यदि वे आत्मचिन्तन न करें, तो उन्हें योगी कौन कहेगा?

किन्तु बनर्जी महाशय की चिन्ता का कारण क्या है? सो पति-पत्नी की इस बातचीत से ही विदित हो जायगा-

अमरनाथ-किशोर तो क्वाँरा ही रहा चाहता है। अभी तक उसकी शादी कहीं पक्की नहीं हुई।

हीरामणि-सीलोन में आपके व्यापार करने तथा रहने से समाज आपको दूसरी ही दृष्टि से देख रहा है।

अमरनाथ-ऐसे समाज की मुझे परवाह नहीं है। मैं तो केवल लडक़ी और लड़के का ब्याह अपनी जाति में करना चाहता था। क्या टापुओं में जाकर लोग पहले बनिज नहीं करते थे? मैंने कोई अन्य धर्म तो ग्रहण नहीं किया, फिर यह व्यर्थ का आडम्बर क्यों है? और, यदि, कोई खान-पान का दोष दे, तो क्या यहाँ पर तिलक कर पूजा करने वाले लोगों से होटल बचा हुआ है?

हीरामणि-फिर क्या कीजियेगा? समाज तो इस समय केवल उन्हीं बगला-भगतों को परम धार्मिक समझता है!

अमरनाथ-तो फिर अब मैं ऐसे समाज को दूर ही से हाथ जोड़ता हूँ।

हीरामणि-तो क्या ये लडक़ी-लड़के क्वारे ही रहेंगे?

अमरनाथ-नहीं, अब हमारी यह इच्छा है कि तुम सबको लेकर उसी जगह चलें। यहाँ कई वर्ष रहते भी हुआ किन्तु कार्य सिद्ध होने की कुछ भी आशा नहीं है, तो फिर अपना व्यापार क्यों नष्ट होने दें? इसलिये, अब तुम सबको वहीं चलना होगा। न होगा तो ब्राह्म हो जायँगे, किन्तु यह उपेक्षा अब सही नहीं जाती।

-- --

मदन, मृणालिनी के संगम से बहुत ही प्रसन्न है। सरला मृणालिनी भी प्रफुल्लित है। किशोरनाथ भी उसे बहुत ही प्यार करता है, प्राय: उसी को साथ लेकर हवा खाने के लिए जाता है। दोनों में बहुत ही सौहार्द है। मदन भी बाहर किशोरनाथ के साथ और घर आने पर मृणालिनी की प्रेममयी वाणी से आप्यायित रहता है।

मदन का समय सुख से बीतने लगा। किन्तु बनर्जी महाशय के सपरिवार बाहर जाने की बातों ने एक बार उसके हृदय को उद्वेगपूर्ण बना दिया। वह सोचने लगा कि मेरा क्या परिणाम होगा, क्या मुझे भी चलने के लिए आज्ञा देंगे? और, यदि ये चलने के लिए कहेंगे, तो मैं क्या करूँगा? इनके साथ जाना ठीक होगा या नहीं?

इन सब बातों को वह सोचता ही था कि इतने में किशोरनाथ ने अकस्मात् आकर उसे चौंका दिया। उसने खड़े होकर पूछा-कहिये, आप लोग किस सोच-विचार में पड़े हुए हैं? कहाँ जाने का विचार है?

क्यों, क्या तुम न चलोगे?

कहाँ?

जहाँ हम लोग जायँ।

वही तो पूछता हूँ कि आप लोग कहाँ जायँगे?

सीलोन।

तो मुझसे भी आप वहाँ चलने के लिये कहते हैं?

इसमें तुम्हारी हानि ही क्या है?

(यज्ञोपवीत दिखाकर) इसकी ओर भी तो ध्यान कीजिये!

तो क्या समुद्र-यात्रा तुम नहीं कर सकते?

सुना है कि वहाँ जाने से धर्म नष्ट हो जाता है!

क्यों? जिस तरह तुम यहाँ भोजन बनाते हो, उसी तरह वहाँ भी बनाना।

जहाज पर भी चढऩा होगा!

उसमें हर्ज ही क्या है? लोग गंगासागर और जगन्नाथजी जाते समय जहाज पर नहीं चढ़ते?

मदन अब निरुत्तर हुआ; किन्तु उत्तर सोचने लगा। इतने ही में उधर से मृणालिनी आती हुई दिखायी पड़ी। मृणालिनी को देखते ही उसके विचाररूपी मोतियों को प्रेम-हंस ने चुग लिया और उसे उसकी बुद्धि और भी भ्रमपूर्ण जान पड़ने लगी।

मृणालिनी ने पूछा-क्यों मदन, तुम बाबा के साथ न चलोगे?

जिस तरह वीणा की झंकार से मस्त होकर मृग स्थिर हो जाता है, अथवा मनोहर वंशी की तान से झूमने लगता है, वैसे ही मृणालिनी के मधुर स्वर में मुग्ध मदन ने कह दिया-क्यों न चलूँगा।

-- --

सारा संसार घड़ी-घड़ी-भर पर, पल-पल-भर पर, नवीन-सा प्रतीत होता है और इससे उस विश्वयन्त्र को बनाने वाले स्वतन्त्र की बड़ी भारी निपुणता का पता लगता है; क्योंकि नवीनता की यदि रचना न होती, तो मानव-समाज को यह संसार और ही तरह का भासित होता। फिर उसे किसी वस्तु की चाह न होती, इतनी तरह के व्यावहारिक पदार्थों की कुछ भी आवश्यकता न होती। समाज, राज्य और धर्म के विशेष परिवर्तन-रूपी पट में इसकी मनोहर मूर्ति और भी सलोनी देख पड़ती है। मनुष्य बहुप्रेमी क्यों हो जाता है? मानवों की प्रवृत्ति क्यों दिन-रात बदला करती है? नगर-निवासियों को पहाड़ी घाटियाँ सौन्दर्यमयी प्रतीत होती हैं? विदेश-पर्यटन में क्यों मनोरंजन होता है? मनुष्य क्यों उत्साहित होता है? इत्यादि प्रश्नों के उत्तर में केवल यही कहा जा सकता है कि नवीनता की प्रेरणा!

नवीनता वास्तव में ऐसी ही वस्तु है कि जिससे मदन को भारत से सीलोन तक पहुँच जाना कुछ कष्टकर न हुआ।

विशाल सागर के वक्षस्थल पर दानव-राज की तरह वह जहाज अपनी चाल और उसकी शक्ति दिखा रहा है। उसे देखकर मदन को द्रौपदी और पाण्डवों को लादे हुए घटोत्कच का ध्यान आता था।

उत्ताल तरंगों की कल्लोल-माला अपना अनुपम दृश्य दिखा रही है। चारों ओर जल-ही-जल है, चन्द्रमा अपने पिता की गोद में क्रीड़ा करता हुआ आनन्द दे रहा है। अनन्त सागर में अनन्त आकाश-मण्डल के असंख्य नक्षत्र अपने प्रतिबिम्ब दिखा रहे हैं।

मदन तीन-चार बरस में युवक हो गया है। उसकी भावुकता बढ़ गयी थी। वह समुद्र का सुन्दर दृश्य देख रहा था। अकस्मात् एक प्रकाश दिखायी देने लगा। वह उसी को देखने लगा।

उस मनोहर अरुण का प्रकाश नील जल को भी आरक्तिम बनाने की चेष्टा करने लगा। चंचल तरंगों की लहरियाँ सूर्य की किरणों से क्रीड़ा करने लगीं। मदन उस अनन्त समुद्र को देखकर डरा नहीं किन्तु अपने प्रेममय हृदय का एक जोड़ा देखकर और भी प्रसन्न हुआ वह निर्भीक हृदय से उन लोगों के साथ सीलोन पहुँचा।

-- --

अमरनाथ के विशाल भवन में रहने से मदन को बड़ी ही प्रसन्नता है। मृणालिनी और मदन उसी प्रकार से मिलते-जुलते हैं, जैसे कलकत्ते में मिलते-जुलते थे। लवण-महासमुद्र की महिमा दोनों ही को मनोहर जान पड़ती है। प्रशान्त महासागर के तट की सन्ध्या दोनों के नेत्रों को ध्यान में लगा देती है। डूबते हुए सूर्यदेव देव-तुल्य हृदयों को संसार की गति दिखलाते हैं, अपने राग की आभा उन प्रभातमय हृदयों पर डालते हैं, दोनों ही सागर-तट पर खड़े सिन्धु की तरंग-भंगियों को देखते हैं; फिर भी दोनों ही दोनों की मनोहर अंग-भंगियों में भूले हुए हैं।

महासमुद्र के तट पर बहुत समय तक खड़े होकर मृणालिनी और मदन उस अनन्त का सौन्दर्य देखते थे। अकस्मात् बैण्ड का सुरीला राग सुनाई दिया, जो कि सिन्धु गर्जन को भी भेद कर निकलता था।

मदन, मृणालिनी-दोनों एकाग्रचित्त हो उस ओजस्विनी कविवाणी को जातीय संगीत में सुनने लगे। किन्तु वहाँ कुछ दिखाई न दिया। चकित होकर वे सुन रहे थे। प्रबल वायु भी उत्ताल तरंगों को हिलाकर उनको डराता हुआ उसी की प्रतिध्वनि करता था। मन्त्र-मुग्ध के समान सिन्धु भी अपनी तरंगों के घात-प्रतिघात पर चिढ़कर उन्हीं शब्दों को दुहराता है। समुद्र को स्वीकार करते देख कर अनन्त आकाश भी उसी की प्रतिध्वनि करता है।

धीरे-धीरे विशाल सागर के हृदय को फाड़ता हुआ एक जंगी जहाज दिखाई पड़ा। मदन और मृणालिनी, दोनों ही, स्थिर दृष्टि से उसकी ओर देखते रहे। जहाज अपनी जगह पर ठहरा और इधर पोर्ट-संरक्षक ने उस पर सैनिकों के उतरने के लिए यथोचित प्रबन्ध किया।

समुद्र की गम्भीरता, सन्ध्या की निस्तब्धता और बैण्ड के सुरीले राग ने दोनों के हृदयों को सम्मोहित कर लिया, और वे इन्हीं सब बातों की चर्चा करने लग गये।

मदन ने कहा-मृणालिनी, यह बाजा कैसा सुरीला है!

मृणालिनी का ध्यान टूटा। सहसा उसके मुख से निकला-तुम्हारे कल-कण्ठ से अधिक नहीं है।

इसी तरह दिन बीतने लगे। मदन को कुछ काम नहीं करना पड़ता था। जब कभी उसका जी चाहता, तब वह महासागर के तट पर जाकर प्रकृति की सुषमा को निरखता और उसी में आनन्दित होता था। वह प्रायः गोता लगाकर मोती निकालने वालों की ओर देखा करता और मन-ही-मन उनकी प्रशंसा किया करता था।

मदन का मालिक भी उसको कभी कोई काम करने के लिये आज्ञा नहीं देता था। वह उसे बैठा देखकर मृणालिनी के साथ घूमने के लिए जाने की आज्ञा देता था। उसका स्वभाव ही ऐसा सरल था कि सभी सहवासी उससे प्रसन्न रहते थे, वह भी उनसे खूब हिल-मिलकर रहता था।

-- --

संसार भी बड़ा प्रपञ्चमय यन्त्र है। वह अपनी मनोहरता पर आप ही मुग्ध रहता है।

एक एकान्त कमरे में बैठे हुए मृणालिनी और मदन ताश खेल रहे हैं; दोनों जी-जान से अपने-अपने जीतने की कोशिश कर रहे हैं।

इतने ही में सहसा अमरनाथ बाबू उस कोठरी में आये। उनके मुख-मण्डल पर क्रोध झलकता था। वह आते ही बोले-क्यों रे दुष्ट! तू बालिका को फुसला रहा है?

मदन तो सुनकर सन्नाटे में आ गया। उसने नम्रता के साथ होकर पूछा-क्यों पिता, मैंने क्या किया?

अमरनाथ-अभी पूछता ही है! तू इस लड़की को बहका कर अपने साथ लेकर दूसरी जगह

भागना चाहता है?

मदन-बाबूजी, यह आप क्या कह रहे हैं? मुझ पर आप इतना अविश्वास कर रहे हैं? किसी दुष्ट ने आपसे झूठी बात कही है।

अमरनाथ-अच्छा, तुम यहाँ से चलो और अब से तुम दूसरी कोठरी में रहा करो। मृणालिनी को और तुमको अगर हम एक जगह अब देख पावेंगे तो समझ रक्खो-समुद्र के गर्भ में ही तुमको स्थान मिलेगा।

मदन, अमरनाथ बाबू के पीछे चला। मृणालिनी मुरझा गयी, मदन के ऊपर अपवाद लगाना उसके सुकुमार हृदय से सहा नहीं गया। वह नव-कुसुमित पददलित आश्रय-विहीन माधवी-लता के समान पृथ्वी पर गिर पड़ी और लोट-लोटकर रोने लगी।

मृणालिनी ने दरवाजा भीतर से बन्द कर लिया और वहीं लोटती हुई आँसुओं से हृदय की जलन को बुझाने लगी।

कई घण्टे के बाद जब उसकी माँ ने जाकर किवाड़ खुलवाये, उस समय उसकी रेशमी साड़ी का आँचल भीगा हुआ, उसका मुख सूखा हुआ और आँखें लाल-लाल हो आयी थीं। वास्तव में वह मदन के लिये रोई थी। इसी से उसकी यह दशा हो गयी। सचमुच संसार बड़ा प्रपञ्चमय है।

-- --

दूसरे घर में रहने से मदन बहुत घबड़ाने लगा। वह अपना मन बहलाने के लिए कभी-कभी समुद्र-तट पर बैठकर गद्गद हो सूर्य-भगवान का पश्चिम दिशा से मिलना देखा करता था; और जब तक वह अस्त न हो जाते थे, तब तक बराबर टकटकी लगाये देखता था। वह अपने चित्त में अनेक कल्पना की लहरें उठाकर समुद्र और अपने हृदय से तुलना भी किया करता था।

मदन का अब इस संसार में कोई नहीं है। माता भारत में जीती है या मर गयी-यह भी बेचारे को नहीं मालूम! संसार की मनोहरता, आशा की भूमि, मदन के जीवन-स्रोत का जल, मदन के हृदय-कानन का अपूर्व पारिजात, मदन के हृदय-सरोवर की मनोहर मृणालिनी भी अब उससे अलग कर दी गई है। जननी, जन्मभूमि, प्रिय, कोई भी तो मदन के पास नहीं है? इसी से उसका हृदय आलोड़ित होने लगा, और वह अनाथ बालक ईर्ष्या से भरकर अपने अपमान की ओर ध्यान देने लगा। उसको भली-भाँति विश्वास हो गया कि इस परिवार के साथ रहना ठीक नहीं है। जब इन्होंने मेरा तिरस्कार किया, तो अब इन्हीं के आश्रित होकर क्यों रहूँ?

यह सोचकर उसने अपने चित्त में कुछ निश्चय किया और कपड़े पहनकर समुद्र की ओर घूमने के लिए चल पड़ा। राह में वह अपनी उथेड़बुन में चला जाता था कि किसी ने पीठ पर हाथ रक्खा। मदन ने पीछे देखकर कहा-आह, आप हैं किशोर बाबू?

किशोरनाथ ने हँसकर कहा-कहाँ बगदादी-ऊँट की तरह भागे जाते हो?

कहीं तो नहीं, यहीं समुद्र की ओर जा रहा हूँ।

समुद्र की ओर क्यों?

शरण माँगने के लिए।

यह बात मदन ने डबडबायी हुई आँखों से किशोर की ओर देखकर कही।

किशोर ने रुमाल से मदन के आँसू पोंछते-पोंछते कहा-मदन, हम जानते हैं कि उस दिन बाबूजी ने जो तिरस्कार किया था, उससे तुमको बहुत दुःख है। मगर सोचो तो, इसमें दोष किसका है? यदि तुम उस रोज मृणालिनी को बहकाने का उद्योग न करते, तो बाबूजी तुम पर क्यों अप्रसन्न होते?

अब तो मदन से नहीं रहा गया। उसने क्रोध से कहा-कौन दुष्ट उस देवबाला पर झूठा अपवाद लगाता है? और मैंने उसे बहकाया है? इस बात का कौन साक्षी है? किशोर बाबू! आप लोग मालिक हैं, जो चाहें सो कहिये। आपने पालन किया है, इसलिए, यदि आप आज्ञा दें तो मदन समुद्र में भी कूद पड़ने के लिए तैयार है, मगर अपवाद और अपमान से बचाये रहिये।

कहते-कहते मदन का मुख क्रोध से लाल हो आया, आँखों में आँसू भर आये, उसके आकार से उस समय दृढ़ प्रतिज्ञा झलकती थी।

किशोर ने कहा-इस बारे में विशेष हम कुछ नहीं जानते, केवल माँ के मुख से सुना था कि जमादार ने बाबूजी से तुम्हारी निन्दा की है और इसी से वह तुम पर बिगड़े हैं।

मदन ने कहा-आप लोग अपनी बाबूगीरी में भूले रहते हैं और ये बेईमान आपका सब माल खाते हैं। मैंने उस जमादार को मोती निकालनेवालों के हाथ मोती बेचते देखा; मैंने पूछा-क्यों, तुमने मोती कहाँ पाया? तब उसने गिड़गिड़ाकर, पैर पकड़कर, मुझसे कहा-बाबूजी से न कहियेगा। मैंने उसे डाँटकर फिर ऐसा काम न करने के लिए कहकर छोड़ दिया, आप लोगों से नहीं कहा। इसी कारण वह ऐसी चाल चलता है और आप लोगों ने भी बिना सोचे-समझे उसकी बात पर विश्वास कर लिया है।

यों कहते-कहते मदन उठ खड़ा हो गया। किशोर ने उसका हाथ पकड़कर बैठाया और आप भी बैठकर कहने लगा-मदन, घबड़ाओ मत, थोड़ी देर बैठकर हमारी बात सुनो। हम उसको दण्ड देंगे और तुम्हारा अपवाद भी मिटावेंगे। मगर हम एक बात जो कहते हैं, उसे ध्यान देकर सुनो। मृणालिनी अब बालिका नहीं है, और तुम भी बालक नहीं हो। तुम्हारे-उसके जैसे भाव हैं, सो भी हमसे छिपे नहीं हैं। फिर ऐसी जगह पर हम तो यही चाहते हैं कि तुम्हारा और मृणालिनी का ब्याह हो जाय।

-- --

मदन ब्याह का नाम सुनकर चौंक पड़ा, और मन में सोचने लगा कि यह कैसी बात? कहाँ हम युक्तप्रान्त-निवासी अन्यजातीय, और कहाँ ये बंगाली ब्राह्मण, फिर ब्याह किस तरह हो सकता है! हो-न-हो ये मुझे भुलावा देते हैं। क्या मैं इनके साथ अपना धर्म नष्ट करूँगा? क्या इसी कारण ये लोग मुझे इतना सुख देते हैं और खूब खुलकर मृणालिनी के साथ घूमने-फिरने और रहने देते थे? मृणालिनी को मैं जी से चाहता हूँ, और जहाँ तक देखता हूँ, मृणालिनी भी मुझसे कपट-प्रेम नहीं करती। किन्तु यह ब्याह नहीं हो सकता क्योंकि इसमें धर्म और अधर्म दोनों का डर है। धर्म का निर्णय करने की मुझमें शक्ति नहीं है। मैंने ऐसा ब्याह होते न देखा है और न सुना है, फिर कैसे यह ब्याह करूँ?

इन्हीं बातों को सोचते-सोचते बहुत देर हो गयी। जब मदन को यह सुन पड़ा कि 'अच्छा, सोचकर हमसे कहना', तब वह चौंक पड़ा और देखा तो किशोरनाथ जा रहा है।

मदन ने किशोरनाथ के जाने पर कुछ विशेष ध्यान नहीं दिया और फिर अपने विचारों के सागर में मग्न हो गया।

फिर मृणालिनी का ध्यान आया, हृदय धड़कने लगा। मदन की चिन्ता-शक्ति का वेग रुक गया और उसके मन में यही समाया कि ऐसे धर्म को मैं दूर ही से हाथ जोड़ता हूँ! मृणालिनी-प्रेम-प्रतिमा मृणालिनी-को मैं नहीं छोड़ सकता।

मदन इसी मन्तव्य को स्थिर कर, समुद्र की ओर मुख कर, उसकी गम्भीरता निहारने लगा।

वहाँ पर कुछ धनी लोग पैसा फेंककर उसे समुद्र से ले आने का तमाशा देख रहे थे। मदन ने सोचा कि प्रेमियों का जीवन 'प्रेम' है और सज्जनों का अमोघ धन 'धर्म' है। ये लोग अपने प्रेम-जीवन की परवाह न कर धर्म-धन को बटोरते हैं और फिर इनके पास जीवन और धन दोनों चीजें दिखाई पड़ती हैं। तो क्या मनुष्य इनका अनुकरण नहीं कर सकता? अवश्य कर सकता है। प्रेम ऐसी तुच्छ वस्तु नहीं है कि धर्म को हटाकर उस स्थान पर आप बैठे। प्रेम महान है, प्रेम उदार है। प्रेमियों को भी

वह उदार और महान बनाता है। प्रेम का मुख्य अर्थ है 'आत्मत्याग'। तो क्या मृणालिनी से ब्याह कर लेना ही प्रेम में गिना जायेगा? नहीं-नहीं, वह घोर स्वार्थ है। मृणालिनी को मैं जन्म-भर प्रेम से हृदय-मन्दिर में बिठाकर पूजूँगा, उसकी सरल प्रतिमा को पंकँ में न लपेटूँगा। परन्तु ये लोग जैसा बर्ताव करते हैं, उससे सम्भव है कि मेरे विचार पलट जायँ। इसलिए अब इन लोगों से दूर रहना ही उचित है।

मदन इन्हीं बातों को सोचता हुआ लौट आया, और जो अपना मासिक वेतन जमा किया था वह-तथा कुछ कपड़े आदि आवश्यक सामान लेकर वहाँ से चला गया। जाते समय उसने एक पत्र लिखकर वहीं छोड़ दिया।

जब बहुत देर तक लोगों ने मदन को नहीं देखा, तब चिन्तित हुए। खोज करने से उनको मदन का पत्र मिला, जिसे किशोरनाथ ने पढ़ा और पढ़कर उसका मर्म पिता को समझा दिया।

पत्र का भाव समझते ही उनकी सब आशा निर्मूल हो गयी। उन्होंने कहा-किशोर, देखो, हमने सोचा था कि मृणालिनी किसी कुलीन हिन्द को समर्पित हो, परन्तु वह नहीं हुआ। इतना व्यय और परिश्रम, जो मदन के लिए किया गया, सब व्यर्थ हुआ। अब वह कभी मृणालिनी से ब्याह नहीं करेगा, जैसा कि उसके पत्र से विदित होता है।

आपके उस व्यवहार ने उसे और भी भड़का दिया। अब वह कभी ब्याह न करेगा।

मृणालिनी का क्या होगा?

जो उसके भाग्य में है!

क्या जाते समय मदन ने मृणालिनी से भी भेंट नहीं की?

पूछने से मालूम होगा।

इतना कहकर किशोर मृणालिनी के पास गया। मदन उससे भी नहीं मिला था। किशोर ने आकर पिता से सब हाल कह दिया।

अमरनाथ बहुत ही शोकग्रस्त हुए। बस, उसी दिन से उनकी चिन्ता बढ़ने लगी। क्रमश: वह नित्य ही मद्य-सेवन करने लगे। वह तो प्राय: अपनी चिन्ता दूर करने के लिए मद्य-पान करते थे, किन्तु उसका फल उलटा हुआ-उनकी दशा और भी बुरी हो चली, यहाँ तक कि वह सब समय पान करने लगे, काम-काज देखना-भालना छोड़ दिया।

नवयुवक 'किशोर' बहुत चिन्तित हुआ, किन्तु वह धैर्य के साथ सांसारिक कष्ट सहने लगा।

मदन के चले जाने से मृणालिनी को बड़ा कष्ट हुआ। उसे यह बात और भी खटकती थी कि मदन जाते समय उससे क्यों नहीं मिला। वह यह नहीं समझती थी कि मदन यदि जाते समय उससे मिलता, तो जा नहीं सकता था।

मृणालिनी बहुत विरक्त हो गयी। संसार उसे सूना दिखाई देने लगा। किन्तु वह क्या करे? उसे अपनी मानसिक व्यथा सहनी ही पड़ी।

-- --

मदन ने अपने एक मित्र के यहाँ जाकर डेरा डाला। वह भी मोती का व्यापार करता था। बहुत सोचने-विचारने के उपरान्त उसने भी मोती का ही व्यवसाय करना निश्चित किया।

मदन नित्य सन्ध्या के समय, मोती के बाजार में जा, मछुए लोग जो अपने मेहनताने में मिली हुई मोतियों की सीपियाँ बेचते थे-उनको खरीदने लगा; क्योंकि इसमें थोड़ी पूँजी से अच्छी तरह काम चल सकता था। ईश्वर की कृपा से उसको नित्य विशेष लाभ होने लगा।

संसार में मनुष्य की अवस्था सदा बदलती रहती है। वही मदन, जो तिरस्कार पाकर दासत्व

छोड़ने पर लक्ष्य-भ्रष्ट हो गया था, अब एक प्रसिद्ध व्यापारी बन गया।

मदन इस समय सम्पन्न हो गया। उसके यहाँ अच्छे-अच्छे लोग मिलने-जुलने आने लगे। उसने नदी के किनारे एक बहुत सुन्दर बँगला बनवा लिया है; उसके चारों ओर सुन्दर बगीचा भी है। व्यापारी लोग उत्सव के अवसरों पर उसको निमन्त्रण देते हैं; वह भी अपने यहाँ कभी-कभी उन लोगों को निमन्त्रित करता है। संसार की दृष्टि में वह बहुत सुखी था, यहाँ तक कि बहुत लोग उससे डाह करने लगे। सचमुच संसार बड़ा आडम्बर-प्रिय है!

-- --

मदन सब प्रकार से शारीरिक सुख भोग करता था; पर उसके चित्त-पट पर किसी रमणी की मलिन छाया निरन्तर अंकित रहती थी; जो उसे कभी-कभी बहुत कष्ट पहुँचाती थी। प्राय: वह उसे विस्मृति के जल से धो डालना चाहता था। यद्यपि वह चित्र किसी साधारण कारीगर का अंकित किया हुआ नहीं था कि एकदम लुप्त हो जाय, तथापि वह बराबर उसे मिटा डालने की ही चेष्टा करता था।

अकस्मात् एक दिन, जब सूर्य की किरणें सुवर्ण-सी सु-वर्ण आभा धारण किए हुई थीं, नदी का जल मौज में बह रहा था, उस समय मदन किनारे खड़ा हुआ स्थिर भाव से नदी की शोभा निहार रहा था। उसको वहाँ कई-एक सुसज्जित जलयान देख पड़े। उसका चित्त, न जाने क्यों उत्कण्ठित हुआ। अनुसन्धान करने पर पता लगा कि वहाँ वार्षिक जल-विहार का उत्सव होता है, उसी में लोग जा रहे हैं।

मदन के चित्त में भी उत्सव देखने की आकांक्षा हुई। वह भी अपनी नाव पर चढक़र उसी ओर चला। कल्लोलिनी की कल्लोलों में हिलती हुई वह छोटी-सी सुसज्जित तरी चल दी।

मदन उस स्थान पर पहुँचा, जहाँ नावों का जमाव था। सैकड़ों बजरे और नौकाएँ अपने नीले-पीले, हरे-लाल निशान उड़ाती हुई इधर-उधर घूम रही हैं। उन पर बैठे हुए मित्र लोग आपस में आमोद-प्रमोद कर रहे हैं। कामिनियाँ अपने मणिमय अलंकारों की प्रभा से उस उत्सव को आलोकमय किये हुई हैं।

मदन भी अपनी नाव पर बैठा हुआ एकटक इस उत्सव को देख रहा है। उसकी आँखें जैसे किसी को खोज रही हैं। धीरे-धीरे सन्ध्या हो गयी। क्रमश: एक, दो, तीन तारे दिखाई दिये। साथ ही, पूर्व की तरफ, ऊपर को उठते हुए गुब्बारे की तरह चंद्रबिम्ब दिखाई पड़ा। लोगों के नेत्रों में आनन्द का उल्लास छा गया। इधर दीपक जल गये। मधुर संगीत, शून्य की निस्तब्धता में, और भी गूँजने लगा। रात के साथ ही आमोद-प्रमोद की मात्रा बढ़ी।

परन्तु मदन के हृदय में सन्नाटा छाया हुआ है। उत्सव के बाहर वह अपनी नौका को धीरे-धीरे चला रहा है। अकस्मात् कोलाहल सुनाई पड़ा, वह चौंककर उधर देखने लगा। उसी समय कोई चार-पाँच हाथ दूर एक काली-सी चीज दिखाई दी। अस्त हो रहे चन्द्रमा का प्रकाश पड़ने से कुछ वस्त्र भी दिखाई देने लगा। वह बिना कुछ सोचे-समझे ही जल में कूद पड़ा और उसी वस्तु के साथ बह चला।

ऊषा की आभा पूर्व में दिखाई पड़ रही है। चन्द्रमा की मलिन ज्योति तारागण को भी मलिन कर रही है।

तरंगों से शीतल दक्षिण-पवन धीरे-धीरे संसार को निद्रा से जगा रहा है। पक्षी भी कभी-कभी बोल उठते हैं।

निर्जन नदी-तट में एक नाव बँधी है, और बाहर एक सुकुमारी सुन्दरी का शरीर अचेत अवस्था में पड़ा हुआ है। एक युवक सामने बैठा हुआ उसे होश में लाने का उद्योग कर रहा है। दक्षिण-पवन भी उसे इस शुभ काम में बहुत सहायता दे रहा है।

सूर्य की पहली किरण का स्पर्श पाते ही सुन्दरी के नेत्र-कमल धीरे-धीरे विकसित होने लगे।

युवक ने ईश्वर को धन्यवाद दिया और झुककर उस कामिनी से पूछा-मृणालिनी, अब कैसी हो?

मृणालिनी ने नेत्र खोलकर देखा। उसके मुख-मण्डल पर हर्ष के चिह्न दिखाई पड़े। उसने कहा-प्यारे मदन, अब अच्छी हूँ!

प्रणय का भी वेग कैसा प्रबल है! यह किसी महासागर की प्रचण्ड आँधी से कम प्रबलता नहीं रखता। इसके झोंके में मनुष्य की जीवन-नौका असीम तरंगों से घिर कर प्राय: कूल को नहीं पाती। अलौकिक आलोकमय अन्धकार में प्रणयी अपनी प्रणय-तरी पर आरोहण कर उसी आनन्द के महासागर में घूमना पसन्द करता है, कूल की ओर जाने की इच्छा भी नहीं करता।

इस समय मदन और मृणालिनी दोनों की आँखों से आँसुओं की धारा धीरे-धीरे बह रही है। चंचलता का नाम भी नहीं है। कुछ बल आने पर दोनों उस नाव में जा बैठे।

मदन ने मल्लाहों को पास के गाँव से दूध या और कुछ भोजन की वस्तु लाने के लिए भेजा। फिर दोनों ने बिछुड़ने के उपरान्त की सब कथा परस्पर कह सुनाई।

मृणालिनी कहने लगी-भैया किशोरनाथ से मैं तुम्हारा सब हाल सुना करती थी। पर वह कहा करते थे कि तुमसे मिलने में उनको संकोच होता हैं। इसका कारण उन्होंने कुछ नहीं बतलाया। मैं भी हृदय पर पत्थर रखकर तुम्हारे प्रणय को आज तक स्मरण कर रही हूँ।

मदन ने बात टालकर पूछा-मृणालिनी, तुम जल में कैसे गिरीं?

मृणालिनी ने कहा-मुझे बहुत उदास देख भैया ने कहा, चलो तुम्हें एक तमाशा दिखलावें, सो मैं भी आज यहाँ मेला देखने आयी। कुछ कोलाहल सुनकर मैं नाव पर खड़ी हो देखने लगी। दो नाववालों में झगड़ा हो रहा था। उन्हीं के झगड़े में हाथापाई में नाव हिल गयी और मैं गिर पड़ी। फिर क्या हुआ, सो मैं कुछ नहीं जानती।

इतने में दूर से एक नाव आती हुई दिखायी पड़ी, उस पर किशोरनाथ था। उसने मृणालिनी को देखकर बहुत हर्ष प्रकट किया, और सब लोग मिलकर बहुत आनन्दित हुए।

बहुत कुछ बातचीत होने के उपरान्त मृणालिनी और किशोर दोनों ने मदन के घर चलना स्वीकार किया। नावें नदी-तट पर स्थित मदन के घर की ओर बढ़ीं। उस समय मदन को एक दूसरी ही चिन्ता थी।

भोजन के उपरान्त किशोरनाथ ने कहा-मदन, हम अब भी तुमको छोटा भाई ही समझते हैं; पर तुम शायद हमसे कुछ रुष्ट हो गये हो।

मदन ने कहा-भैया, कुछ नहीं। इस दास से जो कुछ ढिठाई हुई हो, उसे क्षमा करना, मैं तो आपका वही मदन हूँ।

इसी तरह की बहुत-सी बातें होती रहीं, और फिर दूसरे दिन किशोरनाथ मृणालिनी को साथ लेकर अपने घर गया।

-- --

अमरनाथ बाबू की अवस्था बड़ी शोचनीय है। वह एक प्रकार से मद्य के नशे में चूर रहते हैं। काम-काज देखना सब छोड़ दिया है। अकेला किशोरनाथ काम-काज सँभालने के लिए तत्पर हुआ, पर उसके व्यापार की दशा अत्यन्त शोचनीय होती गयी, और उसके पिता का स्वास्थ्य भी बिगड़ चला। क्रमश: उसको चारों ओर अन्धकार दिखाई देने लगा।

संसार की कैसी विलक्षण गति है! जो बाबू अमरनाथ एक समय सारे सीलोन में प्रसिद्ध व्यापारी गिने जाते थे, और व्यापारी लोग जिनसे सलाह लेने के लिए तरसते थे, वही अमरनाथ इस समय कैसी अवस्था में हैं! कोई उनसे मिलने भी नहीं आता!

किशोरनाथ एक दिन अपने आफिस में बैठा कार्य देख रहा था। अकस्मात् मृणालिनी भी उसी स्थान में आ गयी और एक कुर्सी खींचकर बैठ गयी। उसने किशोर से कहा-क्यों भैया, पिताजी की कैसी अवस्था है? काम-काज की भी दशा अच्छी नहीं है, तुम भी चिन्ता से व्याकुल रहते हो, यह क्या है?

किशोरनाथ-बहन कुछ न पूछो, पिताजी की अवस्था तो तुम देख ही रही हो। काम-काज की अवस्था भी अत्यन्त शोचनीय हो रही है। पचास लाख रुपये के लगभग बाजार का देना है; और आफिस का रुपया सब बाजार में फँस गया है, जो कि काम देखे-भाले बिना पिताजी की अस्वस्थता के कारण दब-सा गया है। इसी सोच में बैठा हुआ हूँ कि ईश्वर क्या करेंगे!

मृणालिनी भयातुर हो गयी। उसके नेत्रों से आँसुओं की धारा बहने लगी। किशोर उसे समझाने लगा; फिर बोला-केवल एक ईमानदार कर्मचारी अगर काम-काज की देख-भाल किया करता, तो यह अवस्था न होती। आज यदि मदन होता, तो हम लोगों की यह दशा न होती।

मदन का नाम सुनते ही मृणालिनी कुछ विवर्ण हो गयी और उसकी आँखों में आँसू भर आये। इतने में दरबान ने आकर कहा-सरकार, एक रजिस्ट्री चिट्ठी मृणालिनी देवी के नाम से आयी है, डाकिया बाहर खड़ा है।

किशोर ने कहा-बुला लाओ।

किशोर ने वह रजिस्ट्री लेकर खोली। उसमें एक पत्र और एक स्टाम्प का कागज था। देखकर किशोर ने मृणालिनी के आगे फेंक दिया। मृणालिनी ने फिर वह पत्र किशोर के हाथ में देकर पढ़ने के लिये कहा। किशोर पढ़ने लगा।

मृणालिनी!

आज मैं तुमको पत्र लिख रहा हूँ। आशा है कि तुम इसे ध्यान देकर पढ़ोगी। मैं एक अनजाने स्थान का रहनेवाला कंगाल के भेष में तुमसे मिला और तुम्हारे परिवार में पालित हुआ। तुम्हारे पिता ने मुझे आश्रय दिया, और मैं सुख से तुम्हारा मुख देखकर दिन बिताने लगा। पर दैव को वह भी ठीक न जँचा! अच्छा, जैसी उसकी इच्छा! पर मैं तुम्हारे परिवार को सदा स्नेह की दृष्टि से देखता हूँ। बाबू अमरनाथ के कहने-सुनने का मुझे कुछ ध्यान भी नहीं है, मैं उसे आशीर्वाद समझता हूँ। मेरे चित्त में उसका तनिक भी ध्यान नहीं है, पर केवल पश्चात्ताप यह है कि मैं उनसे बिना कहे-सुने चला आया। अच्छा, इसके लिए उनसे क्षमा माँग लेना और भाई किशोरनाथ से भी मेरा यथोचित अभिवादन कह देना।

अब कुछ आवश्यक बातें मैं लिखता हूँ, उन्हें ध्यान से पढ़ो। जहाँ तक सम्भव है, उनके करने में तुम आगा-पीछा न करोगी-यह मुझे विश्वास है। मुझे तुम्हारे परिवार की दशा अच्छी तरह विदित है, मैं उसे लिखकर तुम्हारा दुःख नहीं बढ़ाना चाहता। सुनो, यह एक 'बिल' है जिसमें मैंने अपनी सब सीलोन की सम्पत्ति तुम्हारे नाम लिख दी है। वह तुम्हारी ही है, उसे लेने में तुमको कुछ संकोच न करना चाहिये। वह सब तुम्हारे ही रुपये का लाभ है। जो धन मैं वेतन में पाता था, वही मूल कारण है। अस्तु, यह मूलधन, लाभ और ब्याज-सहित, तुमको लौटा दिया जाता है। इसे अवश्य स्वीकार करना, और स्वीकार करो या न करो, अब सिवा तुम्हारे इसका स्वामी कौन है? क्योंकि मैं भारतवर्ष से जिस रूप में आया था, उसी रूप में लौटा जा रहा हूँ। मैं इस पत्र को लिखकर तब भेजता हूँ, जब घर से निकलकर जहाज को रवाना हो चुका हूँ। अब तुमसे भेंट भी नहीं हो सकती। तुम यदि आओ भी, तो उस समय मैं जहाज पर होऊँगा। तुमसे मेरी केवल यही प्रार्थना है कि 'तुम मुझे भूल जाना'।-मदन यह पत्र पढ़ते ही मृणालिनी की और किशोरनाथ की अवस्था दूसरी ही हो गयी। मृणालिनी ने कातर स्वर से कहा-भैया, क्या समुद्र-तट तक चल सकते हो?

किशोरनाथ ने खड़े होकर कहा-अवश्य!

बस, तुरन्त ही एक गाड़ी पर सवार होकर दोनों समुद्र-तट की ओर चले। ज्योंही वे पहुँचे, त्योंही जहाज तट छोड़ चुका था। उस समय व्याकुल होकर मृणालिनी की आँखें किसी को खोज रही थीं। किन्तु अधिक खोज नहीं करनी पड़ी।

किशोर और मृणालिनी दोनों ने देखा कि गेरुए रंग का कपड़ा पहिने हुए एक व्यक्ति दोनों को हाथ जोड़े हुए जहाज पर खड़ा है, और जहाज शीघ्रता के साथ समुद्र के बीच में चला जा रहा है!

मृणालिनी ने देखा कि बीच में अगाध समुद्र है!

स्कंदगुप्त

पुरुष-पात्र

स्कंदगुप्त--	युवराज (विक्रमादित्य)
कुमारगुप्त--	मगध का सम्राट
गोविन्दगुप्त--	कुमारगुप्त का भाई
पर्णदत्त--	मगध का महानायक
चक्रपालित--	पर्णदत्त का पुत्र
बन्धुवर्मा--	मालव का राजा
भीमवर्मा--	उसका भाई
मातृगुप्त--	काव्यकर्ता (कालिदास)
प्रपंचबुद्धि--	बौद्ध कापालिक
शर्वनाग--	अन्तर्वेद का विषयपति
कुमारदास (धातुसेन)--	सिंहल का राजकुमार
पुरगुप्त--	कुमारगुप्त का छोटा पुत्र
भटार्क--	नवीन महाबलाधिकृत
पृथ्वीसेन--	मंत्री कुमारामात्य
खिंगिल--	हूण आक्रमणकारी
मुगल--	विदूषक
प्रख्यातकीर्ति--	लंकाराज-कुल का श्रमण, महा-बोधिबिहार-स्थविर

महाप्रतिहार, महादंडनायक, नन्दी-ग्राम का दंडनायक, प्रहरी, सैनिक इत्यादि

स्त्री-पात्र

देवकी--   कुमारगुप्त की बड़ी रानी,--स्कंद की माता
अनन्तदेवी--   कुमारगुप्त की छोटी रानी,--पुरगुप्त की माता
जयमाला--   बंधुवर्मा की स्त्री,--मालव की रानी
देवसेना--   बंधुवर्मा की बहिन
विजया--   मालव के धनकुबेर की कन्या
कमला--   भटार्क की जननी
रामा--   शर्वनाग की स्त्री
मालिनी--   मातृगुप्त की प्रणयिनी
सखी, दासी इत्यादि

प्रथम अंक

स्कंदगुप्त---(टहलते हुए) अधिकार-सुख कितना मादक और सारहीन है! अपने को नियामक और कर्ता समझने को बलवती स्पृहा उससे बेगार कराती है! उत्सव में परिचारक और अस्त्रों में ढाल से भी अधिकार-लोलुप मनुष्य क्या अच्छे हैं? (ठहरकर) उँह! जो कुछ हो, हम तो साम्राज्य के एक सैनिक हैं।

पर्णदत्त---(प्रवेश कर के) युवराज की जय हो!

स्कंदगुप्त---आर्य पर्णदत्त को अभिवादन करता हूँ। सेनापति की क्या आज्ञा है?

पर्णदत्त---मेरी आज्ञा! युवराज! आप सम्राट के प्रतिनिधि हैं; मैं तो आज्ञाकारी सेवक हूँ। इस वृद्ध ने गरुड़ध्वज लेकर आर्य चन्द्रगुप्त की सेना का संचालन किया है। अब भी गुप्त-साम्राज्य की नासोर-सेना में उसी गरुड़ध्वज की छाया में पवित्र क्षात्रधर्म का पालन करते हुए उसीके मान के लिये मर मिटूँ--यही कामना है। गुप्तकुलभूषण! आशीर्वाद दीजिये, वृद्ध पर्णदत्त की माता का स्तन्य लज्जित न हो।

स्कंदगुप्त---आर्य! आपकी वीरता की लेखमाला शिप्रा और सिन्धु की लोल लहरियों से लिखी जाती है, शत्रु भी उस वीरता की सराहना करते हुए सुने जाते है। तब भी सन्देह!

पर्णदत्त---संदेह दो बातों से है युवराज! स्कंदगुप्त---वे कौन-सी हैं?

पर्णदत्त---अपने अधिकारों के प्रति आपकी उदासीनता और अयोध्या में नित्य नये परिवर्तन।

स्कंदगुप्त---क्या अयोध्या का कोई नया समाचार हैं?

पर्णदत्त---संभवतः सम्राट तो कुसुमपुर चले गये हैं, और कुमारामात्य महाबलाधिकृत वीरसेन ने स्वर्ग की ओर प्रस्थान किया।

स्कंदगुप्त---क्या! महाबलाधिकृत अब नहीं हैं? शोक!

पर्णदत्त---अनेक समरों के विजेता, महामानी, गुप्त-साम्राज्य के महाबलाधिकृत अब इस लोक में नहीं हैं! इधर प्रौढ़ सम्राट के विलास की मात्रा बढ़ गई है!

स्कंदगुप्त---चिंता क्या! आर्य! अभी तो आप हैं, तब भी मैं ही सब विचारों का भार वहन करूँ, अधिकार का उपयोग करूँ! वह भी किस लिये?

पर्णदत्त---किस लिये? त्रस्त प्रजा की रक्षा के लिये, सतीत्व के सम्मान के लिये, देवता, ब्राह्मण और गौ की मर्य्यादा में विश्वास के लिये, आतंक से प्रकृति को आश्वासन देने के लिये आपको अपने अधिकारों का उपयोग करना होगा। युवराज! इसीलिये मैने कहा था कि आप अपने अधिकारों के प्रति उदासीन हैं जिसकी मुझे बड़ी चिन्ता है। गुप्त-साम्राज्य के भावी शासक को अपने उत्तरदायित्व का ध्यान नहीं!

स्कंदगुप्त---सेनापते! प्रकृतिस्थ होइये! परम भट्टारक महाराजाधिराज अश्वमेध-पराक्रम

श्रीकुमारगुप्त महेन्द्रादित्य के सुशासित राज्य की सुपालित प्रजा को डरने का कारण नहीं है। गुप्तसेना की मर्य्यादा की रक्षा के लिये पर्णदत्त-सदृश महावीर अभी प्रस्तुत हैं।

पर्णदत्त--राष्ट्र नीति, दार्शनिकता और कल्पना का लोक नहीं है। इस कठोर प्रत्यक्षवाद की समस्या बड़ी कठिन होती है। गुप्त-साम्राज्य की उत्तरोत्तर वृद्धि के साथ उसका दायित्व भी बढ़ गया है; पर उस बोझ को उठाने के लिये गुप्तकुल के शासक प्रस्तुत नहीं, क्योंकि साम्राज्य-लक्ष्मी को वे अब अनायास और अवश्य अपनी शरण आनेवाली वस्तु समझने लगे हैं।

स्कंदगुप्त--आर्य! इतना व्यङ्ग न कीजिये, इसके कुछ प्रमाण भी है?

पर्णदत्त--प्रमाण! प्रमाण अभी खोजना है? आँधी आने के पहले आकाश जिस तरह स्तम्भित हो रहता है, बिजली गिरने से पूर्व जिस प्रकार नील कादम्बिनी का मनोहर आचरण महाशून्य पर चढ़ जाता है, क्या वैसी ही दशा गुप्त-साम्राज्य की नहीं है?

स्कंदगुप्त--क्या पुष्पमित्रों के युद्ध को देखकर वृद्ध सेनापति चकित हो रहे है? (हँसता है)

पर्णदत्त--युवराज? व्यंग न कीजिये। केवल पुष्पमित्रों के युद्ध से ही इतिश्री न समझिये, म्लेच्छों के भयानक आक्रमण के लिये भी प्रस्तुत रहना चाहिये। चरों ने आज ही कहा है कि कपिशा को श्वेत हूणों ने पदाक्रान्त कर लिया! तिसपर भी युवराज पूछते हैं कि "अधिकारों का उपयोग किस लिये"! यही "किस लिये" प्रत्यक्ष प्रमाण है कि गुप्तकुल के शासक इस साम्राज्य को "गले-पड़ी" वस्तु समझने लगे हैं!

(चक्रपालित का प्रवेश)

चक्रपालित--(देखकर) अरे, युवराज भी यहीं हैं! युवराज की जय हो।

स्कंदगुप्त--आओ चक्र! आर्य्य पर्णदत्त ने मुझे घबरा दिया है।

चक्र°—पिताजी! प्रणाम। कैसी बात है?

पर्ण°—कल्याण हो, आयुष्मन्! तुम्हारे युवराज अपने अधिकारो से उदासीन हैं। वे पूछते हैं "अधिकार किस लिये।"

चक्र°—तात! इस 'किस लिये" का अर्थ मैं समझता हूँ।

पर्ण°--क्या?

चक°—गुप्तकुल का अव्यवस्थित उत्तराधिकार-नियम!

स्कन्दगुप्त--चक्र, सावधान! तुम्हारे इस अनुमान का कुछ आधार भी है?

चक्र°—युवराज! यह अनुमान नहीं है, यह प्रत्यक्ष-सिद्ध है।

पर्ण°--(गंभीरता से) चक्र! यदि यह बात हो भी, तब भी तुमको ध्यान रखना चाहिये कि हम लोग साम्राज्य के सेवक है। असावधान बालक! अपनी चंचलता को विष-वृक्ष का बीज न बना देना।

स्कन्दगुप्त—आर्य्य पर्णदत्त! क्षमा कीजिये। हृदय की बातों को राजनीतिक भाषा में व्यक्त करना चक्र नहीं जानता।

पर्ण°--ठीक है, किन्तु उसे इतनी शीघ्रता नहीं करनी चाहिये। (देखकर) चर आ रहा है, कोई युद्ध का नया समाचार है क्या?

(चर का प्रवेश)
'युवराज की जय हो!'

पर्ण°--क्या समाचार है?

चर--अब की बार पुष्यमित्रों का अंतिम प्रयत्न है। वे अपनी समस्त शक्ति संकलित करके बढ़ रहे है! नासीर-सेना के नायक ने सहायता मांगी है। दशपुर से भी दूत आया है।

स्कंद०--अच्छा, जाओ, उसे भेज दो।

(चर जाता है, दशपुर के दूत का प्रवेश)

'युवराज भट्टारक की जय हो!'

स्कंद°--मालवपति सकुशल है?

दूत--कुशल आपके हाथ है। महाराज विश्ववर्मा का शरीरांत हो गया है! नवीन नरेश महाराज बंधुवर्मा ने साभिवादन श्रीचरणो में संदेश भेजा है।

स्कंद०--खेद! ऐसे समय से, जब कि हम लोगो को मालवपति से सहायता की आशा थी, वह स्वयं कौटुम्बिक आपत्तियो में फँस गये है!

दूत--इतना ही नहीं, शक-राष्ट्रमंडल चंचल हो रहा है, नवागत म्लेच्छवाहिनी से सौराष्ट्र भी पदाक्रांत हो चुका है, इसी कारण पश्चिमी मालव भी अब सुरक्षित न रहा।

(स्कंदगुप्त पूर्णदत्त की ओर देखते है)

पर्ण°--वलभी का क्या समाचार है?

दूत--वलभी का पतन अभी रुका है। किन्तु बर्बर हूणों से उसका बचना कठिन है। मालव की रक्षा के लिये महाराज बन्धु-वर्मा ने सहायता माँगी है। दशपुर की समस्त सेना सीमा पर जा चुकी है।

स्कंद°--मालव और शक युद्ध में जो संधि गुप्त-साम्राज्य और मालव-राष्ट्र में हुई है, उसके अनुसार मालव की रक्षा गुप्त-सेना का कर्त्तव्य है। महाराज विश्ववर्मा के समय से ही सम्राट कुमारगुप्त उनके संरक्षक है। परन्तु दूत! बड़ी कठिन समस्या है।

दूत--विषम व्यवस्था होने पर भी युवराज! साम्राज्य ने संरक्षकता का भार लिया है।

पर्ण°--दूत! क्या तुम्हे विदित नहीं है कि पुष्यमित्रों से हमारा युद्ध चल रहा है?

दूत--तब भी मालव ने कुछ समझकर, किसी आशा पर ही, अपनी स्वतंत्रता को सीमित कर लिया था।

स्कंद°--दूत! केवल सन्धि-नियम ही से हम लोग बाध्य नही हैं; किंतु शरणागत-रक्षा भी क्षत्रिय का धर्म है। तुम विश्राम करो। सेनापति पर्णदत्त समस्त सेना लेकर पुष्यमित्रों की गति रोकेंगे। अकेला स्कंदगुप्त मालव की रक्षा करने के लिये सन्नद्ध है। जाओ, निर्भय निद्रा का सुख लो। स्कंदगुप्त के जीते-जी मालव का कुछ न बिगड़ सकेगा।

दूत--धन्य युवराज! आर्य्य-साम्राज्य के भावी शासक के उपयुक्त ही यह बात है। (प्रणाम करके जाता है)

पर्ण°--युवराज! आज यह वृद्ध, हृदय से प्रसन्न हुआ। और गुप्त-साम्राज्य की लक्ष्मी भी प्रसन्न होगी।

चक्र°--तात! पुष्यमित्र-युद्ध का अन्त तो समीप है। विजय निश्चित है। किसी दूसरे सैनिक को भेजिये। मुझे युवराज के साथ जाने की अनुमति हो।

स्कंद°--नहीं चक्र, तुम विजयी होकर मुझसे मालव में मिलो। ध्यान रखना होगा कि राजधानी से अभी कोई सहायता नहीं मिलती। हम लोगों को इस आसन्न विपद में अपना ही भरोसा है।

पर्ण°--कुछ चिंता नहीं युवराज! भगवान सब मंगल करेंगे। चलिये, विश्राम करें।

[कुसुमपुर के राज-मंदिर में सम्राट कुमारगुप्त और उनके पारिषद]

धातुसेन--परम भट्टारक! आपने भी स्वयं इतने विकट युद्ध किये है! मैंने तो समझा था, राजसिंहासन पर बैठे-बैठे राजदंड हिला देने से ही इतना बड़ा गुप्त-साम्राज्य स्थापित हो गया था; परंतु-

कुमारगुप्त--(हँसते हुए) तुम्हारी लंका में अब राक्षस नहीं रहते? क्यों धातुसेन!

धातुसेन--राक्षस यदि कोई था तो विभीषण, और बन्दरों में भी एक सुग्रीव हो गया था। दक्षिणापथ आज भी उनकी करनी का फल भोग रहा है। परंतु हाँ, एक आश्चर्य की बात है कि महामान्य परमेश्वर परम भट्टारक को भी युद्ध करना पड़ा! रामचंद्र ने तो, सुना था, जब वे युवराज भी न थे तभी, युद्ध किया था। सम्राट होने पर भी युद्ध!

कुमार°--युद्ध तो करना ही पड़ता है। अपनी सत्ता बना रखने के लिये यह आवश्यक है।

धातु°--अच्छा तो स्वर्गीय आर्य्य समुद्रगुप्त ने देवपुत्रों तक का राज्य-विजय किया था, सो उनके लिये परम आवश्यक था? क्या पाटलीपुत्र के समीप ही वह राष्ट्र था?

कुमार°--तुम भी बालि की सेना में से कोई बचे हुए हो!

धातु°--परम भट्टारक की जय हो! बालि की सेना न थी, और वह युद्ध न था। जब उसमें लड़ खानेवाले सुग्रीव निकल पड़े, तब फिर-

कुमार°--क्यों?

धातु°--उनकी बड़ी सुन्दर ग्रीवा में लड् अत्यंत सुशोभित होता था, और सबसे बड़ी बात तो थी बालि के लिये--उनकी तारा का मंत्रित्व। सुना है सम्राट! स्त्री की मंत्रणा बड़ी अनुकूल और उपयोगी होती है, इसीलिये उन्हें राज्य की झंझटो से शीघ्र छुट्टी मिल गई। परम भट्टारक की दुहाई! एक स्त्री को मंत्री आप भी बना लें, बड़े-बड़े दाढ़ी मूँछवाले मंत्रियों के बदले उसकी एकांत मंत्रणा कल्याणकारिणी होगी।

कुमार°--(हँसते हुए) लेकिन पृथ्वीसेन तो मानते ही नहीं।

धातु°--तब मेरी सम्मति से वे ही कुछ दिनों के लिये स्त्री हो जायँ; क्यों कुमारामात्यजी?

पृथ्वीसेन--पर तुम तो स्त्री नहीं हो जो मैं तुम्हारी सम्मति मान लूँ?

कुमार--(हँसता हुआ) हाँ, तो आर्य्य समुद्रगुप्त को विवश होकर उन विद्रोही विदेशियों का दमन करना पड़ा, क्योंकि मौर्य्य साम्राज्य के समय से ही सिंधु के उस पार का देश भी भारत-साम्राज्य के अन्तर्गत था। जगद्विजेता सिकन्दर के सेनापति सिल्यूकस से उस प्रान्त को मौर्य्य सम्राट चंद्रगुप्त ने लिया था।

धातु°--फिर तो लड़कर ले लेने की एक परम्परा-सी लग जाती है। उनसे उन्होंने, उन्होंने उनसे, ऐसे ही लेते चले आये हैं। उसी प्रकार आर्य्य!......

कुमार°--उँह! तुम समझते नही। मनु ने इसकी व्यवस्था दी है।

धातु°--नहीं धर्म्मावतार! समझ में तो इतनी बात आ गई कि लड़कर ले लेना ही एक प्रधान स्वत्व है। संसार में इसीका बोलबाला है।

भटार्क--नहीं तो क्या रोने से, भीख माँगने से कुछ अधिकार मिलता है? जिसके हाथों में बल नहीं, उसका अधिकार ही कैसा है और यदि माँगकर मिल भी जाय, तो शान्ति की रक्षा कौन करेगा?

मुद्गल--(प्रवेश करके) रक्षा पेट कर लेगा, कोई दे भी तो। अक्षय तूणीर, अक्षय कवच सब लोगों ने सुना होगा; परन्तु इस अक्षय मंजूषा का हाल मेरे सिवा कोई नहीं जानता! इसके भीतर कुछ रखकर

देखो, मैं कैसी शान्ति से बैठा रहता हूँ!

(पद्मासन से बैठ जाता है)

पृथ्वीसेन--परम भट्टारक की जय हो! मुझे कुछ निवेदन करना है–यदि आज्ञा हो तो।

कुमार°--हाँ, हाँ, कहिये।

पृथ्वीसेन--शिप्रा के इस पार साम्राज्य का स्कंधावार स्थापित है। मालवेश का दूत भी आ गया है कि "हम ससैन्य युवराज के सहायतार्थ प्रस्तुत है।" महानायक पर्णदत्त ने भी अनुकूल समाचार भेजा है।

कुमार°---मालव का इस अभियान से कैसा भाव है, कुछ पता चला? क्योंकि यह युद्ध तो जान-बूझकर छेड़ा गया है।

पृथ्वी°--अपने मुख से मालवेश ने दूत से यहाँ तक कहा था कि युवराज को कष्ट देने की क्या आवश्यकता थी, आज्ञा पाने ही से मैं स्वयं इसे ठीक कर लेता।

कुमार°--महासान्धि-विग्रहिक! साधु! यह वंश-परंपरागत तुम्हारी ही विद्या है।

पृथ्वीसेन--सम्राट के श्रीचरणों का प्रताप है। सौराष्ट्र से भी नवीन समाचार मिलनेवाला है। इसीलिये युवराज को वहाँ भेजने का मेरा अनुरोध था।

भटार्क--सौराष्ट्र की गति-विधि देखने के लिये एक रणदक्ष सेनापति की आवश्यकता है। वहाँ शक-राष्ट्र बड़ा चञ्चल अथच भयानक है।

पृथ्वीसेन--(गूढ़ दृष्टि से देखते हुए) महाबलाधिकृत| आवश्यकता होने पर आपको वहाँ जाना ही होगा, उत्कंठा की आवश्यकता नहीं।

भटार्क--नहीं, मै तो.. ... ..

कुमार°--महाबलाधिकृत! तुम्हारी स्मरणीय सेवा स्वीकृत होगी। अभी आवश्यकता नहीं।

धातुसेन--(हाथ जोड़कर) यदि दक्षिणापथ पर आक्रमण का आयोजन हो तो मुझे आज्ञा मिले। मेरा घर पास है, मैं जा कर स्वच्छंदता-पूर्वक लेट रहूँगा, सेना को भी कष्ट न होने पावेगा।

(सब हँसते है)

मुद्गल--जय हो देव। पाकशाला पर चढ़ाई करनी हो तो मुझे आज्ञा मिले। मैं अभी उसका सर्वस्वांत कर डालूँ।

(फिर सब हँसते हैं। गंभीर भाव से अभिवादन करते हुए--एक ओर पृथ्वीसेन और दूसरी ओर भटार्क का प्रस्थान।)

कुमार°--मुद्गल! तुम्हारा कुछ... ... ..

मुद्गल--महादेवी ने प्रार्थना की है कि युवराज भट्टारक को कल्याण-कामना के लिये चक्रपाणि भगवान की पूजा की सब सामग्री प्रस्तुत है। आर्यपुत्र कब चलेंगे?

कुमार०--(मुँह बनाकर) आज तो कुछ पारसीक नर्त्तकियाँ आनेवाली है आपानक भी है ! महादेवी से कह देना, असंतुष्ट न हो, कल चलूँगा ! समझा न मुद्गल ?

मुगल--(खड़ा होकर) परमेश्वर परम भट्टारक की जय हो !

(जाता है)

धातुसेन—वह चाणक्य कुछ भाँग पीता था। उसने लिखा है। कि राजपुत्र भेड़िये है, इनके पिता

को सदैव सावधान रहना चाहिये।

कुमार०--यह राष्ट्र-नीति है।

(अनन्तदेवी को चुपचाप प्रवेश)

धातु०--भूल गया। उसके बदले उस ब्राह्मण को लिखना था कि राजा लोग व्याह ही न करे, क्यों भेड़ियो-सी संतान उत्पन्न हो ?

अनन्तदेवी--(सामने आकर) आर्यपुत्र की जय हो !

(धातुसेन भयभीत होने का-सा मुंह बनाकर चुप हो जाता है)।

कुसार०—आओ प्रिये ! तुम्हें खोज ही रहा था।

अनन्त--नर्त्तकियों को बुलवाती आ रही हूँ। कुमारामात्य आदि थे, मन्त्रणा में बाधा समझकर, जान-बूझकर देर लगाई। आपको तो देखती हूँ कि अवकाश ही नहीं।

(धातुसेन की और क्रुद्ध होकर देखती है)

कुमार०—वह अबोध विदेशी हँसोड़ है।

अनंत०--तब भी सीमा होनी चाहिये।

धातु०--चाणक्य का नाम ही कौटिल्य है। उनके सूत्रों की व्याख्या करने जाकर ही यह फल मिला। क्षमा मिले तो एक बात और पूछ लूँ: क्योंकि फिर इस विषय का प्रश्न न करूँगा।

अनंत०--पूछ लो।

धातु०--उसके अनर्थशास्त्र में विषकन्या का... ..

कुमार०--(डाँटकर) चुप रहो।

(नर्त्तकियों का गाते हुए प्रवेश)

न छेड़ना उस अतीत स्मृति से
खिंचे हुए बीन-तार कोकिल
करुण रागिनी तड़प उठेगी
सुना न ऐसी पुकार कोकिल

हृदय धूल में मिला दिया है
उसे चरण-चिन्ह-सा किया है
खिले फूल सब गिरा दिया है
न अब बसंती बहार कोकिल

सुनी बहुत आनंद-भैरवी
विगत हो चुकी निशा-माधवी
रही न अब शारदी कैरवी
न तो मघा की फुहार कोकिल

न खोज पागल मधुर प्रेम को
न तोड़ना और के नेम को
बचा विरह मौन के क्षेम को
कुचाल अपनी सुधार कोकिल

[पट-परिवर्तन]

[पथ में मातृगुप्त]

मातृ॰--कविता करना अनन्त पुण्य का फल है। इस दुराशा और अनन्त उत्कंठा से कवि-जीवन व्यतीत करने की इच्छा हुई। संसार के समस्त अभावों को असंतोष कहकर हृदय को धोखा देता रहा। परन्तु कैसी विडम्बना! लक्ष्मी के लालों को भ्रूभंग और क्षोभ की ज्वाला के अतिरिक्त मिला क्या?-- एक काल्पनिक प्रशंसनीय जीवन, जो कि दूसरों की दया में अपना अस्तित्व रखता है! संचित हृदय- कोष के अमूल्य रत्नों की उदारता और दारिद्र्य का व्यंग्यात्मक कठोर अट्टहास, दोनों की विषमता की कौन-सी व्यवस्था होगी। मनोरथ को--भारत के प्रकांड बौद्ध पंडित को--परास्त करने में मैं भी सबकी प्रशंसा का भाजन बना। परंतु हुआ क्या ?

(मुद्गल का प्रवेश)

मुद्गल--कहिये कविजी! आप तो बहुत दिन पर दिखाई पड़े! कुलपति की कृपा से कहीं अध्यापन- कार्य मिल गया क्या?

मातृ॰--मैं तो अभी यों ही बैठा हूँ।

मुद्गल--क्या बैठे-बैठे काम चल जाता है? तब तो भाई, तुम बड़े भाग्यवान हो। कविता करते हो न? भाई! उसे छोड़ दो।

मातृ॰--क्यों? वही तो मेरे भूखे हृदय का आहार है! कवित्व--वर्णमय चित्र है, जो स्वर्गीय भाव- पूर्ण संगीत गाया करता है। अंधकार का आलोक से, असत् का सत् से, जड़ का चेतन से, और बाह्य जगत् का अन्तर्जगत् से सम्बन्ध कौन कराती है? कविता ही न!

मुद्गल--परन्तु हाथ का मुख से, पेट का अन्न से, और आँखों का निद्रा से भी सम्बन्ध होता है कि नहीं? इसको भी कभी सोचा-विचारा है?

मातृगुप्त--संसार में क्या इतनी ही वस्तुएँ विचारने की है? पशु भी इनकी चिन्ता कर लेते होंगे।

मुद्गल--और मनुष्य पशु नहीं है; क्योंकि उसे बातें बनाना आता है--अपनी मूर्खता को छिपाना, पापों पर बुद्धिमानी का आवरण चढ़ाना आता है! और वाग्जाल की फाँस उसके पास है। अपनी घोर आवश्यकताओं में कृत्रिमता बढ़ाकर, सभ्य और पशु से कुछ ऊँचा द्विपद् मनुष्य, पशु बनने से बच जाता है।

मातृगुप्त--होगा, तुम्हारा तात्पर्य्य क्या है?

मुद्गल--विचार-पूर्ण स्वप्न-मय जीवन छोड़कर वास्तविक स्थिति में आओ। ब्राह्मण-कुमार हो, इसीलिये दया आती है।

मातृगुप्त--क्या करूँ?

मुद्गल--मैं दो-चार दिन मे अवंती जानेवाला हूँ; युवराज भट्टारक के पास तुम्हें रखवा दूँगा। अच्छी वृत्ति मिलने लग जायगी। है स्वीकार?

मातृगुप्त--पर तुम्हे मेरे ऊपर इतनी दया क्यों?

मुद्गल--तुम्हारी बुद्धिमत्ता देखकर मैं प्रसन्न हुआ हूँ। उसी दिन से मैं खोजता था। तुम जानते हो कि राजकृपा का अधिकारी होने के लिये समय की आवश्यकता है। बड़े लोगों की एक दृढ़ धारणा होती है कि, "अभी टकराने दो, ऐसे बहुत आया-जाया करते हैं।"

मातृगुप्त--तब तो बड़ी कृपा है। मैं अवश्य चलूँगा। काश्मीरमंडल में हूणों का आतंक है, शास्त्र और संस्कृत-विद्या का कोई पूछनेवाला नहीं। म्लेच्छाक्रान्त देश छोड़कर राजधानी मे चला आया था। अब आप ही मेरे पथ-प्रदर्शक हैं।

मुद्गल--अच्छा तो मैं जाता हूँ, शीघ्र ही मिलूंगा। तुम चलने के लिये प्रस्तुत रहना।

(जाता है)

मातृगुप्त--काश्मीर! जन्मभूमि!! जिसकी धूलि में लोट कर खड़े होना सीखा, जिसमे खेल-खेलकर शिक्षा प्राप्त की, जिसमें जीवन के परमाणु संगठित हुए थे, वही छूट गया! और बिखर गया एक मनोहर स्वप्न, आह! वही जो मेरे इस जीवन-पथ का पाथेय रहा!

प्रिय!

संसृति के वे सुंदरतम क्षण यों ही भूल नहीं जाना 'वह उच्छृङ्खलता थी अपनी'--कहकर मन मत बहलाना मादकता-सी तरल हँसी के प्याले में उठती लहरी मेरे निश्वासों से उठकर अधर चूमने को ठहरी मैं व्याकुल परिरंभ-मुकुल में बन्दी अलि-सा काँप रहा छलक उठा प्याला, लहरी में मेरे सुख को माप रहा सजग सुप्त सौंदर्य हुआ, हो चपल चलीं भौंहें मिलने लीन हो गई लहरें, लगे मेरे ही नख छाती छिलने श्यामा का नखदान मनोहर मुक्ताओं से ग्रथित रहा जीवन के उस पार उड़ाता हँसी, खड़ा मैं चकित रहा तुम अपनी निष्ठर क्रीड़ा के विभ्रम से, बहकाने से सुखी हुए, फिर लगे देखने मुझे पथिक पहचाने-से उस सुख का आलिङ्गन करने कभी भूलकर आ जाना मिलन-क्षितिज-तट मधु-जलनिधि में मृदु हिलकोर उठा जाना

कुमारदास--(प्रवेश करके) साधु!

मातृगुप्त--(अपनी भावना में तल्लीन जैसे किसीको न देख रहा हो) अमृत के सरोवर में स्वर्ण-कमल खिल रहा था, भ्रमर वंशी बजा रहा था, सौरभ और पराग की चहल-पहल थी। सवेरे सूर्य की किरणें उसे चूमने को लोटती थी, संध्या में शीतल चाँदनी उसे अपनी चादर से ढंक देती थी। उस मधुर सौन्दर्य, उस अतीन्द्रिय जगत् की साकार कल्पना की ओर मैंने हाथ बढ़ाया था, वहीं--वहीं स्वप्न टूट गया!

कुमारदास--समझ में न आया, सिंहल में और काश्मीर में क्या भेद है। तुम गौरवर्ण हो, लम्बे हो, खिंची हुई भौंहें हैं; सब होने पर भी सिंहलियो की घुँघराली लट, उज्ज्वल श्याम शरीर, क्या स्वप्न में देखने की वस्तु नहीं?

मातृगुप्त--(कुमारदास को जैसे सहसा देखकर) पृथ्वी की समस्त ज्वाला को जहाँ प्रकृति ने अपने बर्फ के अञ्चल से ढँक दिया है, उस हिमालय के--

कुमारदास--और बड़वानल की अनन्त जलराशि से जो संतुष्ट कर रहा है, उस रत्नाकर को--अच्छा जाने दो, रत्नाकर नीचा है, गहरा है। हिमालय ऊँचा है, गर्व से सिर उठाये है, तब जय हो काश्मीर की! हाँ, उस हिमालय के........

मातृगुप्त--उस हिमालय के ऊपर प्रभात--सूर्य्य की सुनहरी प्रभा से आलोकित बर्फ़ का, पीले पोखराज का-सा, एक महल था। उसीसे नवनीत की पुतली झाँककर विश्व को देखती थी। वह हिम की शीतलता से सुसंगठित थी। सुनहरी किरणों को जलन हुई। तप्त होकर महल को गला दिया। पुतली! उसका मंगल हो, हमारे अश्रु की शीतलता उसे सुरक्षित रखे। कल्पना की भाषा के पंख गिर जाते हैं, मौन-नीड़ में निवास करने दो। छेड़ो मत मित्र।

कुमारदास--तुम विद्वान हो, सुकवि हो, तुमको इतना मोह?

मातृगुप्त--यदि यह विश्व इन्द्रजाल ही है, तो उस इन्द्रजाली की अनन्त इच्छा को पूर्ण करने का साधन--यह मधुर मोह चिरजीवी हो और अभिलाषा से मचलनेवाले भूखे हृदय को आहार मिले।

कुमारदास--मित्र! तुम्हारी कोमल कल्पना, वाणी की वीणा में झनकार उत्पन्न करेगी। तुम सचेष्ट बनो, प्रतिभाशील हो। तुम्हारा भविष्य बड़ा उज्ज्वल है।

मातृगुप्त--उसकी चिंता नहीं। दैन्य जीवन के प्रचंड आतप में सुन्दर स्नेह मेरी छाया बने! झुलसा हुआ जीवन धन्य हो जाएगा।

कुमारदास--मित्र! इन थोड़े दिनों का परिचय मुझे आजीवन स्मरण रहेगा। अब तो मैं सिंहल जाता हूँ--देश की पुकार है। इसलिये मैं स्वप्नों का देश "भव्य भारत" छोड़ता हूँ। कविवर! इस क्षीण-परिचय कुमार धातुसेन को भूलना मत--कभी आना।

मातृगुप्त--सम्राट कुमारगुप्त के सहचर, विनोदशील कुमारदास! तुम क्या कुमार धातुसेन हो?

कुमारदास--हाँ मित्र, लंका का युवराज। हमारा एक मित्र, एक बाल-सहचर, प्रख्यातकीर्ति, महाबोधि-विहार का श्रमण है। उसे और गुप्त-साम्राज्य का वैभव देखने पर्य्यटक के रूप में भारत चला आया था। गौतम के पद-रज से पवित्र भूमि को खूब देखा और देखा दर्प से उद्धत गुप्त-साम्राज्य के तीसरे पहर का सूर्य। आर्य्य-अभ्युत्थान का यह स्मरणीय युग है। मित्र, परिवर्तन उपस्थित है।

मातृगुप्त--सम्राट कुमारगुप्त के साम्राज्य में परिवर्तन!

धातुसेन--सरल युवक! इस गतिशील जगत् में परिवर्तन पर आश्रय! परिवर्तन रुका कि महापरिवर्तन--प्रलय--हुआ! परिवर्तन ही सृष्टि है, जीवन है। स्थिर होना मृत्यु है, निश्चेष्ट शांति मरण है। प्रकृति क्रियाशील है। समय पुरुष और स्त्री की गेंद लेकर दोनों हाथ से खेलता है। पुल्लिंग और स्त्रीलिंग की समष्टि अभिव्यक्ति की कुंजी है। पुरुष उछाल दिया जाता है, उत्प्रेक्षण होता है। स्त्री आकर्षण करती है। यही जड़ प्रकृति का चेतन रहस्य है।

मातृगुप्त--निस्सन्देह। अनन्तदेवी के इशारे पर कुमारगुप्त नाच रहे हैं। अद्भुत पहेली है!

धातुसेन-पहेली! यह भी रहस्य ही है। पुरुष है-कुतूहल और प्रश्न, और स्त्री है विश्लेषण, उत्तर और सब बातों का समाधान। पुरुष के प्रत्येक प्रश्न का उत्तर देने के लिये वह प्रस्तुत है। उसके कुतूहल-उसके अभावों को परिपूर्ण करने का उष्ण प्रयत्न और शीतल उपचार! अभागा मनुष्य संतुष्ट है - बच्चों के समान। पुरुष ने कहा-"क", स्त्री ने अर्थ लगा दिया-"कौवा"; बस, वह रटने लगा। विषय-विह्वल वृद्ध सम्राट, तरुणी की आकांक्षाओं के साधन बन रहे हैं। काले मेघ क्षितिज में एकत्र हैं, शीघ्र ही अन्धकार होगा। परंतु आशा का केन्द्र ध्रुवतारा एक युवराज "स्कन्द" है। निर्मम शून्य आकाश में शीघ्र ही अनेक वर्ण के मेघ रंग भरेंगे। एक विकट अभिनय का आरम्भ होनेवाला है। तुम भी संभवतः उसके अभिनेताओं में से एक होगे। सावधान! सिंहल तुम्हारे लिये प्रस्तुत हैं। (प्रस्थान)

मातृगुप्त-विचक्षण उदार राजकुमार!

[प्रस्थान]

[अनन्तदेवी का सुसज्जित प्रकोष्ठ]

अनन्तदेवी--जया! रात्रि का द्वितीय प्रहर तो व्यतीत हो रहा है, अभी भटार्क के आने का समय नहीं हुआ?

जया--स्वामिनी! आप बड़ा भयानक खेल खेल रही हैं।

अनन्त--क्षुद्र हृदय--जो चूहे के शब्द से भी शंकित होते हैं, जो अपनी साँस से ही चौंक उठते हैं, उनके लिये उन्नति का कंटकित मार्ग नहीं है। महत्त्वाकांक्षा का दुर्गम स्वर्ग उनके लिये स्वप्न है।

जया--परंतु राजकीय अन्तःपुर की मर्यादा बड़ी कठोर अथच फूल से कोमल है।

अनन्त॰-अपनी नियति का पथ मैं अपने पैरों चलूँगी, अपनी शिक्षा रहने दें।

(जया कपाट के समीप कान लगाती हैं, संकेत होता है, गुप्त द्वार
खुलते ही भटार्क सामने उपस्थित होता है।)

भटार्क--महादेवी की जय हो!

अनन्त°--परिहास न करो मगध के महाबलाधिकृत! देवकी के रहते किस साहस से तुम मुझे
महादेवी कहते हो?

भटार्क--हमारा हृदय कह रहा है, और आये दिन साम्राज्य की जनता, प्रजा, सभी कहेगी।

अनंत°--मुझे विश्वास नहीं होता।

भटार्क--महादेवी! कल सम्राट के समक्ष जो विद्रूप और व्यङ्ग-बाण मुझपर बरसाये गये है, वे
अन्तस्तल में गड़े हुए हैं। उनके निकालने का प्रयत्न नहीं करूँगा, वे ही भावी विप्लव में सहायक होंगे।
चुभ-चुभकर वे मुझे सचेत करेंगे। मैं उन पथ-प्रदर्शकों का अनुसरण करूँगा। बाहुबल से, वीरता
से और अनेक प्रचंड पराक्रमों से ही मुझे मगध के महाबलाधिकृत का माननीय पद मिला है; मैं उस
सम्मान की रक्षा करूँगा। महादेवी! आज मैंने अपने हृदय के मार्मिक रहस्य का अकस्मात् उद्घाटन
कर दिया है। परन्तु वह भी जान-बूझकर--समझकर। मेरा हृदय शूलों के लौहफलक सहने के लिये
है, क्षुद्र विष-वाक्य-बाण के लिये नहीं।

अनन्त°--तुम वीर हो भटार्क! यह तुम्हारे उपयुक्त ही है। देवकी का प्रभाव जिस उग्रता से बढ़
रहा है, उसे देखकर मुझे पुरगुप्त के जीवन में शंका हो रही है। महाबलाधिकृत! दुर्बल माता का हृदय
उसके लिये आज ही से चिन्तित है, विकल है। सम्राट की मति एक-सी नहीं रहती, वे अव्यवस्थित
और चंचल हैं। इस अवस्था में वे विलास की अधिक मात्रा से केवल जीवन के जटिल सुखों की गुत्थियाँ
सुलझाने में व्यस्त हैं।

भटार्क--मैं सब समझ रहा हूँ। पुष्यमित्रों के युद्ध में मुझे सेनापति की पदवी नही मिली, इसका
कारण भी मैं जानता हूँ। मैं दूध पीनेवाला शिशु नहीं हूं। और यह मुझे स्मरण है कि पृथ्वीसेन के विरोध
करने पर भी आपकी कृपा से मुझे महाबलाधिकृत का पद मिला है। मैं कृतघ्न नहीं हूँ, महादेवी! आप
निश्चिन्त रहें।

अनन्त°--पुष्यमित्रों के युद्ध में भेजने के लिये मैंने भी कुछ समझकर उद्योग नहीं किया। भटार्क!
क्रान्ति उपस्थित है, तुम्हारा यहाँ रहना आवश्यक है। भटार्क--क्रान्ति के सहसा इतना समीप उपस्थित
होने के तो कोई लक्षण मुझे नहीं दिखाई पड़ते।

अनन्त°--राजधानी में आनन्द-विलास हो रहा है, और पारसीक मदिरा की धारा बह रही है;
इनके स्थान पर रक्त की धारा बहेगी! आज तुम कालागुरु के गंध-धूम से सन्तुष्ट हो रहे हो, कल इन
उच्च सौध-मन्दिरों में महापिशाची की विप्लव-ज्वाला धधकेगी! उस चिरायँध की उत्कट गंध असह्य
होगी। तब तुम भटार्क! उस आगामी खंड-प्रलय के लिये प्रस्तुत हो कि नही? (ऊपर देखती हुई) उहूँ,
प्रपंचबुद्धि की कोई बात आज तक मिथ्या नहीं हुई।

भटार्क--कौन प्रपंचबुद्धि?

अनन्त°--सूचीभेद्य अंधकार में छिपनेवाली रहस्यमयी नियति का--प्रज्वलित कठोर नियति का-
-नील आवरण उठा कर झाँकनेवाला। उसकी आँखो में अभिचार का संकेत है; मुस्कराहट में विनाश
की सूचना है; आँधियों से खेलता है, बातें करता है--बिजलियो से आलिंगन!

(प्रपंचबुद्धि का सहसा प्रवेश)

प्रपंचबुद्धि--स्मरण है भाद्र की अमावस्या?

(भटार्क और अनन्तदेवी सहमकर हाथ जोड़ते हैं)

अनन्त°--स्मरण है, भिक्षु-शिरोमणे ! उसे मैं भूल सकती हूँ!

प्रपंच°--कौन, महाबलाधिकृत! हँ हँ हँ हँ, तुम लोग सद्धर्म के अभिशाप की लीला देखोगे; है आँखों में इतना बल? क्यों, समझ लिया था कि इन मुंडित-मस्तक जीर्ण-कलेवर भिक्षु-कंकालों में क्या धरा है। देखो--शव-चिता में नृत्य करती हुई तारा का तांडव नृत्य, शून्य सर्वनाशकारिणी प्रकृति की मुंड-मालाओ की कंदुक-क्रीड़ा! अश्वमेध हो चुके, उनके फलस्वरूप महानरमेध का उपसंहार भी देखो। (देखकर) है तुझमें--तू करेगा? अच्छा महादेवी! अमावस्या के पहले प्रहर में, जब नील गगन से भयानक और उज्ज्वल उल्कापात होगा, महा-शून्य की ओर देखना। जाता हूँ। सावधान!

(प्रस्थान)

भटार्क--महादेवी! यह भूकंप के समान हृदय को हिला देने-वाला कौन व्यक्ति है? ओह, मेरा तो सिर घूम रहा है!

अनन्त°--यही तो भिक्षु प्रपंचबुद्धि है!

भटार्क--तब मुझे विश्वास हुआ। यह क्रूर-कठोर नर-पिशाच मेरी सहायता करेगा। मैं उस दिन के लिये प्रस्तुत हूँ।

अनन्त°--तब प्रतिश्रुत होते हो?

भटार्क--दास सदैव अनुचर रहेगा।

अनन्त°--अच्छा, तुम इसी गुप्त द्वार से जाओ। देखूँ अभी कादम्ब की मोह-निद्रा से सम्राट जगे कि नहीं!

जया--(प्रवेश करके) परम भट्टारक अंगड़ाइयाँ ले रहे हैं। स्वामिनी, शीघ्र चलिये।

(जया का प्रस्थान)

भटार्क--तो महादेवी, आज्ञा हो। अनन्त°--(देखती हुई) भटार्क! जाने को कहूँ ? इस शत्रुपुरी में मैं असहाय अबला इतना--आह! (आँसू पोछती है)

भटार्क--धैर्य्य रखिये। इस सेवक के बाहुबल पर विश्वास कीजिये।

अनन्त°--तो भटार्क, जाओ।

(जया का सहसा प्रवेश)

जया--चलिये शीघ्र!

(दोनों जाती हैं)

भटार्क--एक दुर्भेद्य नारी-हृदय में विश्व-प्रहेलिका का रहस्यबीज है। ओह, कितनी साहसशीला स्त्री है! देखूँ गुप्त-साम्राज्य के भाग्य की कुंजी यह किधर घुमाती है। परन्तु इसकी आँखों में काम-पिपासा के संकेत अभी उबल रहे हैं। अतृप्ति की चंचल प्रवञ्चना कपोलों पर रक्त होकर क्रीड़ा कर रही है। हृदय में श्वासों की गरमी विलास का संदेश वहन कर रही है। परन्तु... अच्छा चलूँ यह विचार करने का स्थान नहीं है।

(गुप्त द्वार से जाता है)

[पट-परिवर्तन]

[अन्तःपुर का द्वार]

शर्वनाग--(टहलता हुआ) कौन-सी वस्तु देखी ? किस सौंदर्य पर मन रीझा ? कुछ नहीं, सदैव इसी सुन्दरी खङ्ग-लता की प्रभा पर मैं मुग्ध रहा। मैं नहीं जानता कि और भी कुछ सुन्दर है। वह मेरी

स्त्री जिसके अभावों का कोष कभी खाली नहीं, जिसकी भर्त्सनाओं का भांडार अक्षय है, उससे मेरी अंतरात्मा काँप उठती है। आज मेरा पहरा है। घर से जान छूटी, परन्तु रात बड़ी भयानक है। चलें अपने स्थान पर बैठूँ ! सुनता हूँ कि परम भट्टारक की अवस्था अत्यन्त शोचनीय है-- जाने भगवान...

(भटार्क का प्रवेश)

भटार्क--कौन?

शर्वनाग--नायक शर्वनाग।

भटार्क--कितने सैनिक हैं?

शर्व॰--पूरा एक गुल्म।

भटार्क--अंतःपुर से कोई आज्ञा मिली है?

शर्व॰--नहीं।

भटार्क--तुमको मेरे साथ चलना होगा।

शर्व--मैं प्रस्तुत हूँ; कहाँ चलूँ?

भटार्क--महादेवी के द्वार पर।

शर्व॰--वहाँ मेरा क्या कर्त्तव्य होगा?

भटार्क--कोई न तो भीतर जाने पावे और न भीतर से बाहर आने पावे। शर्व॰--(चौंककर) इसका तात्पर्य्य?

भटार्क--(गम्भीरता से) तुमको महाबलाधिकृत की आज्ञा पालन करनी चाहिये।

शर्व॰--तब भी क्या स्वयं महादेवी पर नियंत्रण रखना होगा?

भटार्क--हाँ।

शर्व॰--ऐसा!

भटार्क--ऐसा ही।

(कोलाहल, भीषण उल्कापात)

भटार्क--ओह, ठीक समय हो गया! अच्छा, मैं अभी आता हूँ।

(द्वार खोलकर भटार्क भीतर जाता है)

(रामा का प्रवेश)

रामा--क्यों, तुम आज यहीं हो?

शर्व॰--मै, मैं, यही हूँ; तुम कैसे?

रामा--मूर्ख! महादेवी सम्राट को देखना चाहती हैं, परन्तु उनके आने में बाधा है। गोबर-गणेश! तू कुछ कर सकता है?

शर्व॰--मैं क्रोध से गरजते हुए सिंह की पूँछ उखाड़ सकता हूँ, परन्तु सिंहवाहिनी! तुम्हे देखकर मेरे देवता कूच कर जाते हैं!

रामा--(पैर पटककर) तुम कीड़े से भी अपदार्थ हो!

शर्व॰--न न न न, ऐसा न कहो, मै सब कुछ हूँ। परन्तु मुझे घबराओ मत; समझाकर कहो। मुझे क्या करना होगा? रामा--महादेवी देवकी की रक्षा करनी होगी, समझा? क्या आज इस संपूर्ण गुप्त-

साम्राज्य में कोई ऐसा प्राणी नहीं, जो उनको रक्षा करे! शत्रु अपने विषैले डंक और तीखे डाढ़ सँवार रहे हैं। पृथ्वी के नीचे कुमंत्रणाओं का क्षीण भूकम्प चल रहा है।

शर्व॰--यही तो मैं भी कभी-कभी सोचता था। परन्तु...

रामा--तुम, जिस प्रकार हो सके, महादेवी के द्वार पर आओ, मै जाती हूँ।

(जाती हैं)

(एक सैनिक का प्रवेश)

सैनिक--नायक! न जाने क्यों हृदय दहल उठा है, जैसे सनसन करती हुई, डर से, यह आधी रात खिसकती जा रही है! पवन में गति है, परन्तु शब्द नहीं। "सावधान" रहने का शब्द मैं चिल्लाकर कहता हूँ, परन्तु मुझे ही सुनाई नहीं पड़ता है। यह सब क्या है नायक?

शर्व॰--तुम्हारी तलवार कहीं भूल तो नहीं गई है?

सैनिक--म्यान हल्की-सी लगती है, टटोलता हूँ--पर...

शर्व॰--तुम घबराओ मत, तीन साथियों को साथ लेकर घूमो, सबको सचेत रक्खो। हम इसी शिला पर हैं, कोई डरने की बात नहीं।

(सैनिक जाता हैं, फाटक खोलकर पुरगुप्त निकलता है, पीछे भटार्क और सैनिक।)

पुरगुप्त--नायक शर्वनाग! शर्व॰--जय हो कुमार की! क्या आज्ञा है?

पुरगुप्त--तुम साम्राज्य की शिष्टता सीखो।

शर्व॰--कुमार! दास चिर-अपराधी है। (सिर झुका लेता है)

भटार्क--इन्हें महादेवी के द्वार पर जाने की आज्ञा दीजिये, यह विश्वस्त सैनिक वीर हैं।

पुरगुप्त--जाओ तुम महादेवी के द्वार पर। जैसा महाबलाधिकृत ने कहा है, वैसा करना।

शर्व॰--जैसी आज्ञा। (अपने सैनिकों को साथ लेकर जाता है, दूसरे नायक और सैनिक परिक्रमण करते है।)

भटार्क--कोई भी पूछे तो यह मत कहना कि सम्राट का निधन हो गया है। हाँ, बढ़ी हुई अस्वस्थता का समाचार बतलाना और सावधान, कोई भी--चाहे वह कुमारामात्य ही क्यों न हो--भीतर न आने पावे। तुम यही कहना कि परम भट्टारक अत्यन्त विकल हैं, किसीसे मिलना नहीं चाहते। समझा?

नायक--अच्छा ......

(दोनों जाते हैं, फाटक बन्द होता है)

नायक--(सैनिकों से) आज बड़ी विकट अवस्था है, भाइयो! सावधान!

(कुमारामात्य, पृथ्वीसेन, महादंडनायक और महाप्रतिहार का प्रवेश)

महाप्रतिहार--नायक, द्वार खोलो, हम लोग परम भट्टारक का दर्शन करेंगे।

नायक--प्रभु! किसीको भीतर जाने की आज्ञा नही हैं। महाप्रतिहार--(चौंककर) आज्ञा! किसकी आज्ञा! तू नहीं जानता--सम्राट के अंतःपुर पर स्वयं सम्राट का भी उतना अधिकार नहीं जितना महाप्रतिहार का? शीघ्र द्वार उन्मुक्त कर।

नायक--दंड दीजिये प्रभु, परन्तु द्वार न खुल सकेगा।

महाप्रति॰--तू क्या कह रहा है!

नायक--जैसी भीतर से आज्ञा मिली है।

कुमारामात्य--(पैर पटककर) ओह!

दंडनायक--विलम्ब असह्य है, नायक! द्वार से हट जाओ।

महाप्रति॰--मैं आज्ञा देता हूँ कि तुम अंतःपुर से हट जाओ युवक! नहीं तो तुम्हें पदच्युत करूँगा!

नायक--यथार्थ है। परन्तु मैं महाबलाधिकृत की आज्ञा से यहाँ हूँ, और मैं उन्हीं का अधीनस्थ सैनिक हूँ। महाप्रतिहार के अंतःपुर-रक्षकों में मैं नहीं हूँ।

महाप्रति॰--क्या अंतःपुर पर भी सैनिक नियंत्रण है? पृथ्वीसेन!

पृथ्वीसेन--इसका परिणाम भयानक है। अंतिम शय्या पर लेटे हुए सम्राट की आत्मा को कष्ट पहुँचाना होगा।

महाप्रति॰--अच्छा, (कुछ देखकर) हाँ, शर्वनाग कहाँ गया?

नायक--उसे महाबलाधिकृत ने दूसरे स्थान पर भेजा है।

महाप्रति॰--(क्रोध से) मूर्ख शर्वनाश!

(अंतःपुर से क्षीण क्रंदन)

महादंडनायक--(कान लगाकर सुनते हुए) क्या सब शेष हो गया! हम अवश्य भीतर जायेंगे।

(तीनों तलवार खींच लेते हैं, नायक भी सामने आ जाता है,
द्वार खोलकर पुरगुप्त और भटार्क का प्रवेश।)

पृथ्वीसेन--भटार्क! यह सब क्या है?

भटार्क--(तलवार खींचकर सिर से लगाता हुआ) परम भट्टारक राजाधिराज पुरगुप्त की जय हो! माननीय कुमारामात्य, महादंडनायक और महाप्रतिहार! साम्राज्य के नियमानुसार, शस्त्र अर्पण करके, परम भट्टारक का अभिवादन कीजिये।

(तीनों एक दूसरे का मुँह देखते है)

महाप्रतिहार--तब क्या सम्राट कुमारगुप्त महेन्द्रादित्य अब संसार में नहीं हैं?

भटार्क--नहीं।

पृथ्वीसेन--परन्तु उत्तराधिकारी युवराज स्कंदगुप्त?

पुरगुप्त--चुप रहो। तुम लोगों को बैठकर व्यवस्था नहीं देनी होगी। उत्तराधिकार का निर्णय स्वयं स्वर्गीय सम्राट कर गये हैं।

पृथ्वीसेन--परन्तु प्रमाण?

पुरगुप्त--क्या तुम्हें प्रमाण देना होगा?

पृथ्वीसेन--अवश्य।

पुरगुप्त--महाबलाधिकृत! इन विद्रोहियों को बन्दी करो।

(भटार्क आगे बढ़ता है)

पृथ्वीसेन--ठहरो भटार्क! तुम्हारी विजय हुई, परन्तु एक बात......

पुरगुप्त--आधी बात भी नहीं, बन्दी करो।

पृथ्वीसेन--कुमार! तुम्हारे दुर्बल और अत्याचारी हाथों में गुप्त-साम्राज्य का राजदंड टिकेगा

नहीं। संभवतः तुम साम्राज्य पर विपत्ति का आवाहन करोगे। इसलिये कुमार! इससे विरत हो जाओ।

पुरगुप्त--महाबलाधिकृत! क्यों विलम्ब करते हो?

भटार्क--आप लोग शस्त्र रखकर आज्ञा मानिये।

महाप्रतिहार--आततायी! यह स्वर्गीय आर्य्य चन्द्रगुप्त का दिया हुआ खड्ग तेरी आज्ञा से नहीं रक्खा जा सकता। उठा अपना शस्त्र, और अपनी रक्षा कर!

पृथ्वीसेन--महाप्रतिहार! सावधान! क्या करते हो? यह अन्तर्विद्रोह का समय नहीं है। पश्चिम और उत्तर से काली घटाएँ उमड़ रही हैं, यह समय बल-नाश करने का नहीं है। आओ, हम लोग गुप्त-साम्राज्य के विधान के अनुसार चरम प्रतिकार करें। बलिदान देना होगा। परन्तु भटार्क! जिसे तुम खेल समझकर हाथ में ले रहे हो, उस काल-भुजङ्गी राष्ट्रनीति की--प्राण देकर भी--रक्षा करना। एक नहीं, सौ स्कंदगुप्त उसपर न्योछावर है। आर्य्य-साम्राज्य की जय हो! (छुरा मारकर गिरता है, महाप्रतिहार और दंडनायक भी वैसा ही करते हैं।)

पुरगुप्त--पाखंड स्वयं विदा हो गये-अच्छा ही हुआ।

भटार्क--परन्तु भूल हुई। ऐसे स्वामिभक्त सेवक! पुरगुप्त--कुछ नहीं। (भीतर जाता है)

भटार्क--तो जायँ, सब जायँ; गुप्त-साम्राज्य के हीरों के-से उज्ज्वल-हृदय वीर युवकों का शुद्ध रक्त, सब मेरी प्रतिहिंसा राक्षसी के लिये बलि हो!

[नगर-प्रान्त में पथ]

मुद्गल--(प्रवेश करके) किसी के सम्मान-सहित निमंत्रण देने पर, पवित्रता से हाथ-पैर धोकर चौके पर बैठ जाना—एक दूसरी बात है; और भटकते, थकते, उछलते, कूदते, ठोकर खाते और लुढ़कते--हाथ-पैर की पूजा करते हुए मार्ग चलना---एक भिन्न वस्तु है। कहाँ हम और कहाँ यह दौड़, कुसुमपुरी से अवन्ती और अवन्ती से मूलस्थान! इस बार की आज्ञा तो पालन करता हूँ; परन्तु यदि, तथापि, पुनश्च, फिर भी, कभी ऐसी आज्ञा मिली कि इस ब्राह्मण ने साष्टांग प्रणाम किया। अच्छा, इस वृक्ष की छाया में बैठकर विचार कर लूँ कि सैकड़ों योजन लौट चलना अच्छा है कि थोड़ा और चलकर काम कर लेना!

(गठरी रख बैठकर ऊँघने लगता है, मातृगुप्त का प्रवेश।)

मातृगुप्त--मुझे तो युवराज ने मूलस्थान की परिस्थिति संभालने के लिये भेजा, देखता हूँ कि यह मुद्गल भी यहाँ आ पहुँचा! चलें इसे कुछ तंग करें, थोड़ा मनोविनोद ही सही।

(कपड़े से मुँह छिपाकर, गठरी खींचकर चलता है)

मुद्गल--(उठकर) ठहरो भाई, हमारे जैसे साधारण लोग अपनी गठरी आप ही ढोते हैं; तुम कष्ट न करो। (मातृगुप्त चक्कर काटता है, मुद्गल पीछे-पीछे दौड़ता है।)

मातृगुप्त--(दूर खड़ा होकर) अब आगे बढ़े कि तुम्हारी टाँग टूटी!

मुद्गल--अपनी गठरी बचाने में टाँग टूटना बुरा नहीं, अपशकुन नहीं। तुम यह न समझना कि हम दूर चलते-चलते थक गये हैं। तुम्हारा पीछा न छूटेगा। हम ब्राह्मण हैं, हमसे शास्त्रार्थ कर लो। डंडा न दिखाओ। हाँ, मेरी गठरी जो तुम लेते हो, इसमें कौन-सा न्याय है? बोलो--

मातृगुप्त--न्याय? तब तो तुम आप्तवाक्य अवश्य मानते होगे।

मुद्गल--अच्छा तो तर्कशास्त्र लगाना पड़ेगा?

मातृगुप्त--हाँ; तुमने गीता पढ़ी होगी?

मुद्गल--हाँ अवश्य, ब्राह्मण और गीता न पढ़े!

मातृगुप्त--उसमें तो लिखा है कि «न त्वेवाहं जातु नाऽसौ न त्वं नेमे»--न हम हैं न तुम हो, न यह वस्तु है, न तुम्हारी है न हमारी;--फिर इस छोटी-सी गठरी के लिये इतना झगड़ा!

मुद्गल--ओहो! तुम नहीं समझे।

मातृगुप्त--क्या?

मुद्गल--गीता सुनने के बाद क्या हुआ?

मातृगुप्त--महाभारत!

मुद्गल--तब भइया, इस गठरी के लिये महाभारत का एक लघु संस्करण हो जाना आवश्यक है। गठरी में हाथ लगाया कि डंडा लगा! (डंडा तानता है)

मातृगुप्त--मुद्गल, डंडा मत तानो, मैं वैसा मूर्ख नहीं कि सूच्यग्र-भाग के लिये दूध और मधु से बना हुआ एक बूंद रक्त भी गिराऊँ!

(गठरी देता है)

मुद्गल--अरे कौन! मातृगुप्त!

(नेपथ्य में कोलाहल)

मातृगुप्त--हाँ मुद्गल। इधर ते शक और हूण की सम्मिलित सेना घोर आतंक फैला रही है, चारों ओर विप्लव का साम्राज्य है। निरीह भारतीयों की घोर दुर्दशा है।

मुद्गल--और मैं महादेवी का संदेश लेकर अवन्ती गया, वहाँ युवराज नहीं थे। बलाधिकृत पर्णदत्त की आज्ञा हुई कि महाराजपुत्र गोविन्दगुप्त को, जिस तरह हो, खोज निकालो। यहाँ तो विकट समस्या है। हम लोग क्या कर सकते हैं ?

मातृगुप्त--कुछ नही, केवल भगवान से प्रार्थना! साम्राज्य में कोई सुननेवाला नहीं, अकेले युवराज स्कन्दगुप्त क्या करेंगे?

मुद्गल--परन्तु भाई, हम ईश्वर होते तो इन मनुष्यो की कोई प्रार्थना सुनते ही नही। इनके हर काम में हमारी आवश्यकता पड़ती है! मैं तो घबरा जाता, भला वह तो कुछ सुनते भी हैं। मातृगुप्त नही मुद्गल, निरीह प्रजा का नाश देखा नहीं जाता है क्या इनकी उत्पत्ति का यही उद्देश था? क्या इनका जीवन केवल चींटियो के समान किसीकी प्रतिहिंसा पूर्ण करने के लिये है? देखो वह दूर पर बँधे हुए नागरिक और उनपर हूणो की नृशंसता! ओह!!

मुद्गल--अरे! हाय रे बाप!!

मातृगुप्त--सावधान! असहाय अवस्था में प्रार्थना के अतिरिक्त और कोई उपाय नहीं, आओ हम लोग भगवान से विनती करें-

(दोनों सम्मिलित स्वर से)

उतारोगे अब कब भू-भार
बार-बार क्यों कह रक्खा था लूँगा मैं अवतार
उमड़ रहा है इस भूतल पर दुख का पारावार
बाड़व लेलिहान जिह्वा का करता है विस्तार
प्रलय-पयोधर बरस रहे है रक्त-अश्रु की धार
मानवता में राक्षसत्व का अब है पूर्ण प्रचार
पड़ा नहीं कानों में अब तक क्या यह हाहाकार

सावधान हो अब तुम जानो मैं तो चुका पुकार

(हूण-सैनिकों का प्रवेश-बन्दियों के साथ।)

हूण--चुप रह, क्या गाता है ?

मुद्गल--है है, भीख माँगता हूँ, गीत गाता हूँ। आप भी कुछ दीजियेगा? (दीन मुद्रा बनाता है)

हूण--(धक्का देते हुए) चल, एक ओर खड़ा हो। हाँ जी, इन दुष्टों ने कुछ देना अभी स्वीकार नहीं किया, बड़े कुत्ते हैं!

नागरिक--हम निरीह प्रजा हैं। हम लोगों के पास क्या रह गया जो आप लोगों को दें। सैनिकों ने तो पहले ही लूट लिया है।

हूण-सेनापति--तुम लोग बातें बनाना खूब जानते हो। अपना छिपा हुआ धन देकर प्राण बचाना हो तो शीघ्रता करो, नहीं तो गरम किये हुए लोहे प्रस्तुत है——कोड़े और तेल में तर कपड़े भी। उस कष्ट का स्मरण करो।

नागरिक--प्राण तो तुम्हारे हाथों में है, जब चाहे ले लो।

हूण-सेनापति--(कोड़े से मारता हुआ) उसे तो ले ही लेंगे, पर, धन कहाँ है ?

नागरिक--नहीं है निर्दय! हत्यारे! कह दिया कि नहीं है।

हूण-सेनापति—(सैनिकों से) इनके बालकों को तेल से भीगा हुआ कपड़ा डालकर जला दो और स्त्रियों को गरम लोहे से दागो।

स्त्रियाँ--हे नाथ!
      हमारे निर्बलो के बल कहाँ हो
      हमारे दीन के सम्बल कहाँ हो

पुरुष--नहीं हो नाम ही बस नाम है क्या
      सुना केवल यहाँ हो या वहाँ हो

स्त्रियाँ--पुकारा जब किसीने तब सुना था
      भला विश्वास यह हमको कहाँ हो

(स्त्रियों को पकड़कर हूण खीचते हैं)

मातृगुप्त--हे प्रभु!
      हमें विश्वास दो अपना बना लो
      सदा स्वच्छन्द हों–चाहे जहाँ हों

इन निरीहों के लिये प्राण उत्सर्ग करना धर्म है। कायरो! स्त्रियों पर यह अत्याचार!!

(तलवार से बंधन काटता है। लपकते हुए एक सन्यासी का प्रवेश।)

संन्यासी–साधु! वीर! सम्हलकर खड़े हो जाओ--भगवान पर विश्वास करके खड़े हो।

मुद्गल--(पहचानता हुआ) जय हो, महाराजपुत्र गोविन्द-गुप्त की जय हो !

(सब उत्साहित होकर भिड़ जाते हैं ; हूण-सैनिक भागते हैं।)

गोविन्द०--अच्छा मुद्गल! तुम यहाँ कैसे? और युवक! तुम कौन हो?

मातृगुप्त--युवराज स्कंदगुप्त का अनुचर।

मुद्गल--वीर-पुङ्गव! इतने दिनों पर दर्शन भी हुआ तो इस वेष में!

गोविन्द०--मुद्गल! क्या कहूँ। स्कंद कहाँ है?

मातृगुप्त-उज्जयिनी में।

गोविन्द०--अच्छा है, सुरक्षित है। चलो, दुर्ग में हमारी सेना पहुँच चुकी है, वहाँ विश्राम करो। यहाँ का प्रबन्ध करके हमको शीघ्र आवश्यक कार्य से मालव जाना है। अब हूणो के आतंक का डर नहीं।

सब--जय हो राजकुमार गोविन्दगुप्त की!

गोविन्द०--पुष्यमित्रो के युद्ध का क्या परिणाम हुआ?

मातृगुप्त-विजय हुई।

गोविन्द०--और मालव का?

मुद्गल--युवराज थोड़ी सेना लेकर बन्धुवर्म्मा की सहायता के लिये गये है।

गोविन्द०--(ऊपर देखकर) वीरपुत्र है। स्कन्द! आकाश के देवता और पृथ्वी की लक्ष्मी तुम्हारी रक्षा करें। आर्य्य-साम्राज्य के तुम्ही एकमात्र भरोसा हो।

मुद्गल--तब महाराज-पुत्र! बड़ी भूख लगी है। प्राण बचते ही भूख का धावा हो गया, शीघ्र रक्षा कीजिये!

गोविन्द०--हाँ हाँ, सब लोग चलो।

[सब जाते हैं]

[अवन्ती का दुर्ग]

(देवसेना, विजया, जयमाला)

विजया--विजय किसकी होगी, कौन जानता है।

जयमाला--तुमको केवल अपने धन की रक्षा का इतना ध्यान है।

देवसेना--और देश के मान का, स्त्रियों की प्रतिष्ठा का, बच्चों की रक्षा का कुछ नही।

विजया--(संकुचित होकर) नहीं, मेरा अभिप्राय यह नहीं था।

जयमाला--परन्तु एक उपाय है।

विजया--वह क्या?

जयमाला--रक्षा का निश्चित उपाय।

देवसेना--तुम्हारे पिता ने तो उस समय नहीं माना, न सुना, नहीं तो आज इस भय का अवसर ही न आता।

जयमाला--तुम्हारी अपार धन-राशि में से एक क्षुद्र अंश, वही यदि इन धन-लोलुप शृगालों को दे दिया जाता तो••••••

विजया--किन्तु इस प्रकार अर्थ देकर विजय खरीदना तो देश की वीरता के प्रतिकूल है।

जयमाला--ठहरो, कोई आ रहा है।

(बन्धुवर्म्मा का प्रवेश)

बंधुवर्म्मा--प्रिये! अभी तक युवराज का कोई संदेश नहीं मिला। संभवतः शक और हूणों की सम्मिलित वाहिनी से आज दुर्ग की रक्षा न कर सकूँगा।

जयमाला--नाथ ! तब क्या मुझे स्कंदगुप्त का अभिनय करना होगा? क्या मालवेश को दूसरे की

सहायता पर ही राज्य करने का साहस हुआ था? जाओ प्रभु! सेना लेकर सिंह-विक्रम से सेना पर टूट पड़ो! दुर्ग-रक्षा का भार मैं लेती हूँ।

विजया--महाराज! यह केवल वाचालता है। दुर्ग-रक्षा का भार सुयोग्य सेनापति पर होना चाहिये।

बन्धुवर्म्मा--घबराओ मत श्रेष्ठ-कन्ये!

जयमाला--स्वर्ण-रत्न की चमक देखनेवाली आँखें बिजली-सी तलवारों के तेज को कब सह सकती है। श्रेष्ठि-कन्ये! हम क्षत्राणी हैं, चिरसङ्गिनी खड्गलता को हम लोगो से चिर-स्नेह है।

बन्धुवर्म्मा–प्रिये! शरणागत और विपन्न की मर्य्यादा रखनी चाहिये। अच्छा, दुर्ग का तो नही, अंतःपुर का भार तुम्हारे ऊपर है।

देवसेना--भइया, आप निश्चिन्त रहिये।

बंधुवर्म्मा--भीम दुर्ग का निरीक्षण करेगा; मैं जाता हूँ।

(जाता है)

विजया–भयानक युद्ध समीप ही जान पड़ता है, क्यों राजकुमारी!

देवसेना--तुम वीणा ले लो तो मैं कुछ गाऊँ।

विजया--हँसी न करो राजकुमारी!

जयमाला--बुरा क्या है?

विजया---युद्ध और गान!

जयमाला--युद्ध क्या गान नहीं है? रुद्र का श्रृंगीनाद, भैरवी का तांडवनृत्य, और शस्त्रों का वाद्य मिलकर भैरव-संगीत की सृष्टि होती है। जीवन के अंतिम दृश्य को जानते हुए, अपनी आँखों से देखना, जीवन-रहस्य के चरस सौन्दर्य की नम्र और भयानक वास्तविकता का अनुभव केवल सच्चे वीर-हृदय को होता है। ध्वंसमयी महामाया प्रकृति का वह निरंतर संगीत है। उसे सुनने के लिये हृदय में साहस और बल एकत्र करो। अत्याचार के शमशान में ही मङ्गल का, शिव का, सत्य सुन्दर संगीत का समारम्भ होता है।

देवसेना--तो भाभी, मैं तो गाती हूँ। एक बार गा लूँ, हमारा प्रिय गान फिर गाने को मिले या नहीं।

जयमाला--तो गाओ न।

विजया--रानी! तुम लोग आग की चिनगारियाँ हो, या स्त्री हो? देवी! ज्वालामुखी की सुन्दर लट के समान तुम लोग ......

जयमाला--सुनो, देवसेना गा रही है--

(गाना)

भरा नैनों में मन में रूप
किसी छलिया का अमल अनूप
जल-थल, मारुत, व्योम में, जो छाया है सब ओर
खोज-खोजकर खो गई मैं, पागल - प्रेम - विभोर
भाँग से भरा हुआ यह कूप
भर नैनों में मन में रूप
धमनी की तंत्री बजी, तू रहा लगाये कान
बलिहारी मैं, कौन तू है मेरा जीवन - प्रान

खेलता जैसे छाया - धूप।
भर नैनों में मन में रूप॥

(सहसा भीमवर्म्मा का प्रवेश)

भीम--भाभी, दुर्ग का द्वार टूट चुका है। हम अंत:पुर के बाहरी द्वार पर है। अब तुम लोग प्रस्तुत रहना।

जयमाला--उनका क्या समाचार है?

भीम--अभी कुछ नहीं मिला। गिरिसंकट में उन्होंने शत्रुओं के मार्ग को रोका था, परन्तु दूसरी शत्रु-सेना गुप्त मार्ग से आ गई। मैं जाता हूँ, सावधान!

(जाता है)

(नेपथ्य में कोलाहल, भयानक शब्द)

विजया--महारानी! किसी सुरक्षित स्थान में निकल चलिये।

जयमाला--(छुरी निकालकर) रक्षा करनेवाली तो पास है, डर क्या, क्यो देवसेना?

देवसेना--भाभी! श्रेष्ठि-कन्या के पास नहीं है, उन्हें भी दो।

विजया--न न न, मै लेकर क्या करूँगी, भयानक!

देवसेना--इतनी सुन्दर वस्तु क्या कलेजे में रख लेने के योग्य नहीं है?

विजया---(धड़ाके का शब्द सुनकर) ओह! तुम लोग बड़ी निर्दय हो!

जयमाला--जाओ, एक ओर छिपकर खड़ी हो जाओ!

(रक्त से लथपथ भीम का प्रवेश)

भीम--भाभी! रक्षा न हो सकी, अब तो मैं जाता हूँ। वीरों के वरणीय सम्मान को अवश्य प्राप्त करूँगा। परन्तु...

जयमाला--हम लोगों की चिन्ता न करो। वीर! स्तियो की, ब्राह्मणों की, पीड़ितों और अनाथों की रक्षा में प्राण-विसर्जन करना, क्षत्रिय का धर्म है। एक प्रलय की ज्वाला अपनी तलवार से फैला दो। भैरव के श्रृंगीनाद के समान प्रबल हुंकार से शत्रु-हृदय कँपा दो। वीर! बढ़ो, गिरो तो मध्यान्ह के भीषण सूर्य के समान!--आगे, पीछे, सर्वत्र आलोक और उज्ज्वलता रहे!

(भीम का प्रस्थान, द्वार का टूटना, विजयी शत्रु-सेनापति का प्रवेश, भीम का आकर रोकना, गिरते-गिरते भीम का जयमाला और देवसेना की सहायता से युद्ध। सहसा स्कंदगुप्त का सैनिकों के साथ प्रवेश।)

'युवराज स्कंदगुप्त की जय!'

(शक और हुण स्तम्भित होते हैं)

स्कंद०--ठहरो देवियो! स्कंद के जीवित रहते स्तियों को। शस्त्र नहीं चलाना पड़ेगा।

(युद्ध; सब पराजित और बंदी होते हैं।)

विजया--(झाँककर) अहा! कैसी भयानक और सुन्दर मूर्त्ति है!

स्कन्द--(विजया को देखकर) यह--यह कौन?

[पटाक्षेप]

द्वितीय अंक

देवसेना--इसी पृथ्वी पर है और अवश्य है।

विजया--कहाँ राजकुमारी? संसार में छल, प्रवञ्चना और हत्याओं को देखकर कभी-कभी मान ही लेना पड़ता है कि यह जगत् ही नरक है। कृतघ्ता और पाखंड का साम्राज्य यहीं है। छीना-झपटी, नोच-खसोट, मुँह में से आधी रोटी छीन कर भागनेवाले विकट जीव यहीं तो है। शमशान के कुत्तों से भी बढ़कर मनुष्यों की पतित दशा है।

देवसेना--पवित्रता की माप है मलिनता, सुख का आलोचक है दुःख, पुण्य की कसौटी है पाप। विजया! आकाश के सुन्दर नक्षत्र आँखो से केवल देखे हो जाते है; वे कुसुम-कोमल है कि वज्र-कठोर--कौन कह सकता है। आकाश में खेलती हुई कोकिल की करुणामयी तान का कोई रूप है या नहीं, उसे देख नहीं पाते। शतदल और पारिजात का सौरभ बिठा रखने की वस्तु नहीं। परन्तु संसार में ही नक्षत्र से उज्ज्वल--किन्तु कोमल-स्वर्गीय संगीत की प्रतिमा तथा स्थायी कीर्त्ति-सौरभ वाले प्राणी देखे जाते हैं! उन्हीं से स्वर्ग का अनुमान कर लिया जा सकता है।

विजया-होंगे, परन्तु मैंने नहीं देखा।

देवसेना--तुमने सचमुच कोई ऐसा व्यक्ति नहीं देखा?

विजया--नहीं तो---

देवसेना--समझकर कहो।

विजया--हाँ, समझ लिया है।

देवसेना--क्या तुम्हारा हृदय कही पराजित नहीं हुआ? विजया! विचारकर कहो, किसी भी असाधारण महत्त्व से तुम्हारा उदंड हृदय अभिभूत नहीं हुआ? यदि हुआ है तो वही स्वर्ग है। जहाँ हमारी सुन्दर कल्पना आदर्श का नीड़ बनाकर विश्राम करती है, वही स्वर्ग है। वही विहार का, वही प्रेम करने का स्थल स्वर्ग है, और वह इसी लोक में मिलता है। जिसे नहीं मिला, वह इस संसार में अभागा है।

विजया--तो राजकुमारी, मैं कह दूँ?

देवसेना--हाँ, हाँ, तुम्हें कहना ही होगा।

विजया--मुझे तो आज तक किसीको देखकर हारना नहीं पड़ा। हाँ, एक युवराज के सामने मन ढीला हुआ, परंतु मैं उसे कुछ राजकीय प्रभाव भी कहकर टाल दे सकती हूँ।

देवसेना--नहीं विजया! वह टालने से, बहला देने से, नहीं हो सकता। तुम भाग्यवती हो, देखो यदि वह स्वर्ग तुम्हारे हाथ लगे। (सामने देखकर) अरे लो! वह युवराज आ रहे हैं। हम लोग हट चलें।

(दोनों जाती हैं, स्कंदगुप्त का प्रवेश, पीछे चक्रपालित)

स्कंद०--विजय का क्षणिक उल्लास हृदय की भूख मिटा देगा? कभी नहीं। वीरों का भी क्या ही व्यवसाय है, क्या ही उन्मत्त भावना है। चक्रपालित! संसार में जो सबसे महान् है, वह क्या है? त्याग। त्याग का ही दूसरा नाम महत्त्व है। प्राणों का मोह त्याग करना वीरता का रहस्य है।

चक्र०--युवराज! संपूर्ण संसार कर्मण्य वीरों की चित्र-शाला है। वीरत्व एक स्वावलम्बी गुण है। प्राणियों का विकास संभवतः इसी विचार के ऊर्जित होने से हुआ है। जीवन मे वही तो विजयी होता है, जो दिन-रात «युद्ध्यस्व विगतज्वरः» का शंखनाद सुना करता है।

स्कंद०--चक्र! ऐसा जीवन तो विडम्बना है, जिसके लिये दिन-रात लड़ना पड़े। आकाश में जब शीतल शुभ्र शरद-शशि का विलास हो, तब भी दाँत-पर-दाँत रखे, मुट्ठियों को बाँधे हुए, लाल आँखो से एक दूसरे को घूरा करे! वसंत के मनोहर प्रभात में, निभृत कगारों में, चुपचाप बहनेवाली सरिताओं का स्रोत गरम रक्त बहाकर लाल कर दिया जाय! नहीं, नहीं चक्र! मेरी समझ में मानव-जीवन का यह उद्देश नहीं है। कोई और भी निगूढ़ रहस्य है, चाहे उसे मैं स्वयं न जान सका हूँ।

चक्र०--सावधान युवराज! प्रत्येक जीवन में कोई बड़ा काम करने के पहले ऐसे ही दुर्बल विचार आते हैं; वह तुच्छ प्राणो का मोह है। अपने को झगड़ों से अलग रखने के लिये, अपनी रक्षा के लिये, यह उसका क्षुद्र प्रयत्न होता है। अयोध्या चलने के लिये आपने कब का समय निश्चित किया है? राज सिंहासन कब तक सूना रहेगा? पुष्यमित्रों और शकों के युद्ध समाप्त हो चुके है।

स्कंद०--तुम मुझे उत्तेजित कर रहे हो।

चक्र०--हाँ युवराज! मुझे यह अधिकार है।

स्कंद०--नहीं चक्र! अश्वमेध-पराक्रम स्वर्गीय सम्राट कुमार-गुप्त का आसन मेरे योग्य नहीं है। मै झगड़ा करना नहीं चाहता, मुझे सिंहासन न चाहिये। पुरगुप्त को रहने दो। मेरा अकेला जीवन है। मुझे......

चक्र०--यह नहीं होगा। यदि राज्यशक्ति के केन्द्र में ही अन्याय होगा, तब तो समग्र राष्ट्र अन्यायों का क्रीड़ा-स्थल हो जायगा। आपको सबके अधिकारों की रक्षा के लिये अपना अधिकार सुरक्षित करना ही पड़ेगा।

(चर का आना, कुछ संकेत करना, दोनों का प्रस्थान, देवसेना और विजया का प्रवेश।)

विजया--यह क्या राजकुमारी! युवराज तो उदासीन हैं।

देवसेना--हाँ विजया, युवराज की मानसिक अवस्था कुछ बदली हुई है।

विजया--दुर्बलता इन्हें राज्य से हटा रही है।

देवसेना--कहीं तुम्हारा सोचा हुआ, युवराज के महत्त्व का परदा तो नहीं हटा रहा है? क्यों विजया! वैभव का अभाव तुम्हें खटकने तो नहीं लगा है।

विजया--राजकुमारी! तुम तो निर्दय वाक्यबाणों का प्रयोग कर रही हो।

देवसेना--नहीं विजया, बात ऐसी है। धनवानों के हाथ में माप ही एक है। वह विद्या, सौन्दर्य, बल, पवित्रता, और तो क्या, हृदय भी उसीसे मापते हैं। वह माप है-उनका ऐश्वर्य्य।

विजया--परन्तु राजकुमारी! इस उदार दृष्टि से तो चक्रपालित क्या पुरुष नहीं है? है अवश्य। वीर हृदय है, प्रशस्त वक्ष है, उदार मुखमंडल है!

देवसेना--और सबसे अच्छी एक बात है। तुम समझती हो कि वह महत्त्वाकांक्षी है। उसे तुम अपने वैभव से क्रय कर सकती हो, क्यो? भाई, तुमको लेना है, तुम स्वयं समझ लो, मेरी दलाली नहीं चलेगी।

विजया--जाओ राजकुमारी!

देवसेना--एक गाना सुनोगी?

विजया--महारानी खोजती होंगी, अब चलना चाहिये।

देवसेना--तब तुम अभी प्रेम करने का, मनुष्य फंसाने का, ठीक सिद्धांत नहीं जानती हो।

विजया--क्या?

देवसेना--नये ढंग के आभूषण, सुन्दर वसन, भरा हुआ यौवन--यह सब तो चाहिये ही, परन्तु एक वस्तु और चाहिये। सुपुरुष को वशीभूत करने के पहले चाहिये एक धोखे की टट्टी। मेरा तात्पर्य है--एक वेदना अनुभव करने का, एक विह्वलता का, अभिनय उसके मुख पर रहे जिससे कुछ आड़ी-तिरछी रेखाएँ मुख पर पड़ें, और मूर्ख मनुष्य उन्हीं को पढ़ लेने के लिये व्याकुल हो जाये। और फिर दो बूंद गरम-गरम आँसू और इसके बाद एक तान वागीश्वरी की--करुण-कोमल तान। बिना इसके सब रंग फीका--

विजया--उस समय भी गान?

देवसेना--बिना गान के कोई कार्य्य नहीं। विश्व के प्रत्येक कम्प में एक ताल है। आहा! तुमने सुना नहीं है दुर्भाग्य तुम्हारा। सुनोगी?

विजया--राजकुमारी! गाने का भी रोग होता है क्या? हाथ को ऊँचे-नीचे हिलाना, मुंह बनाकर एक भाव प्रकट करना, फिर सिर को इस ज़ोर से हिला देना जैसे उस तान से शून्य मे एक हिलोर उठ गई!

देवसेना--विजया! प्रत्येक परमाणु के मिलन में एक सम है, प्रत्येक हरी-हरी पत्ती के हिलने मे एक लय है। मनुष्य ने अपना स्वर विकृत कर रखा है, इसीसे तो उसका स्वर विश्व-वीणा में शीघ्र नहीं मिलता। पांडित्य के मारे जब देखो, जहाँ देखो, बेताल-बेसुरा बोलेगा। पक्षियों को देखो, उनकी "चहचह" "कलकल" "छलछल" मे, काकली में, रागिनी है।

विजया--राजकुमारी, क्या कह रही हो?

देवसेना--तुमने एकांत टीले पर, सबसे अलग, शरद के सुन्दर प्रभात में फूला हुआ, फूलों से लदा हुआ, पारिजात-वृक्ष देखा है?

विजया--नहीं तो। देवसेना—उसका स्वर अन्य वृक्षों से नहीं मिलता। वह अकेले अपने सौरभ की तान से दक्षिण-पवन में कम्प उत्पन्न करता है, कलियो को चटकाकर ताली बजाकर, झूम-झूमकर नाचता है। अपना नृत्य, अपना संगीत, वह स्वयं देखता है--सुनता है। उसके अंतर से जीवन-शक्ति वीणा बजाती है। वह बड़े कोमल स्वर मे गाता है--

> घने प्रेम-तरु-तले
> बैठ छाँह लो भव-आतप से तापित और जले
> छाया है विश्वास की श्रद्धा-सरिता-कूल
> सिंची आँसुओं से मृदुल है परागमय धूल
> यहाँ कौन जो छले
> फूल चू पड़े वात से भरे हृदय का घाव
> मन की कथा व्यथा-भरी बैठो सुनते जाव
> कहाँ जा रहे चले
> पी लो छवि-रस-माधुरी सींचो जीवन-बेल
> जी लो सुख से आयु-भर यह माया का खेल

　　　　　मिलो स्नेह से गले
　　　　　घने प्रेम-तरु-तले

(बन्धुवर्म्मा को प्रवेश)

देवसेना--(संकुचित होती-सी) अरे, भइया--

बंधुवर्म्मा--देवसेना, तुझे गाने का भी विचित्र रोग है।

देवसेना--रोग तो एक-न-एक सभी को लगा है। परन्तु यह रोग अच्छा है, इससे कितने रोग अच्छे किये जा सकते हैं।

बंधुवर्म्मा--पगली! जा देख, युवराज जा रहे है; कुसुमपुर से कोई समाचार आया है।

देवसेना--तब उन्हें जाना आवश्यक होगा। भाभी बुलाती हैं क्या?

बंधुवर्म्मा--हाँ, उनकी विदाई करनी होगी। संभवतः सिंहासन पर बैठने का राज्याभिषेक का-- प्रकरण होगा।

देवसेना--क्या आपको ठीक नहीं मालूम"?

बंधुवर्म्मा--नही तो; मुझसे कुछ कहा नहीं। परन्तु भौंहों के नीचे एक गहरी छाया है, वात कुछ समझ में नहीं आती।

देवसेना--भइया, तुम लोगों के पास बातें छिपा रखने का एक भारी रहस्य है। जी खोलकर कह देने में पुरुषों की मर्य्यादा घटती है। जब तुम्हारा हृदय भीतर से क्रंदन करता है, तब तुम लोग एक मुस्कराहट से उसे टाल देते हो यह बड़ी प्रवञ्चना है।

बंधुवर्म्मा--(हँसकर) अच्छा जा उधर, उपदेश मत दे।

(विजया और देवसेना जाती हैं)

बंधुवर्म्मा--उदार-वीर-हृदय, देवोपम-सौन्दर्य, इस आर्य्यावर्त्त का एकमात्र आशा-स्थल इस युवराज का विशाल मस्तक कैसी चक्र लिपियों से अङ्कित है! अंतःकरण में तीव्र अभिमान के साथ विराग है। आँखों में एक जीवन-पूर्ण ज्योति है। भविष्य के साथ इसका युद्ध होगा, देखूँ कौन विजयी होता है। परन्तु मैं प्रतिज्ञा करता हूँ कि अब से इस वीर परोपकारी के लिये मेरा सर्वस्व अर्पित है। चलूँ--

[जाता है]

[मठ में प्रपंचबुद्धि, भटार्क और शर्वनाग]

प्रपंच०–बाहर देख लो, कोई है तो नहीं।

(शर्व जाकर लौट आता है)

शर्व०--कोई नहीं, परन्तु आप इतना चौकते क्यों हैं? मै तो कभी यह चिन्ता नहीं करता कि कौन आया है या आवेगा।

प्रपंच०--तुम नहीं जानते।

शर्व०--नहीं श्रमण! मैं खड्ग हाथ में लिए प्रत्येक भविष्यत् की प्रतीक्षा करता हूँ। जो कुछ होगा, वही निबटा लेगा। इतने डर की, घबराहट की, आवश्यकता नही। विश्वास करना और देना, इतने ही लघु व्यापार से संसार की सब समस्याएं हल हो जायँगी।

प्रपंच०--प्रत्येक भित्ति के किवाड़ों के कान होते हैं; समझ लेना चाहिये, देख लेना चाहिये।

शर्व०--अच्छी बात है, कहिये।

भटार्क--तुम पहले चुप तो रहो।

(शर्व चुप रहने की मुद्रा बनाता है।)

प्रपंच०--धर्म की रक्षा करने के लिये प्रत्येक उपाय से काम लेना होगा।

शर्व०--भिक्षु-शिरोमणे! वह कौन-सा धर्म है, जिसकी हत्या हो रही है?

प्रपंच०--यही हत्या रोकना, अहिंसा, गौतम का धर्म है। यज्ञ की बलियों को रोकना, करुणा और सहानुभूति की प्रेरणा से कल्याण का प्रचार करना। हाँ, अवसर ऐसा है कि हम वह काम भी करें जिससे तुम चौंक उठो। परन्तु नहीं, वह तो तुम्हें करना ही होगा।

भटार्क--क्या?

प्रपंच०--महादेवी देवकी के कारण राजधानी में विद्रोह की संभावना है, उन्हें संसार से हटाना होगा।

शर्व०--ठीक है, तभी आप चौंकते हैं, और तभी धर्म की रक्षा होगी। हत्या के द्वारा हत्या का निषेध कर लेंगे--क्यों?

भटार्क--ठहरो शर्व! परन्तु महास्थविर! क्या इसकी अत्यंत आवश्यकता है?

प्रपंच०--नितांत।

शर्व०--बिना इसके काम ही न चलेगा, धर्म ही ना प्रचारित होगा!

प्रपंच--और यह काम शर्व को करना होगा।

शर्व०--(चौंककर) मुझे? मैं कदापि नहीं...

भटार्क--शीघ्रता न करो शर्व! भविष्यत के सुखों से इसकी तुलना करो।

शर्व०--नाप-तौल मैं नहीं जानता, मुझे शत्रु दिखा दो। मैं भूखे भेड़िये की भांति उसका रक्तपान कर लूँगा, चाहे मैं ही क्यों न मारा जाऊँ; परन्तु निरीह हत्या--यह मुझसे नहीं••••••

भटार्क--मेरी आज्ञा।

शर्व--तुम सैनिक हो, उठाओ तलवार। चलो, दो सहस्र शत्रुओं पर हम दो मनुष्य आक्रमण करें। देखें, मरने से कौन भागता है। कायरता! अबला महादेवी की हत्या! किस प्रलोभन में तुम पिशाच बन रहे हो?

भटार्क--सावधान शर्व! इस चक्र से तुम नहीं निकल सकते। या तो करो या मरो। मैं सज्जनता का स्वांग नहीं ले सकता, मुझे वह नहीं भाता। मुझे कुछ लेना है, वह जैसे मिलेगा--लूँगा। साथ दोगे तो तुम भी लाभ में रहोगे।

शर्व--नहीं भटार्क! लाभ ही के लिये मनुष्य सब काम करता, तो पशु बना रहना ही उसके लिये पर्याप्त था। मुझसे यह काम नहीं होने का!

प्रपंच०--ठहरो भटार्क! मुझे पूछने दो। क्यों शर्व! तुमने जो यह अस्वीकार किया है, वह क्यों? पाप समझकर?

शर्व०--अवश्य।

प्रपंच--तुम किसी कर्म को पाप नहीं कह सकते; वह अपने नग्न रूप में पूर्ण है, पवित्र है। संसार ही युद्धक्षेत्र है, इसमें पराजित होकर शस्त्र अर्पण करके जीने से क्या लाभ? तुम युद्ध में हत्या करना

धर्म्म समझते हो, परन्तु दूसरे स्थल पर अधर्म्म?

शर्व०--हाँ।

प्रपंच०--मार डालना, प्राणी का अन्त कर देना, दोनों स्थलों में एक-सा है, केवल देश और काल का भेद है। यही न?

शर्व०--हाँ, ऐसा ही तो।

प्रपंच०--तब तुम स्थान और समय की कसौटी पर कर्म्म को परखते हो, इसीसे कर्म्म के अच्छे और बुरे होने की जाँच करते हो।

शर्व०--दूसरा उपाय क्या?

प्रपंच--है क्यों नहीं। हम कर्म की जाँच परिणाम से करते हैं, और यही उद्देश तुम्हारे स्थान और समयवाली जाँच का होगा।

शर्व--परन्तु जिसके भावी परिणाम को अभी तुम देख न सके, उसके बल पर तुम कैसे पूर्व कार्य कर सकते हो?

प्रपंच०--आशा पर, जो सृष्टि का रहस्य है। आओ इसका एक प्रत्यक्ष उदाहरण दें। (मदिरा का पात्र भरता है, स्वयं पीकर सबको पिलाता है; चार-बार ऐसा करता है।)

प्रपंच०--क्यों, कैसी कड़वी थी?

शर्व०--उँह, हृदय तक लकीर खिंच गई!

भटार्क--परन्तु अब तो एक आनन्द का स्रोत हृदय में बहने लगा है।

शर्व०--मैं नाचूँ? (उठना चाहता है)

प्रपंच०--ठहरो, मेरे साथ।

(उठकर दोनों नाचते हैं, अकस्मात लड़खड़ाकर प्रपंचबुद्धि गिर पड़ता है, चोट लगती है।)

भटार्क--अरेरे! (सम्हलकर उठाता है)

प्रपंच०--कुछ चिन्ता नहीं।

शर्व०--बड़ी चोट आई।

प्रपंच०--परन्तु परिणाम अच्छा हुआ। तुम लोगों पर भारी विपत्ति आनेवाली थी।

भटार्क--वह टल गई क्या? (आश्चर्य्य से देखता है)

शर्व०--क्यों सेनापति! टल गई?

प्रपंच०--उस विपत्ति का निवारण करने के लिये ही मैंने यह कष्ट सहा। मै तुम लोगों के भूत, भविष्य और वर्तमान का नियामक, रक्षक और द्रष्टा हूँ। जाओ, अब तुम लोग निर्भय हो।

भटार्क--धन्य गुरुदेव!

शर्व०--आश्चर्य!

भटार्क--शंका न करो, श्रद्धा करो; श्रद्धा का फल मिलेगा। शर्व! अब भी तुम विश्वास नहीं करते?

शर्व०--करता हूँ। जो आज्ञा होगी वहीं करूँगा।

प्रपंच०--अच्छी बात है, चलो--

(सब जाते हैं, धातुसेन का प्रवेश)

धातुसेन--मैं अभी यहीं रह गया, सिंहल नहीं गया। इस रहस्यपूर्ण अभिनय को देखने की इच्छा बलवती हुई। परन्तु मुद्गल तो अभी नहीं आया, यहीं तो आने को था। (देखता है) लो, वह आ गया!

मुद्गल--क्यों भइया, तुम्हीं धातुसेन हो?

धातु०--(हँसकर) पहचानते नहीं?

मुद्गल--किसीकी धातु पहचानना बड़ा असाधारण कार्य है। तुम किस धातु के हो?

धातु०--भाई, सोना अत्यंत घन होता है, बहुत शीघ्र गरम होता है, और हवा लग जाने से शीतल हो जाता है। मूल्य भी बहुत लगता है। इतने पर भी सिर पर बोझ-सा रहता है। मैं सोना नहीं हूँ, क्योंकि उसकी रक्षा के लिये भी एक धातु की आवश्यकता होती है, वह है 'लोहा'।

मुद्गल--तब तुम लोहे के हो?

धातु०--लोहा बड़ा कठोर होता है। कभी-कभी वह लोहे को भी काट डालता है। उहूँ, भाई! मैं तो मिट्टी हूँ-मिट्टी, जिसमें से सब निकलते हैं। मेरी समझ में तो मेरे शरीर की धातु मिट्टी है, जो किसीके लोभ की सामग्री नहीं, और वास्तव में उसीके लिये सब धातु अस्त्र बनकर चलते हैं, लड़ते है, जलते हैं, टूटते हैं, फिर मिट्टी होते हैं! इसलिये मुझे मिट्टी समझो-धूल समझो। परन्तु यह तो बताओ, महादेवी की मुक्ति के लिये क्या उपाय सोचा?

मुद्गल--मुक्ति का उपाय! अरे ब्राह्मण की मुक्ति भोजन करते हुए मरने में, बनियों की दिवालों की चोट से गिर जाने में, और शूद्रों की--हम तीनों की ठोकरों से मुक्ति-ही-मुक्ति है। महादेवी तो क्षत्राणी है, संभवतः उनकी मुक्ति शस्त्र से होगी।

धातु०--तुमने ठीक सोचा। आज अर्द्धरात्रि में, कारागार में।

मुद्गल--कुछ चिन्ता नहीं, युवराज आ गये हैं।

धातु०--मैं भी प्रस्तुत रहूँगा।

(दोनों जाते हैं)

[पट-परिवर्तन]

[देवकी के राजमन्दिर का बाहरी भाग]

(मदिरोन्मत्त शर्वनाग का प्रवेश)

शर्व०--कादम्ब, कामिनी, कञ्चन-वर्णमाला के पहले अक्षर! करना होगा, इन्ही के लिये कर्म करना होगा। मनुष्य को यदि इन कवर्गों की चोट नहीं तो कर्म क्यों करे? "कर्म" में एक 'कु' और जोड़ दें। लो, अच्छी वर्णमैत्री होगी!

कादम्ब! ओह प्यास! (प्याले से मदिरा उड़ेलता है) लाल-यह क्या रक्त? आह! कैसी भीषण कमनीयता है! लाल मदिरा लाल नेत्रों से लाल-लाल रक्त देखना चाहती है। किसका? एक प्राणी का, जिसके कोमल मांस में रक्त मिला हो। अरेरे, नहीं, दुर्बल नारी। ऊँह, यह तेरी दुर्बलता है। चल अपना काम देख, देख-सामने सोने को संसार खड़ा है!

(रामा का प्रवेश)

रामा--पामर! सोने की लंका राख हो गई।

शर्व०--उसमें मदिरा न रही होगी सुंदरी!

रामा--मदिरा का समुद्र उफनकर बह रहा था--मदिरा-समुद्र के तट पर ही लंका बसी थी!

शर्व०--तब उसमें तुम-जैसी कोई कामिनी न होगी। तुम कौन हो--स्वर्ग की अप्सरा या स्वप्न की

चुड़ैल?

रामा--स्त्री को देखते ही ढिलमिल हुए, आँखें फाड़कर देखते हैं--जैसे खा जायेंगे! मैं कोई हूँ!

शर्व०--सुंदरी! यह तुम्हारा ही दोष है। तुम लोगो का वेश-विन्यास, आँखों की लुका-चोरी, अंगों का सिमटना, चलने में एक क्रीड़ा; एक कौतूहल, पुकारकर--टोककर कहते हैं--"हमें देखो!" हम क्या करें, देखते ही बनता है!

रामा--दुर्वृत्त मद्यप! तू अपनी स्त्री को भी नहीं पहचानता है--परस्त्री समझकर उसे छेड़ता है!

शर्व०--(सम्हलकर) अयँ! अरे ओह! मेरी रामा, तुम हो?

रामा०--हाँ, मैं हूँ।

शर्व०--(हँसकर) तभी तो मैं तुमको जानकर ही बोला, नहीं भला मैं किसी परस्त्री से--(जीभ निकालकर कान पकड़ता है)

रामा--अच्छा, यह तो बताओ, कादम्ब पीना कहाँ से सीखा है? और यह क्या बकते थे?

शर्व०--अरे प्रिये! तुमसे न कहूँगा तो किससे कहूँगा, सुनो--

रामा--हाँ हाँ, कहो।

शर्व०--तुमको रानी बनाऊँगा।

रामा--(चौंककर) क्या?

शर्व०--तुम्हें सोने से लाद दूंगा।

रामा--किस तरह?

शर्व०--वह भी बतला दूँ? तम नित्य कहती आती हो कि «तू निकम्मा है, अपदार्थ है, कुछ नहीं है»--तो मैं कुछ कर दिखाना चाहता हूँ!

रामा--अरे कहो भी।

शर्व०--वह पीछे बताऊँगा। आज तुम महादेवी के बंदीगृह में न जाना, समझी न? रामा-- (उत्सुकता से) क्यों?

शर्व०--सोना लेना हो, मान लेना हो, तो ऐसा ही करना; क्योंकि आज वहाँ जो कांड होगा, तुम उसे देख न सकोगी। तुम अभी इसी स्थान से लौट जाओ!

रामा--(डरती हुई) क्या करोगे? तुम पिशाच की **दुष्कामना** से भी भयानक दिखाई देते हो! तुम क्या करोगे? बोलो।

शर्व०--(मद्यपान करता हुआ) हत्या! थोड़ी-सी मदिरा दे, शीघ्र दे, नहीं तो छुरा भोंक दूँगा। ओह, मेरा नशा उखड़ा जा रहा है।

रामा--आज तुम्हें क्या हो गया है! मेरे स्वामी! मेरे......

शर्व०--अभी मैं तेरा कुछ नहीं हूँ। सोना मिलने से हो जाऊँगा, इसीका उद्योग कर रहा हूँ।

(इधर-उधर देखकर, बगल से सुराही निकालकर पीता है)

रामा--ओह! मैं समझ गई! तूने बेच दिया--पिशाच के हाथ तूने अपने को बेच दिया। अहा! ऐसा सुन्दर, ऐसा मनुष्योचित मन, कौड़ी के मोल बेच दिया। लोभ-वश मनुष्य से पशु हो गया है। रक्त-पिपासु! क्रूरकर्म्मा मनुष्य! कृतघ्नता की कीच का कीड़ा! नरक की दुर्गंध! तेरी इच्छा कदापि पूर्ण न होने दूँगी। मेरे रक्त के प्रत्येक परमाणु में जिसकी कृपा की शक्ति है, जिसके स्नेह का आकर्षण है,

उसके प्रतिकूल आचरण! वह मेरा पति तो क्या, स्वयं ईश्वर भी हो, नहीं करने पावेगा।

शर्व०--क्या तू--ओ--तूँ...

रामा--हाँ-हाँ, मैं न होने दूँगी। मुझे ही मार ले हत्यारे! मद्यप! तेरी रक्त-पिपासा शान्त हो जाय। परन्तु महादेवी पर हाथ लगाया तो मैं पिशाचिनी-सी प्रलय की काली आँधी बनकर कुचक्रियों के जीवन की काली राख अपने शरीर में लपेटकर तांडव नृत्य करूँगी! मान जा, इसी में तेरा भला है।

शर्व०--अच्छा, तू इसमें विघ्न डालेगी। तू तो क्या, विघ्नों का पहाड़ भी होगा तो ठोकरों से हटा दिया जायगा। मुझे सोना और सम्मान मिलने में कौन बाधा देगा?

रामा--मैं दूँगी। सोना मैं नहीं चाहती, मान मैं नहीं चाहती, मुझे अपना स्वामी अपने उसी मनुष्य-रूप में चाहिये। (पैर पड़ती है) स्वामी! हिंस्र पशु भी जिनसे पाले जाते हैं, उनपर चोट नहीं करते; अरे तुम तो मस्तिष्क रखनेवाले मनुष्य हो।

शर्व०--(ठुकरा देता है) जा, तू हट जा, नहीं तो मुझे एक के स्थान पर दो हत्याएँ करनी पड़ेंगी! मै प्रतिश्रुत हूँ, वचन दे चुका हूँ!

रामा--(प्रार्थना करती हुई) तुम्हारा यह झूठा सत्य है। ऐसी प्रतिज्ञाओं का पालन सत्य नहीं कहा जा सकता; ऐसे धोखे के सत्य लेकर ही संसार में पाप और असत्य बढ़ते हैं। स्वामी! मान जाओ।

शर्व०--ओह, विलंब होता है, तो पहले तू ही ले-- (पकड़ना और मारना चाहता है; रामा शीघ्रता से हाथ छुड़ाकर भाग जाती है।)

(अनंतदेवी, प्रपंचबुद्धि और भटार्क का प्रवेश)

भटार्क--शर्व!

शर्व०--जय हो! मै प्रस्तुत हूँ; परंतु मेरी स्त्री इसमें बाधा डालना चाहती है। मैं पहले उसीको पकड़ना चाहता था, परंतु वह भगी।

अनंतदेवी--सौगन्द है! यदि तू विश्वासघात करेगा तो कुत्तों से नुचवा दिया जायगा।

प्रपंच०--शर्व! तुम तो स्त्री नहीं हो।

शर्व०--नहीं, मैं प्रतिश्रुत हूँ। परंतु......

भटार्क--तुम्हारी पद-वृद्धि और पुरस्कार का प्रमाण-पत्र यह प्रस्तुत है। (दिखाता है) काम हो जाने पर---

शर्व०--तब शीघ्र चलिये, दुष्टा रामा भीतर पहुँच गई होगी।

[सब जाते हैं]
[बंदीगृह में देवकी और रामा]

रामा--महादेवी! मैं लज्जा के गर्त में डूब रही हूँ। मुझे कृतज्ञता और सेवा-धर्म धिक्कार दे रहे हैं। मेरा स्वामी......

देवकी--शांत हो रामा! बुरे दिन कहते किसे हैं? जब स्वजन लोग अपने शील-शिष्टाचार का पालन करें--आत्मसमर्पण, सहानुभूति, सत्पथ का अवलम्बन करें, तो दुर्दिन का साहस नहीं कि उस कुटुम्ब की ओर आँख उठाकर देखे। इसलिये इस कठोर समय में भगवान की स्निग्ध करुणा का शीतल ध्यान कर।

रामा--महादेवी! परन्तु आपकी क्या दशा होगी?

देवकी--मेरी दशा? मेरी लाज का बोझ उसीपर है, जिसने वचन दिया है, जिस विपद्-भंजन की

असीम दया अपना स्निग्ध अञ्चल सब दुखियों के आँसू पोंछने के लिये सदैव हाथ में लिए रहती है।

रामा--परन्तु उसने पिशाच का प्रतिनिधित्व ग्रहण किया है, और...

देवकी--न घबरा रामा! एक पिशाच नहीं, नरक के असंख्य दुर्दान्त प्रेत और क्रूर पिशाचों का त्रास और उनकी ज्वाला दयामय की कृपादृष्टि के एक बिन्द से शान्त होती है।

(नेपथ्य से गाना)

पालना बनें प्रलय की लहरें
शीतल हो ज्वाला की आँधी
करुणा के घन छहरें
दया दुलार में पल भर भी
विपदा पास न ठहरे
प्रभु का हो विश्वास सत्य तो
सुख का केतन फहरे

(भटार्क आदि के साथ अनंतदेवी का प्रवेश)

अनंत०--परन्तु व्यंग की विषज्वाला रक्त-धारा से भी नहीं बुझती देवकी! तुम मरने के लिये प्रस्तुत हो जाओ।

देवकी--क्या तुम मेरी हत्या करोगी?

प्रपंचबुद्धि--हाँ। सद्धर्म्म का विरोधी, हिमालय की निर्जन ऊँची चोटी तथा अगाध समुद्र के अंतस्तल में भी, नहीं बचने पावेगा; और उस महाबलिदान का आरम्भ तुम्ही से होगा। शर्व! आगे बढ़ो।

रामा--एक शर्व नहीं, तुम्हारे-जैसे सैकड़ों पिशाच भी यदि जुटकर आवें, तो आज महादेवी का अंगस्पर्श कोई न कर सकेगा।

(छुरी निकालती है)

शर्व--मैं तेरा स्वामी हूँ रामा! क्या तू मेरी हत्या करेगी?

रामा--ओह! बड़ी धर्म्मबुद्धि जगी है पिशाच को, और यह महादेवी तेरी कौन है?

शर्व०--फिर भी मैं तेरा......

रामा--स्वामी? नहीं-नहीं, तू मेरे स्वामी की नरक-निवासिनी प्रेतात्मा है। तेरी हत्या कैसी--तू तो कभी का मर चुका है।

देवकी--शांत हो रामा! देवकी अपने रक्त के बदले और किसीका रक्त नहीं गिराना चाहती। चल रे रक्त के प्यासे कुत्ते! चल, अपना काम कर।

(शर्व आगे बढ़ता है)

अनंतदेवी--क्यों देवकी! राजसिंहासन लेने की स्पर्धा क्या हुई?

देवकी--परमात्मा की कृपा है कि मैं स्वामी के रक्त से कलुषित सिंहासन पर न बैठ सकी।

भटार्क--भगवान का स्मरण कर लो।

देवकी--मेरे अंतर की करुण कामना एक थी कि "स्कंद" को देख लूँ। परन्तु तुम लोगों से, हत्यारों से, मैं उसके लिये भी प्रार्थना न करूँगी। प्रार्थना उसी विश्वम्भर के श्रीचरणों में है; जो अपनी अनंत दया का अभेद्य कवच पहनाकर मेरे स्कन्द को सदैव सुरक्षित रक्खेगा।

शर्व--अच्छा तो (खड्ग उठाता है, रामा सामने आकर खड़ी हो जाती है) हट जा अभागिनी!

रामा--मूर्ख! अभागा कौन है? जो संसार के सबसे पवित्र धर्म कृतज्ञता को भूल जाता है, और भूल जाता है कि सबके ऊपर एक अटल अदृष्ट का नियामक सर्वशक्तिमान् है; वह या मैं?

शर्व०--कहता हूँ कि अपनी लोथ मुझे पैरों से न ठुकराने दे!

रामा--टुकड़े का लोभी! तू सती का अपमान करे, यह तेरी स्पर्धा? तू कीड़ो से भी तुच्छ है। पहले मैं मरूँगी, तब महादेवी।

अनन्त०--(क्रोध से) तो पहले इसीका अंत करो शर्व। शीघ्रता करो।

शर्व०--अच्छा तो वही होगा। (प्रहार करने पर उद्यत होता है)

(किवाड़ तोड़कर स्कंद भीतर घुस आता है--पीछे मुद्गल और धातुसेन। आते ही शर्वनाग की गर्दन दबाकर तलवार छीन लेता है।)

स्कंद०--(भटार्क से) क्यों रे नीच पशु! तेरी क्या इच्छा है?

भटार्क--राजकुमार! वीर के प्रति उचित व्यवहार होना चाहिये।

स्कंद--तू वीर है? अर्द्धरात्रि में निस्सहाय अबला महादेवी की हत्या के उद्देश से घुसनेवाला चोर ! तुझे भी वीरता का अभिमान है? तो द्वंद्वयुद्ध के लिये आमंत्रित करता हूँ-बचा अपनेको!

(भटार्क दो-एक हाथ चलाकर घायल होकर गिरता है।)

स्कंद०--मेरी सौतेली माँ ! तुम..?

अनंत०---स्कंद ! फिर भी मै तुम्हारे पिता की पत्नी हैं।

(घुटनों के बल बैठकर हाथ जोड़ती हुई)

स्कंद०--अनंतदेवी! कुसुमपुर में पुरगुप्त को लेकर चुपचाप बैठी रहो। जाओ मैं स्त्री पर हाथ नहीं उठाता, परन्तु सावधान! विद्रोह की इच्छा न करना, नहीं तो क्षमा असम्भव है।

"अहा! मेरी माँ!"

देवकी--(आलिंगन करके) आओ मेरे वत्स!

[अवन्ती-दुर्ग का एक भाग; बंधुवर्मा, भीमवम और जयमाला का प्रवेश]

बंधुवर्म्मा--वत्स भीम! बोलो, तुम्हारी क्या सम्मति है?

भीम०--तात! आपकी इच्छा; मैं आपका अनुचर हूँ।

जयमाला--परन्तु इसकी आवश्यकता ही क्या है? उनका इतना बड़ा साम्राज्य है, तब भी क्यों मालव ही के बिना काम न चलेगा ?

बंधु०--देवी! केवल स्वार्थ देखने का अवसर नहीं है। यह ठीक है कि शकों के पतन-काल में पुष्करणाधिपति स्वर्गीय महाराज सिंहवर्म्मा ने एक स्वतंत्र राज्य स्थापित किया, और उनके वंशधर ही उस राज्य के स्वत्वाधिकारी हैं; परन्तु उस राज्य का ध्वंस हो चुका था, म्लेच्छो की सम्मिलित वाहिनी उसे धूल में मिला चुकी थी; उस समय तुम लोगो को केवल आत्म-हत्या का ही अवलम्ब निःशेष था, तब इन्हीं स्कंदगुप्त ने रक्षा की थी। यह राज्य अब न्याय से उन्हीं का है।

भीम०--परन्तु क्या वे माँगते है? बंधु०--नहीं भीम! युवराज स्कंदगुप्त ऐसे क्षुद्र हृदय के नहीं; उन्होंने पुरगुप्त को इस जघन्य अपराध पर भी मगध का शासक बना दिया है। वह तो सिंहासन भी नहीं लेना चाहते।

जयमाला--परन्तु तुम्हारा मालव उन्हे प्रिय है!

बंधु०-देवी, तुम नहीं देखती हो कि आर्य्यावर्त्त पर विपत्ति की प्रलय-मेघचमाला घिर रही है; आर्य साम्राज्य के अन्तर्विरोध और दुर्बलता को आक्रमणकारी भलीभांति जान गये हैं। शीघ्र ही देशव्यापी युद्ध की संभावना है। इसलिये यह मेरी ही सम्मति है कि साम्राज्य को सुव्यवस्था के लिये, आर्य्य-राष्ट्र के त्राण के लिये, युवराज उज्जयिनी में रहें। इसमें सबका कल्याण है। आर्य्यावर्त्त का जीवन केवल स्कंदगुप्त के कल्याण से है। और, उज्जयिनी मे साम्राज्याभिषेक का अनुष्ठान होगा, सम्राट होंगे स्कंदगुप्त।

जयमाला--आर्य्यापुत्र! अपना पैतृक राज्य इस प्रकार दूसरों के पदतल में निस्संकोच अर्पित करते हुए हृदय काँपता नहीं है? क्या फिर उन्हीं की सेवा करते हुए दास के समान जीवन व्यतीत करना होगा?

बंधु०--(सिर झुकाकर सोचते हुए) तुम कृतघ्नता का समर्थन करोगी, वैभव और ऐश्वर्य्य के लिये ऐसा कदर्य्य प्रस्ताव करोगी, इसका मुझे स्वप्न में भी ध्यान न था!

जयमाला--यदि होता?

बंधु०--तब मैं इस कुटुम्ब की कमनीय कल्पना को दूर ही से नमस्कार करता और आजीवन अविवाहित रहता। क्षत्रिये! जो केवल खड्ग का अवलंब रखनेवाले है--सैनिक है, उन्हें विलास की सामग्रियों का लोभ नहीं रहता। सिंहासन पर, मुलायम गद्दों पर लेटने के लिये या अकर्म्मण्यता और शरीर पोषण के लिये क्षत्रियों ने लोहे को अपना आभूषण नहीं बनाया है।

भीम०--भइया! तब?

बंधु-भीम! क्षत्रियों का कर्तव्य है-आर्त्त-त्राण-परायण होना, विपद का हँसते हुए आलिंगन करना, विभीषि काओं की मुसक्या कर अवहेला करना, और--और विपन्नों के लिये, अपने धर्म्म के लिये, देश के लिये प्राण देना!

(देवसेना का सहसा प्रवेश)

देवसेना--भाभी! सर्वात्मा के स्वर में, आत्म-समर्पण के प्रत्येक ताल में, अपने विशिष्ट व्यक्तित्व का विस्मृत हो जाना--एक मनोहर संगीत है। क्षुद्र स्वार्थ, भाभी, जाने दो; भइया को देखो--कैसा उदार, कैसा महान् और कितना-पवित्र!

जयमाला--देवसेना! समष्टि में भी व्यष्टि रहता है। व्यक्तियो से ही जाति बनती है। विश्व प्रेम, सर्वभूत-हित-कामना परम धर्म है; परन्तु इसको अर्थ यह नहीं हो सकता कि अपने पर प्रेम न हो। इस अपने ने क्या अन्याय किया है जो इसका बहिष्कार हो?

बंधु०--ठहरो जयमाला! इसी क्षुद्र ममत्व ने हमको दुष्ट भावना की ओर प्रेरित किया है, इसीसे हम स्वार्थ का समर्थन करते हैं। इसे छोड़ दो जयमाला! इसके वशीभूत होकर हस अत्यन्त पवित्र वस्तुओं से बहुत दूर होते जाते हैं। बलिदान करने के योग्य वह नहीं, जिसने अपना आपा नहीं खोया।

भीम--भाभी! अब तक न करो। समस्त देश के कल्याण के लिये--एक कुटुम्ब की भी नहीं, उसके क्षुद्र स्वार्थों की बलि होने दो। भाभी! हृदय नाच उठा है, जाने दो इस नीच प्रस्ताव को। देखो--हमारा आर्य्यावर्त्त विपन्न है, यदि हम मर-मिटकर भी इसकी कुछ सेवा कर सकें•••••• जयमाला-- जब सभी लोगों की ऐसी इच्छा है, तब मुझे क्या।

बंधु०--तब मालवेश्वरी की जय हो! तुम्हीं इस सिंहासन पर बैठो। बंधुवर्मा तो आज से आर्य्य-साम्राज्य-सेना का एक साधारण पदातिक सैनिक है। तुम्हें तुम्हारा ऐश्वर्य सुखद हो।

(जाना चाहता है)

भीम०--ठहरो भइया, हम भी चलते है।

चक्रपालित--(प्रवेश करके)--धन्य वीर! तुमने क्षत्रिय का सिर ऊँचा किया है। बंधुवर्मा! आज तुम महान् हो, हम तुम्हारा अभिनन्दन करते हैं। रण में, वन में, विपत्ति में, आनन्द में, हम सब समभागी होंगे। धन्य तुम्हारी जननी जिसने आर्य्यराष्ट्र का ऐसा शूर सैनिक उत्पन्न किया।

बंधु०--स्वागत चक्र! मालवेश्वरी की जय हो! अब हम सब सैनिक जाते हैं!

चक्र०--ठहरो बंधु! एक सुखद समाचार सुन लो। पिताजी का अभी-अभी पत्र आया है कि सौराष्ट्र के शकों को निर्मूल करके परम भट्टारक मालव के लिये प्रस्थान कर चुके है।

बंधु०--संभवतः महाराजपुत्र उत्तरापथ की सीमा की रक्षा करेंगे।

चक्र०--हाँ बंधु!

देवसेना--चलो भाई, मै भी तुम लोगों की सेवा करूँगी।

जयमाला--(घुटने टेककर) मालवेश्वर की जय हो! प्रजा ने अपराध किया है, दंड दीजिये। पतिदेव! आपकी दासी क्षमा माँगती है। मेरी आँखें खुल गईं। आज हमने जो राज्य पाया है, वह विश्व-साम्राज्य से भी ऊँचा है-महान् है। मेरे स्वामी और ऐसे महान्! धन्य हूँ मैं······

[बंधुवर्मा सिर पर हाथ रखता है]

[पथ में भटार्क और उसकी माता]

कमला-- तू मेरा पुत्र है कि नहीं?

भटार्क--- माँ! संसार में इतना ही तो स्थिर सत्य है, और मुझे इतने ही पर विश्वास है। संसार के समस्त लांछनों का मैं तिरस्कार करता हूँ, किस लिये? केवल इसीलिये कि तू मेरी माँ है, और वह जीवित है।

कमला-- और मुझे इसका दुःख है कि मैं मर क्यों न गई; मैं क्यों अपने कलङ्क-पूर्ण जीवन को पालती रही। भटार्क! तेरी माँ को एक ही आशा थी कि पुत्र देश का सेवक होगा, म्लेच्छों से पददलित भारतभूमि का उद्धार करके मेरा कलङ्क धो डालेगा; मेरा सिर ऊँचा होगा। परंतु हाय!

भटार्क-- माँ! तो तुम्हारी आशाओं के मैने विफल किया? क्या मेरी खड्गलता आग के फूल नहीं बरसाती? क्या मेरे रण-नाद वज्र-ध्वनि के समान शत्रु के कलेजे नहीं कँपा देते? क्या तेरे भटार्क का लोहा भारत के क्षत्रिय नहीं मानते?

कमला-- मानते हैं, इसीसे तो और ग्लानि है।

भटार्क-- घर लौट चलो माँ! ग्लानि क्यों है?

कमला-- इसलिये कि तू देशद्रोही है। तू राजकुल की शांति का प्रलय-मेघ बन गया, और तू साम्राज्य के कुचक्रियों में से एक है। ओह! नीच! कृतघ्न!! कमला कलङ्किनी हो सकती है, परंतु यह नीचता, कृतघ्नता, उसके रक्त में नही। (रोती है)

(विजया का प्रवेश)

विजया-- माता! तुम क्या रो रही हो? (भटार्क की ओर देख कर) और यह कौन है? क्यों जी! तुमने इस वृद्धा को क्यों अपमान किया है?

कमला-- देवी! यह मेरा पुत्र था।

विजया-- था! क्या अब नहीं?

कमला-- नहीं, इसने महाबलाधिकृत होने की लालच में अपने हाथ-पैर पाप-श्रृंखला में जकड़ दिये; अब फिर भी उज्जयिनी में आया है-- किसी षड्यन्त्र के लिये!

विजया-- कौन, तुम महाबलाधिकृत भटार्क हो? और तुम्हारी माता की यह दीन दशा!

कमला-- ना बेटी! उससे कुछ मत कहो, मैं स्वयं इसका ऐश्वर्य्य त्यागकर चली आई हूँ। महाकाल के मंदिर में भिक्षाग्रहण करके इसी उज्जयिनी में पड़ी रहूँगी, परंतु इससे•••

भटार्क-- माँ! अब और न लज्जित करो। चलो--घर चलूँ।

विजया-- (स्वगत) अहा! कैसी वीरत्व-व्यंजक मनोहर मूर्ति है। और गुप्त-साम्राज्य का महाबलाधिकृत!

कमला-- इस पिशाच ने छलना के लिये रूप बदला है। सम्राट का अभिषेक होनेवाला है, यह उसीसे कोई प्रपञ्च रचने आया है। मेरी कोई न सुनेगा, नहीं तो मैं स्वयं इसे दंडनायक को समर्पित कर देती।

(सहसा मातृगुप्त, मुद्गल और गोविन्दगुप्त का प्रवेश)

""कौन! भटार्क? अरे यहाँ भी!!"

(भटार्क तलवार निकालता है, गोविन्दगुप्त उसके हाथ से तलवार छीन लेते हैं।)

मुद्गल--महाराजपुत्र गोविन्दगुप्त की जय!

गोविन्द०--कृतघ्न! वीरता उन्माद नहीं है, आँधी नहीं है, जो उचित-अनुचित का विचार न करती हो। केवल शस्त्र-बल पर टिकी हुई वीरता बिना पैर की होती है। उसकी दृढ़ भित्ति है--न्याय। तू उसे कुचलने पर सिर ऊँचा उठाकर नहीं रह सकता है। मातृगुप्त! बन्दी करो इसे।

"और तुम कौन हो भद्रे?"

कमला--मैं इस कृतघ्न की माता हूँ। अच्छा हुआ, मैं तो स्वयं यही विचार करती थी।

गोविन्द०--यह तो मैंने अपने कानों से सुना। धन्य हो देवी! तुम-जैसी जननियाँ जब तक उत्पन्न होंगी, तब तक आर्य्य-राष्ट्र का विनाश असम्भव है।

"और यह युवती कौन है?"

कमला--मुझे सहायता देतो थी, कोई अभिजात कुल की कन्या है। इसका कोई अपराध नहीं।

मुद्गल--अरे राम! यह भी अवश्य कोई भयानक स्त्री होगी!

मातृगुप्त--परंतु यह अपना कोई परिचय भी नहीं दे रही है!

विजया--मैं अपराधिनी हूँ; मुझे भी बंदी करो।

भटार्क--यह क्यों, इस युवती से तो मैं परिचित भी नहीं हूँ; इसका कोई अपराध नहीं।

विजया--(स्वगत) ओह! इस आनंद-महोत्सव में मुझे कौन पूछता है, मै मालव में अब किस काम की हूँ! जिसके भाई ने समस्त राज्य अर्पण कर दिया है--वह देवसेना और कहाँ मैं! तब तो मेरा यही... (भटार्क की ओर देखती है)

गोविन्द०--भद्रे! तुम अपना स्पष्ट परिचय दो।

विजया--मैं अपराधिनी हूँ।

मातृगुप्त--परंतु तुम्हारा और भी कोई परिचय है?

विजया--यही कि मै बन्दी होने की अभिलाषिनी हूँ।

कमला--वत्से! तुम अकारण क्यों दुःख उठाती हो?

विजया--मेरी इच्छा। मुझे बंदी कीजिये। मैं अपना परिचय न्यायाधिकरण में दूँगी। यहाँ मै कुछ न कहुँगी। मेरा यहाँ अपमान किया जायगा तो आर्य्यराष्ट्र के नाम पर मैं तुम लोगों पर अभियोग लगाऊँगी।

गोविंद०--क्यों भटार्क! यदि तुम्हीं कुछ कहते--

भटार्क--मैं कुछ नही जानता कि यह कौन है। मुझे भी विलम्ब हो रहा है, शीघ्र न्यायाधिकरण में ले चलिये।

मुद्गल--और वृद्धा कमला?

गोविन्द०--वह बंदी नहीं है, परंतु एक बार स्कंद के समक्ष उसे चलना होगा।

मातृगुप्त--तो फिर सब चलें, अभिषेक का समय भी समीप है।

[सब जाते हैं]

[राजसभा]

(बंधुवर्म्मा, भीमवर्म्मा, मातृगुप्त तथा मुद्गल के साथ स्कंदगुप्त का एक ओर से और दूसरी ओर से गोविंदगुप्त का प्रवेश।)

स्कन्द०--(बीच में खड़ा होकर) तात! कहाँ थे? इस बालक पर अकारण क्रोध करके कहाँ छिपे थे?

(चरण-वंदन करता है)

गोविन्द०--उठो वत्स! आर्य्य चन्द्रगुप्त की अनुपम प्रतिकृति! गुप्तकुल-तिलक! भाई से मैं रूठ गया था, परन्तु तुमसे कदापि नहीं; तुम मेरो आत्मा हो वत्स! (आलिङ्गन करता है। अनुचरियों के साथ देवकी का प्रवेश, स्कंद देवकी का चरणवन्दन करता है।)

देवकी--वत्स! चिरविजयी हो! देवता तुम्हारे रक्षक हों। महाराजपुत्र! इसे आशीर्वाद दीजिये कि गुप्तकुल के गुरुजनों के प्रति यह सदैव विनयशील रहे।

गोविन्द०--महादेवी! तुम्हारी कोख से पैदा हुआ यह रत्न, यह गुप्तकुल के अभिमान का चिन्ह, सदैव यशोभिमंडित रहेगा!

स्कन्द०--(बंधुवर्म्मा से) मित्र मालवेश! बढ़ो, सिंहासन पर बैठो! हम लोग तुम्हारा अभिनंदन करें।

(जयमाला और देवसेना का प्रवेश)

जयमाला--देव ! यह सिंहासन आपका है, मालवेश का इसपर कोई अधिकार नहीं। आर्य्यावर्त्त के सम्राट् के अतिरिक्त अब दूसरा कोई मालव के सिंहासन पर नहीं बैठ सकता।

("मालव की जय हो!"--तुमुल ध्वनि)

बंधुवर्म्मा-- (हँसकर) सम्राट्! अब तो मालवेश्वरी ने स्वयं सिंहासन त्याग दिया है, और मैं उन्हें दे चुका था, इसलिये अब सिंहासन ग्रहण करने में विलम्ब न कीजिये।

गोविन्द०-- वत्स! इन आर्य्य-जाति के रत्नों की कौन-सी प्रशंसा करूँ। इनका स्वार्थ-त्याग दधीचि के दान से कम नहीं। बढ़ो वत्स! सिंहासन पर बैठो, मैं तुम्हारा तिलक करूँ।

स्कंद०-- तात! विपत्तियों के बादल घिर रहे हैं; अन्तर्विद्रोह की ज्वाला प्रज्वलित है; इस समय मैं केवल एक सैनिक बन सकूँगा, सम्राट् नहीं।

गोविन्दगुप्त-- आज आर्य्य-जाति का प्रत्येक बच्चा सैनिक है, सैनिक छोड़कर और कुछ नहीं। आर्य्य-कन्याएँ अपहरण की जाती हैं; हूणों के विकट तांडव से पवित्र भूमि पादाक्रांत है; कहीं देवता

की पूजा नहीं होती; सीमा की बर्बर जातियो की राक्षसी वृत्ति का प्रचंड पाखंड फैला है। इसी समय जाति तुम्हें पुकारती है--सम्राट होने के लिये नहीं, उद्धार युद्ध में सेनानी बनने के लिये--सम्राट!

(गोविन्दगुप्त और बन्धुवर्म्मा हाथ पकड़कर स्कन्दगुप्त को सिंहासन पर बैठाते है। भीम छत्र लेकर बैठता है। देवसेना चमर करती है। गरुड़ध्वज लेकर बंधुवर्म्मा खड़े होते हैं। देवकी राजतिलक करती है। गोविन्दगुप्त खड्ग का उपहार देते हैं। चक्र गरुड़ांक राजदण्ड देता है।)

गोविन्दगुप्त-- परम भट्टारक महाराजाधिराज स्कंदगुप्त की जय हो! सब-- (समवेत स्वर से) जय हो!

बन्धु०-- आर्य-साम्राज्य के महाबलाधिकृत महाराजपुत्र गोविन्दगुप्त की जय हो! (सब वैसा ही कहते हैं)

स्कंदु०--आर्य्य! इस गुरुभार उत्तरदायित्व का सत्य से पालन कर सकूँ, और आर्य्यराष्ट्र की रक्षा में सर्वस्व-अर्पण कर सकूँ, आप लोग इसके लिये भगवान से प्रार्थना कीजिये और आशीर्वाद दीजिये कि स्कंदगुप्त अपने कर्त्तव्य से, स्वदेशसेवा से, कभी विचलित न हो।

गोविन्द०-- सम्राट! परमात्मा की असीम अनुकम्पा से आपका उद्देश सफल हो। आज गोविन्द ने अपना कर्तव्य-पालन किया। वत्स बंधुवर्म्मा! तुम इस नवीन आर्य्यराष्ट्र के संस्थापक हो। तुम्हारे इस आत्मत्याग की गौरव-गाथा आर्य्य-जाति का मुख उज्ज्वल करेगी। वीर! इस वृद्ध में साम्राज्य के महाबलाधिकृत होने की क्षमता नहीं, तुम्हीं इसके उपयुक्त हो।

बंधु०-- अभी नही आर्य्य! आपके चरणों में बैठकर यह बालक स्वदेश-सेवा की शिक्षा ग्रहण करेगा। मालव का राजकुटुम्ब, एक-एक बच्चा, आर्य्य-जाति के कल्याण के लिये जीवन उत्सर्ग करने को प्रस्तुत है। आप जो आज्ञा देंगे, वही होगा।

"धन्य! धन्य!"

स्कंद०-- तात! पर्णदत्त इस समय नहीं हैं!

चक्र०-- सम्राट! वह सौराष्ट्र की चञ्चल राष्ट्रनीति की देखरेख में लगे हैं।

(कुमारदास का प्रवेश)

मातृगुप्त-- सिंहल के युवराज कुमार धातुसेन की जय हो!

(सब आश्चर्य्य से देखते हैं)

स्कंद०-- कुमारदास, सिंहल के युवराज?

मातृगुप्त-- हाँ महाराजाधिराज!

स्कंद०-- अद्त! वीर युवराज! तुम्हारा स्नेह क्या कभी भूल सकता हूँ? आओ, स्वागत!

(सब मंच पर बैठते हैं)

गोविन्द०-- बन्दियों को ले आओ।

(सैनिकों के साथ भटार्क, शर्वनाग, विजया तथा कमला का प्रवेश)

स्कंद-- क्यों शर्व! तुम क्या चाहते हो?

शर्व०-- सम्राट! मुझे वध की आज्ञा दीजिये, ऐसे नीचे के लिये और कोई दंड नहीं है।

स्कंद०-- नहीं, मैं तुम्हें इससे भी कड़ा दंड दूँगा, जो वध से भी उग्र होगा।

शर्व०-- वही हो सम्राट! जितनी यंत्रणा से यह पापी प्राण निकाला जाय, उतना ही उत्तम होगा।

स्कंद०-- परन्तु मैं तुम्हे मुक्त करता हूँ, क्षमा करता हूँ। तुम्हारे अपराध ही तुम्हारे मर्मस्थल पर सैकड़ों बिच्छुओं के डंक की चोट करेंगे। आजीवन तुम उसी यंत्रणा को भोगो, क्योकि रामा--साध्वी रामा--को मैं अपनी आज्ञा से विधवा न बनाऊँगा। रामा सती! तेरे पुण्य से आज तेरा पति मृत्यु से बचा!

(रामा सम्राट् का पैर पकड़ती है)

शर्व०-- दुहाई सम्राट् की! मुझे वध की आज्ञा दीजिये, नहीं तो आत्महत्या करूंगा। ऐसे देवता के प्रति मैंने दुराचरण किया था। ओह! (छुरी निकालना चाहता है)

स्कंद०-- ठहरो शर्व! मैं तुम्हें आजीवन बन्दी बनाऊँगा।

(रामा आश्चर्य और दुःख से देखती है)

स्कंद०-- शर्व! यहाँ आओ।

(शर्व समीप आता है)

देवकी-- वत्स! इसे किसी विषय का शासक बनाकर भेजो, जिसमें दुखिया रामा को किसी प्रकार का कष्ट न हो।

सब-- महादेवी की जय हो!

स्कंद०-- शर्व! तुम आज से अन्तर्वेद के विषयपति नियत किये गये। यह लो--(खड्ग देता है)

शर्व-- (रूद्ध कंठ से) सम्राट्! देवता! आपकी जय हो! (देवकी के पैर पर गिरकर) माँ! मुझे क्षमा करो, मैं मनुष्य से पशु हो गया था! अब तुम्हारी ही दया से मैं मनुष्य हुआ। आशीर्वाद दो जगद्धात्री कि मैं देव-चरणों में आत्मबलि देकर जीवन सफल करूँ!

देवकी-- उठो। क्षमा पर मनुष्य का अधिकार है, वह पशु के पास नहीं मिलती। प्रतिहिंसा पाशव धर्म है। उठो, मैं तुम्हें क्षमा करती हूँ।

(शर्व खड़ा होता है)

स्कंद०-- भटार्क! तुम इस गुप्त-साम्राज्य के महाबलाधिकृत नियत किये गये थे, और तुम्हीं साम्राज्य-लक्ष्मी महादेवी की हत्या के कुचक्र में सम्मिलित हो! यह तुम्हारा अक्षम्य अपराध है। भटार्क०-- मैं केवल राजमाता की आज्ञा का पालन करता था

देवकी-- क्यों भटार्क! तुम यह उत्तर सच्चे हृदय से देते हो? क्या ऐसा कहकर तुम स्वयं अपनेको धोखा देते हुए औरों को भी प्रत नहीं कर रहे हो?

भटार्क-- अपराध हुआ। (सिर नीचा कर लेता है)

स्कन्द०-- तुम्हारे खड्ग पर साम्राज्य को भरोसा था। तुम्हारे हृदय पर तुम्हीं को भरोसा न रहे, यह बड़े धिक्कार की बात है। तुम्हारा इतना पतन? (भटार्क स्तब्ध रहता है। विजया की ओर देखकर) और तुम विजया? तुम क्यों इसमें--

देवसेना-- सम्राट्! विजया मेरी सखी है।

विजया-- परंतु मैंने भटार्क को वरण किया है।

जयमाला-- विजया!

विजया-- कर चुकी देवी!

देवसेना-- उसके लिये दूसरा उपाय न था राजाधिराज! प्रतिहिंसा मनुष्य को इतना नीचे गिरा सकती है! परंतु विजया, तूने शीघ्रता की।

(स्कंद विजया की ओर देखते हुए विचार में पड़ जाता है)

गोविन्द०-- यह वृद्धा इसी कृतघ्न भटार्क की माता है। भटार्क के नीच कर्मों से दुखी होकर यह उज्जयिनी चली आई है।

स्कंद०-- परंतु विजया, तुमने यह क्या किया?

देवसेना--(स्वगत) आह! जिसकी मुझे आशंका थी, वही है। विजया! आज तू हारकर भी जीत गई।

देवकी--वत्स! आज तुम्हारे शुभ महाभिषेक में एक बूंद भी रक्त न गिरे। तुम्हारी माता की भी यह मंगल-कामना है कि तुम्हारा शासन-दंड क्षमा के संकेत पर चला करे। आज मैं सबके लिये क्षमाप्रार्थिनी हूँ।

कुमारदास--आर्यनारी सती! तुम धन्य हो! इसी गौरव से तुम्हारे देश का सिर ऊँचा रहेगा।

स्कंद०--जैसी माता की इच्छा--

मातृगुप्त--परमेश्वर परम भट्टारक महाराजाधिराज स्कंदगुप्त की जय!!

[यवनिका]

तृतीय अंक

[शिप्रा-तट]

प्रपंचबुद्धि--सब विफल हुआ! इस दुरात्मा स्कन्दगुप्त ने मेरी आशाओं के भंडार पर अर्गला लगा दी। कुसुमपुर में पुरगुप्त और अनन्तदेवी अपने विडम्बना के दिन बिता रहे हैं। भटार्क भी बन्दी हुआ, उसके प्राणों की रक्षा नहीं। क्रूर कर्मो की अवतारणा से भी एक बार सद्धर्म्म के उठाने की आकांक्षा थी, परन्तु वह दूर गया! (कुछ सोचकर) उग्रतारा की साधना से विकट से भी विकट कार्य्य सिद्ध होते है, तो फिर इस महाकाल में महाश्मशान से बढ़कर कौन उपयुक्त स्थान होगा! चलूँ--

(जाना चाहता है; भटार्क का प्रवेश)

भटार्क--भिक्षुशिरोमणे! प्रणाम्!

प्रपंच०--कौन, भटार्क? अरे मै स्वप्न देख रहा हूँ क्या!

भटार्क--नहीं आर्य्य, मैं जीवित हूँ।

प्रपंच०--उसने तुम्हें शूली पर नहीं चढ़ाया?

भटार्क--नही, उससे बढ़कर!

प्रपंच०--क्या?

भटार्क--मुझे अपमानित करके क्षमा किया। मेरी वीरता पर एक दुर्वह उपकार का बोझ लाद दिया। प्रपंच०-- तुम मूर्ख हो। शत्रु से बदला लेने का उपाय करना चाहिये, न कि उसके उपकारो का स्मरण।

भटार्क-- मैं इतना नीच नहीं हूँ।

प्रपंच०-- परंतु मै तुम्हारी प्रवृत्ति जानता हूँ। तुम इतने, उच्च भी नहीं हो। चलो एकान्त में बात करें। कोई आता है।

(दोनों जाते है)

(विजया का प्रवेश)

विजया-- मैं कहाँ जाऊँ! उस उच्छृंखल वीर को मैं लौहश्रृंखला पहना सकूँगी? उसे अपने बाहु-पाश में जकड़ सकती हूँ? हृदय के विकल मनोरथ! आह!

(गान)

उमड़कर चली भिगोने आज
तुम्हारा निश्चल अञ्चल छोर
नयन-जल-धारा रे प्रतिकूल!
देख ले तू फिरकर इस ओर
हृदय की अन्तरतम मुसक्यान

कल्पनामय तेरा यह विश्व
लालिमा में लय हो लवलीन
निरखते इन आँखों की कोर

यह कौन? ओ! राजकुमारी!

(देवसेना का प्रवेश--दूर पर उसकी परिचारिकाएँ)

देवसेना-- विजया! सायंकाल का दृश्य देखने शिप्रातट पर तुम भी आ गई हो!

विजया--हाँ राजकुमारी ! (सिर झुका लेती है)

देवसेना--विजया, अच्छा हुआ, तुमसे भेंट हो गई; मुझे कुछ पूछना था।

विजया--पूछना क्या है ?

देवसेना--क्या जो तुमने किया है, उसे सोच-समझकर ? कहीं तुम्हारे दम्भ ने तुमको छल तो नहीं लिया ? तीव्र मनोवृत्ति के कशाधत ने तुम्हें विपथगामिनी तो नहीं बना दिया ?

विजया--राजकुमारी ! मैं अनुगृहीत हूँ। उस कृपा को नहीं भूल सकती जो आपने दिखाई है। परन्तु अब और प्रश्न करके मुझे उत्तेजित करना ठीक नहीं।

देवसेना--(आश्चर्य से) क्यों विजया ! मेरे सखी-जनोचित सरल प्रश्न में भी तुम्हें व्यंग्य सुनाई पड़ता है ?।

विजया--क्या इसमें भी प्रमाण की आवश्यकता है ? राजकुमारी ! आज से मेरी ओर देखना मत। मुझे कृत्या अभिशाप की ज्वाला समझना और ......

देवसना--ठहरो, दम ले लो ! संदेह के गर्त्त में गिरने के पहले विवेक का अवलम्बन ले लो विजया !

विजया--हताश जीवन कितना भयानक होता है-यह नहीं जानती हो ? उस दिन जिस तीखी छुरी को रखने के लिये मेरी हँसी उड़ाई जा रही थी, मैं समझती हूँ कि उसे रख लेना मेरे लिये आवश्यक था। राजकुमारी ! मुझे न छेड़ना। मैं तुम्हारी शत्रु हूँ। (क्रोध से देखती है) देवसेना-- (आश्चर्य से) क्या कह रही हो?

विजया-- वही जिसे तुम सुन रही हो।

देवसेना-- वह तो जैसे उन्मत्त का प्रलाप था, अकस्मात् स्वप्न देखकर जग जानेवाले प्राणी की कुतूहल-गाथा थी। विजया! क्या मैंने तुम्हारे सुख में बाधा दी? परन्तु मैंने तो तुम्हारे मार्ग को स्वच्छ करने के सिवा रोड़े न व बिछाये।

विजया-- उपकारो की ओट से मेरे स्वर्ग को छिपा दिया, मेरी कामना-लता को समूल उखाड़कर कुचल दिया!

देवसना-- शीघ्रता करनेवाली स्त्री! अपनी असावधानी का दोष दूसरे पर न फेंक। देवसेना मूल्य देकर प्रणय नहीं लिया चाहती है......। अच्छा, इससे क्या?

(जाती है)

विजया-- जाती हो, परन्तु सावधान!

(भटार्क और प्रपंचबुद्धि का प्रवेश)

भटार्क-- विजया! तुम कब आई हो?

विजया-- अभी-अभी; तुम्हीं की तो खोज रही थी। (प्रपंचबुद्धि को देखकर) आप कौन है?

भटार्क-- 'योगाचार-संघ" के प्रधान श्रमण आर्य्य प्रपंचबुद्धि।

(विजया नमस्कार करती है)

प्रपंच०-- कल्याण हो देवि! भटार्क से तो तुम परिचित-सी हो, परन्तु मुझे भी जान जाओगी।
विजया-- आर्य्य! आपके अनुग्रह-लाभ की बड़ी आकांक्षा है।

प्रपंच-- शुभे! प्रज्ञापारमिता-स्वरूपा तारा तुम्हारी रक्षा करे! क्या तुम सद्धर्म की सेवा के लिये
कुछ उत्सर्ग कर सकोगी? (कुछ सोचकर) तुम्हारे मनोरथ पूर्ण होने में विघ्न और विलम्ब है। इसी लिये
तुम्हें अवश्य धर्माचरण करना होगा।

विजया-- आर्य्य! मेरा भी एक स्वार्थ है।

प्रपंच-- क्या?

विजय-- राजकुमारी देवसेना का अन्त!

प्रपंच०-- और मुझे उग्रतारा की साधना के लिये महाश्मशान में एक राजबलि चाहिये!

भटार्क-- यह तो अच्छा सुयोग है!

विजया-- उसे श्मशान तक ले आना तो मेरा काम है; आगे मैं कुछ न कर सकूँगी।

प्रपंच-- सब हो जायगा। उग्रतारा की कृपा से सब कुछ सुसम्पन्न होगा।

भटार्क-- परन्तु मैं कृतघ्नता से कलंकित होऊँगा, और स्कन्दगुप्त से मै किस मुँह से......नहीं,
नहीं......

प्रपंच०-- सावधान भटार्क! अलग ले जाकर इतना समझाया, फिर भी ... तुम पहले अनन्तदेवी
और पुरगुप्त से प्रतिश्रुत हो चुके हो।

भटार्क-- ओह! पाप-पङ्क में लिप्त मनुष्य को छुट्टी नही! कुकर्म उसे जकड़कर अपने नागपाश में
बाँध लेता है। दुर्भाग्य! मातृगुप्त-- (निकलकर) भयानक कुचक्र! एक निर्मल कुसुम-कली को कुचलने
के लिये इतनी बड़ी प्रतारणा की चक्की! मनुष्य! तुझे हिंसा का उतना ही लोभ है, जितना एक भूखे
भेड़िये को! तब भी तेरे पास उससे कुछ विशेष साधन हैं-- छल, कपट, विश्वासघात, कृतघ्नता, और
पैने अस्त्र। इनसे भी चढ़कर प्राण लेने की कलाकुशलता। देखा जायगा; भटार्क! तुम जाते कहाँ हो?

[जाता है]

[श्मशान में साधक-रूप से प्रपंचबुद्धि। दूर से स्कंदगुप्त टहलता हुआ आता है।]

स्कंद०-- इस साम्राज्य को बोझ किसके लिये? हृदय में अशान्ति, राज्य में अशान्ति, परिवार
में अशान्ति! केवल मेरे अस्तित्व से? मालूम होता है कि सबकी-विश्व-भर की-शान्तिरजनी मे मै ही
धूमकेतु हूँ, यदि मैं न होता तो यह संसार अपनी स्वाभाविक गति से, आनन्द से, चला करता। परन्तु
मेरा तो निज का कोई स्वार्थ नहीं, हृदय के एक-एक कोने को छान डाला--कहीं भी कामना की वन्या
नही। बलवती आशा की आँधी नहीं चल रही है। केवल गुप्त-सम्राट् के वंशधर होने की दयनीय दशा
ने मुझे इस रहस्य-पूर्ण क्रिया-कलाप में संलग्न रक्खा है। कोई भी मेरे अंतःकरण का आलिङ्गन करके
न रो सकता है, और न तो हँस सकता है। तब भी विजया...? ओह! उसे स्मरण करके क्या होगा। जिसे
हमने सुख-शर्वरी की सन्ध्यातारा के समान पहले देखा, वही उल्कापिंड होकर दिगन्त-दाह करना
चाहती है। विजया! तूने क्या किया! (देखकर) ओह! कैसा भयानक मनुष्य है! कैसी क्रूर आकृति है!
मूर्तिमान पिशाच है! अच्छा, मातृगुप्त तो अभी तक नही आया। छिपकर देखूँ।

(छिपता है)

(विजया के साथ देवसेना का प्रवेश)

देवसेना-- आज फिर तुम किस अभिप्राय से आई हो?

विजया-- और तुम राजकुमारी? क्या तुम इस महा-वीभत्स शमशान में आने से नहीं डरती हो ?

देवसेना-- संसार का मूक शिक्षक "शमशान" क्या डरने की वस्तु है? जीवन की नश्वरता के साथ ही सर्वात्मा के उत्थान का ऐसा सुन्दर स्थल और कौन है?

(नेपथ्य से गान)

सब जीवन बीता जाता है।
धूप-छाँह के खेल-सदृश। सब०

समय भागता है प्रतिक्षण में
नव-अतीत के तुषार-कण में
हमें लगाकर भविष्य-रण में
आप कहाँ छिप जाता है?--सब०

बुल्ले, लहर, हवा के झोंके
मेघ और बिजली को टोके
किसका साहस है कुछ रोके
जीवन का वह नाता है।--सब०

वंशी को बस बज जाने दो
मीठी मीड़ों को आने दो
आँख बन्द करके गाने दो
जो कुछ हमको आता है।--सब°

विजया-- (स्वगत) भाव-विभोर दूर की रागिनी सुनती हुई यह कुरंगी-सी कुमारी......आह! कैसा भोला मुखड़ा है! नहीं, नहीं विजया! सावधान! प्रतिहिंसा......(प्रकट) राजकुमारी! देखो, यह कोई बड़ा सिद्ध है, वहाँ तक चलोगी?

देवसेना--चलो, परन्तु मुझे सिद्धि से क्या प्रयोजन? जब मेरी कामनाएँ विस्मृति के नीचे दबा दी गई हैं, तब वह चाहे स्वयं ईश्वर ही हो तो क्या? तब भी एक कुतूहल है; चलो--

(विजया देवसेना को आगे कर प्रपंचबुद्धि के पास ले जाती है, और आप हट जाती है। ध्यान से आँख खोलकर प्रपंच उसे देखता है।)

प्रपंच०--तुम्हारा नाम देवसेना है?

देवसेना--(आश्चर्य से) हाँ भगवन्!

प्रपंच०--तुमको देवसेवा के लिये शीघ्र प्रस्तुत होना होगा। तुम्हारी ललाट-लिपि कह रही है कि तुम बड़ी भाग्यवती हो!

देवसेना--कौन-सी देवसेवा?

प्रपंच०--यह नश्वर शरीर, जिसका उपभोग तुम्हारा प्रेमी भी न कर सका और न करने की आशा है, देवसेवा में अर्पित करो! उग्रतारा तुम्हारा परम मङ्गल करेगी।

देवसेना--(सिहर उठती है) क्या मुझे अपनी बलि देनी होगी? (घूमकर देखती है) विजया! विजया!!

प्रपंच०--डरो मत, तुम्हारा सृजन इसीलिये था। नित्य की मोह-ज्वाला में जलने से तो यही अच्छा है कि तुम एक साधक का उपकार करती हुई अपनी ज्वाला शांत कर दो!

देवसेना--परन्तु......कापालिक! एक और भी आशा मेरे हृदय में है। वह पूर्ण नहीं हुई है। मैं

डरती नहीं हूँ, केवल उसके पूर्ण होने की प्रतीक्षा है। विजया के स्थान को मैं कदापि न ग्रहण करूँगी! उसे भ्रम है, यदि वह छूट जाता•••••• प्रपंच°-- (उठकर उसका हाथ पकड़कर खड्ग उठाता है) परन्तु मुझे ठहरने का अवकाश नहीं। उग्रतारा की इच्छा पूर्ण हो!

देवसेना--प्रियतम! मेरे देवता युवराज!! तुम्हारी जय हो!

(सिर झुकाती है)

[पीछे से मातृगुप्त आकर प्रपंच का हाथ पकड़कर नेपथ्य में ले जाता है, देवसेना चकित होकर स्कंद का आलिङ्गन करती है!]

[मगध में अनंतदेवी, पुरगुप्त, विजया और भटार्क]

पुरगुप्त-- विजय-पर-विजय! देखता हूँ कि एक बार वंक्षुतट पर गुप्तसाम्राज्य की पताका फिर फहरायगी। गरुड़ध्वज वंक्षु के रेतीले मैदान में अपनी स्वर्ण-प्रभा का विस्तार करेगा।

अनन्त°-- परन्तु तुमको क्या? निर्वीर्य, निरीह बालक! तुम्हें भी इसकी प्रसन्नता है? लज्जा के गर्त में डूब ही जाते। और भी छाती फुलाकर इसका आनन्द मनाते हो!

विजया-- अहा! यदि आज राजाधिराज" कहकर युवराज पुरगुप्त का अभिनन्दन कर सकती!

भटार्क-- यदि मैं जीता रहा तो वह भी कर दिखाऊँगा!

(दौवारिक का प्रवेश)

दौवारिक-- जय हो! एक चर आया है। भटार्क-- ले आओ।

(दौवारिक जाकर चर को लिवा लाता है)

चर-- युवराज की जय हो!

भटार्क-- तुम कहाँ से आये हो?

चर-- नगरहार के हूण-स्कंधावार से।

भटार्क-- क्या संदेश है?

चर-- सेनापति खिङ्ग़िल ने पूछा है कि मगध की गुप्तपरिषद् क्या कर रही है? उसने प्रचुर अर्थ लेकर भी मुझे ठीक समय पर धोखा दिया है। परन्तु स्मरण रहे कि अबको हमारा अभियान सीधे कुसुमपुर पर होगा; स्कंदगुप्त का साम्राज्य-ध्वंस पीछे होगा। पहले कुसुमपुरी का मणि-रत्न-भांडार लूटा जायगा। प्रतिष्ठान और चरणाद्रि तथा गोपाद्रि के दुर्गपतियों को जो धन विद्रोह करने के लिये परिषद् की आज्ञा से भेजा गया था, उसका क्या फल हुआ? अन्तर्वेद के विषयपति की कुटिल दृष्टि ने उस रहस्य का उद्घाटन करके वह धन भी आत्मसात् कर लिया और सहायता के बदले हमलोग अवंचित हुए, जिससे हूणों को सिन्धु का भी तट छोड़ देना पड़ा।

भटार्क-- ओह! शर्वनाग ने बड़ी सावधानी से काम लिया। आचार्य्य प्रपंचबुद्धि का निधन होने से यह सब दुर्घटना हुई है। दूत! हूणराज से कहना कि पुरगुप्त के सम्राट बनाने में तुम्हें अवश्य सहायता करनी पड़ेगी।

चर-- परन्तु उन्हें विश्वास कैसे हो?

भटार्क-- मैं प्रमाणपत्र दूँगा। हूणों को एक बार ही भारतीय सीमा से दूर करने के लिये स्कंदगुप्त ने समस्त सामन्तों को आमन्त्रण दिया है। मगध की रक्षक सेना भी उसमें सम्मिलित होगी, और मैं ही उसका परिचालन करूँगा। वहीं इसका प्रत्यक्ष प्रमाण मिलेगी। और यह लो प्रमाणपत्र। (पत्र देता है)

पुरगुप्त-- ठहरो।

अनंत॰-- चुप रहो!

दूत तो यह उपहार भी सम्राज्ञी के लिये प्रस्तुत है।

(रत्नों से भरी हुई मंजूषा देता है)

भटार्क-- और उत्तरापथ के समस्त धर्मसंघों के लिये क्या किया है?

दूत-- आर्य्य महाश्रमण के पास मैं हो आया हूँ। समस्त सद्धर्म्म के अनुयायी और संघ, स्कंदगुप्त के विरुद्ध हैं। याज्ञिक क्रियाओं की प्रचुरता से उनका हृदय धर्मनाश के भय से घबरा उठा है। सब विद्रोह करने के लिये उत्सुक हैं।

भटार्क-- अच्छा, जाओ। नगरहार के गिरिव्रज का युद्ध इसका निबटारा करेगा। हूणराज से कहना कि सावधान रहे। शीघ्र वहीं मिलूँगा।

(दूत प्रणाम करके जाता है)

पुरगुप्त-- यह क्या हो रहा है?

अनन्त॰-- तुम्हारे सिंहासन पर बैठने की प्रस्तावना है!

(सैनिक का प्रवेश)

सैनिक-- महादेवी की जय हो!

भटार्क-- क्या है?

सैनिक-- कुसुमपुर की सेना जालन्धर से भी आगे बढ़ चुकी है। साम्राज्य के स्कंधावार में शीघ्र ही उसके पहुँच जाने की संभावना है।

पुरगुप्त-- विजया! बहुत विलम्ब हुआ। एक पात्र

(अनन्तदेवी संकेत करती है, विजया उसे पिलाती है)

भटार्क-- मेरे अश्वों की व्यवस्था ठीक है न? मैं उसके पहले पहुँचूगा।

सैनिक-- परन्तु महाबलाधिकृत!

भटार्क-- क्या? कहो!

सैनिक-- यह राष्ट्र का आपत्ति-काल है, युद्ध की आयोजनाओं के बदले हम कुसुमपुर में पानकों का समारोह देख रहे है। राजधानी विलासिता का केंद्र बन रही है। यहाँ के, मनुष्यों के लिये विलास के उपकरण बिखरे रहने पर भी अपर्य्याप्त है! नये-नये साधन और नवीन कल्पनाओं से भी इस विलासिता-राक्षसी का पेट नहीं भर रहा है! भला मगध के विलासी सैनिक क्या करेंगे?

भटार्क--अबोध! जो विलासी न होगा वह भी क्या वीर हो सकता है? जिस जाति में जीवन न होगा वह विलास क्या करेगी? जाग्रत राष्ट्र में ही विलास और कलाओं का आदर होता है। वीर एक कान से तलवारों की और दूसरे से नूपुरों की झनकार सुनते हैं।

विजया--बात तो यही है।

सैनिक--आप महाबलाधिकृत हैं, इसलिये मैं कुछ नहीं कहूँगा।

भटार्क--नहीं तो?

सैनिक--यदि दूसरा कोई ऐसा कहता, तो मैं यही उससे कहता कि तुम देश के शत्रु हो!

भटार्क--(क्रोध से) हैं...!

सैनिक--हाँ, यवनों से उधार ली हुई सभ्यता नाम की विलासिता के पीछे आर्य्यजाति उसी तरह पड़ी है, जैसे कुलबधू को छोड़कर कोई नागरिक वेश्या के चरणों में। देश पर बर्बर हूणों की चढ़ाई और तिसपर भी यह निर्लज्ज आमोद! जातीय जीवन के निर्वाणोन्मुख प्रदीप का यह दृश्य है। आह! जिस मगध देश की सेना सदैव नासीर में रहती थी, आर्य्य चन्द्रगुप्त की वही विजयिनी सेना सबके पीछे निमंत्रण पाने पर साम्राज्य-सेना में जाय! महाबलाधिकृत! मेरी तो इच्छा होती है कि मैं आत्महत्या कर लूँ! मैं उस सेना का नायक हूँ, जिसपर गरुड़ध्वज की रक्षा का भार रहता था। आर्य्य समुद्रगुप्त की प्रतिष्ठित उस सेना का ऐसा अपमान!

भटार्क-- (अपने क्रोध के मनोभाव दबाकर) अच्छा, तुम यहीं मगध की रक्षा करना, मैं जाता हूँ।

सैनिक-- हूँ, अच्छा तो यह खड्ग लीजिये, मैं आज से मगध की सेना का नायक नहीं। (खड्ग देता है)

पुरगुप्त-- (मद्यप की-सी चेष्टा बनाकर) यह अच्छा किया, आओ मित्र! हम-तुम कादम्ब पियें। जाने दो इन्हें। इन्हें लड़ने दो।

अनंतदेवी-- (भटार्क को संकेत करती हुई ले जाती है, और विजया से कहती है) विजया! युवराज का मन बहलाओ!

[सैनिक तिरस्कार की दृष्टि से देखते हुए जाता है। भटार्क और अनंतदेवी एक ओर, विजया और पुरगुप्त दूसरी ओर जाते हैं।]

(जयमाला और देवसेना)

जयमाला-- तू उदास है कि प्रसन्न, कुछ समझ में नहीं आता! जब तू गाती है तब तेरे भीतर की रागिनी रोती है, और जब हँसती है तब जैसे विषाद की प्रस्तावना होती है!

१-सखी--सम्राट युद्ध-यात्रा में गये हैं और......

२-सखी--तो क्या?

देवसेना--तुम सब भी भाभी के साथ मिल गई हो। क्यों भाभी! गाऊँ वह गीत?

जयमाला-- मेरी प्यारी! तू गाती है। अहा! बड़ी-बड़ी आँखें तो बरसाती ताल-सी लहरा रही हैं। तू दुखी होती है। ले, मैं जाती हूँ। अरी! तुम सब इसे हँसाओ। (जाती है)

देवसेना--क्या महारथी हारकर भगे? अब तुम सच क्षुद्र सैनिकों की पारी है? अच्छा तो आओ।

१—सखी-- नहीं, राजकुमारी! मैं पूछती हूँ कि सम्राट् ने तुमसे कभी प्रार्थना की थी?

२-सखी--हाँ, तभी तो प्रेम का सुख है!

३—सखी--तो क्या मेरी राजकुमारी स्वयं प्रार्थिनी होंगी?

देवसेना-प्रार्थना किसने की है, यह रहस्य की बात है। क्यों? कहूँ? प्रार्थना हुई है मालव की ओर से; लोग कहेंगे कि मालव देकर देवसेना का व्याह किया जा रहा है। १— सखी-- न कहो, तब फिर क्या-हरी-हरी कोपलों की टट्टी में फूल खिल रहा है-- और क्या!

देवसेना-- तेरा मुँह काला, और क्या? निर्दय होकर आघात मत कर, मर्म्म बड़ा कोमल है। कोई दूसरी हँसी तुझे नहीं आती?

(मुंह फेर लेती है)

२-सखी-- लक्ष्यभेद ठीक हुआ-सा देखती हूँ।

देवसेना-- क्यों घाव पर नमक छिड़कती है? मैंने कभी उनसे प्रेम की चर्चा करके उनका

अपमान नहीं होने दिया है। नीरव जीवन और एकांत व्याकुलता, कचोटने का सुख मिलता है। जब हृदय में रुदन का स्वर उठता है, तभी संगीत की वीणा मिला लेती हैं। उसीमे सब छिप जाता है।

(आँखों से आँसू बहता है)

१-सखी-है-हैं, क्या तुम रोती हो? मेरा अपराध क्षमा करो!

देवसेना--(सिसकती हुई) नहीं प्यारी सखी! आज ही मैं प्रेम के नाम पर जी खोलकर रोती हूँ; बस, फिर नहीं। यह एक क्षण का रुदन अनन्त स्वर्ग का सृजन करेगा।

२-सखी--तुम्हें इतना दुःख है, मैं यह कल्पना भी न कर सकी थी।

देवसेना--(सम्हलकर) यही तू भूलती है। मुझे तो इसी में सुख मिलता है; मेरा हृदय मुझसे अनुरोध करता है, मचलता है, रूठता है, मै उसे मनाती हूँ। ऑखें प्रणय-कलह उत्पन्न कराती हैं, चित्त उत्तेजित करता है, बुद्धि झिड़कती है, कान कुछ सुनते ही नहीं! मैं सबको समझाती हूँ, विवाद मिटाती हूँ। सखी! फिर भी मैं इसी झगड़ालू कुटुम्ब में गृहस्थी सम्हालकर, स्वस्थ होकर, बैठती हूँ।

३-सखी-आश्चर्य! राजकुमारी! तुम्हारे हृदय में एक बरसाती नदी वेग से भरी है!

देवसेना-कूलों में उफनकर बहनेवाली नदी, तुमुल तरङ्ग; प्रचंड पवन और भयानक वर्षा! परन्तु उसमें भी नाव चलानी ही होगी।

१-- सखी--

(गान)

माझी! साहस है खे लोगे
जर्जर तरी भरी पथिकों से---
झड़ में क्या खोलोगे

अलस नील घन की छाया में---
जलजालों की छल-माया में---
अपना बल तोलोगे

अनजाने तट की मदमाती---
लहरें, क्षितिज चूमती आतीं
ये झटके झेलोगे? माझी---

(भीमवर्म्मा का प्रवेश)

भीम०--बहिन! शक-मंडल से विजय का समाचार आया है!

देवसेना--भगवान की दया है।

भीम॰--परन्तु, महाराजपुत्र गोविन्दगुप्त वीरगति को प्राप्त हुए, यह बड़ा●●●●●●●●!

देवसेना--वे धन्य हैं!

भीम०---वीर-शय्या पर सोते-सोते उन्होंने अनुरोध किया कि महाराज बन्धुवर्म्मा गुप्तसाम्राज्य के महाबलाधिकृत बनाये जायँ, इसलिये अभी वे स्कंधावार में ठहरेंगे। उनका आना अभी नहीं हो सकता है और भी कुछ सुना देवसेना?

देवसेना--क्या?

भीम०--सम्राट् ने तुम्हें बचाने के पुरस्कार-स्वरूप मातृगुप्त को काश्मीर का शासक बना दिया है। गान्धारवंशी राजा अब वहाँ नहीं है। काश्मीर अब साम्राज्य के अन्तर्गत हो गया है।

देवसेना--सम्राट् की महानुभावता है। भाई! मेरे प्राणों का इतना मूल्य?

भीम०--आर्य्य-साम्राज्य का उद्धार हुआ है। बहिन! सिंधु के प्रदेश से म्लेच्छ-राज ध्वंस हो गया है। प्रवीर सम्राट् स्कंदगुप्त ने विक्रमादित्य की उपाधि धारण की है। गौ, ब्राह्मण और देवताओं की ओर कोई भी आततायी आँख उठाकर नहीं देखता। लौहित्य से सिंधु तक, हिमालय की कन्दराओं में भी, स्वच्छन्दतापूर्वक सामगान होने लगा। धन्य हैं हम लोग जो इस दृश्य को देखने के लिये जीवित है!

देवसेना--मङ्गलमय भगवान सब मङ्गल करेंगे। भाई, साहस चाहिये, कोई वस्तु असम्भव नहीं।

भी०-- उत्तरापथ के सुशासन की व्यवस्था करके परम भट्टारक शीघ्र आवेंगे। मुझे अभी स्नान करना है, जाता हूँ।

देवसेना-- भाई! तुम अपने शरीर के लिये बड़े ही निश्चिन्त रहते हो। और कार्यों के लिये तो......

(भीम हँसता हुआ जाता है)

(मुद्गल का प्रवेश)

मुद्गल-- जो है सो काणाम करके यह तो अपने से नहीं हो सकता। उहूँ, जब कोई न मिला तो फूटी ढोल की तरह मेरे गले पड़ी!

देवसेना-- क्या है मुद्गल?

मुद्गल-- वही-चही, सीता की राखी, मन्दोदरी की नानी त्रिजटा। कहाँ है मातृगुप्त ज्योतिषी की दुम! अपने को कवि भी लगाता था! मेरी कुंडली मिलाई या कि मुझे मिट्टी में मिलाया। शाप दूंगा। एक शाप! दाँत पीसकर, हाथ उठाकर, शिखा खोलते हुए चाणक्य का लकड़दादा बन जाऊँगा! मुझे इस झंझट में फंसा दिया! उसने क्यों मेरा व्याह कराया......?

देवसेना-- तो क्या बुरा किया?

मुद्गल-- झख मारा, जो है सो काणाम करके।

देवसेना-- अरे व्याह भी तुम्हारा होता?

मुद्गल-- न होता तो क्या इससे भी बुरा रहता? बाबा, अब तो मैं इसपर भी प्रस्तुत हूँ कि कोई इसको फेर ले। परंतु यह हत्या कौन अपने पल्ले बाँधेगा!

(सब हँसती हैं)

देवसेना-- आज कौन-सी तिथि है? एकादशी तो नहीं है?

मुद्गल-- हाँ, यजमान के घर एकादशी और मेरे पारण की द्वादशी; क्योंकि ठीक मध्याह्न में एकादशी के ऊपर द्वादशी चढ़ बैठती है, उसका गला दबा देती है; पेट पचकने लगता है

देवसेना-- अच्छा, आज तुम्हारा निमंत्रण है--- तुम्हारी स्त्री के साथ।

मुद्गल-- जो है सो देवता प्रसन्न हों, आपका कल्याण हो! फिर शीघ्रता होनी चाहिये। पुण्यकाल बीत न जाय•••••• चलिये। मैं उसे बुला लेता हूँ। (जाता है)

[सबका प्रस्थान]

[गान्धार की घाटी-रणक्षेत्र]

(तुरही बजती है, स्कंदगुप्त और बंधुवम्म के साथ सैनिकों को प्रवेश)

वंधु०-- वीरो! तुम्हारी विश्वविजयिनी वीरगाथा सुर-सुंदरियों की वीणा के साथ मन्द ध्वनि से नंदन में पूँज उठेगी। असम साहसी आर्य्य-सैनिक! तुम्हारे शस्त्र ने बर्बर हूणों को बता दिया है कि रण-विद्या केवल नृशंसता नहीं है। जिनके आतंक से आज विश्वविख्यात रूम-साम्राज्य पादाक्रांत है,

उन्हें तुम्हारा लोहा मानना होगा और तुम्हारे पैरों के नीचे दबे हुए कंठ से उन्हें स्वीकार करना होगा कि भारतीय दुर्जेय वीर हैं। समझ लो-- आज के युद्ध में प्रत्यावर्त्तन नहीं है। जिसे लौटना हो, अभी से लौट जाय।

सैनिक-- आर्य-सैनिकों का अपमान करने का अधिकार महाबलाधिकृत को भी नहीं है! हम सब प्राण देने आये हैं, खेलने नहीं।

स्कंद०-- साधु! तुम यथार्थ ही जननी जन्म-भूमि की संतान हो।

सैनिक-- राजाधिराज श्री स्कंदगुप्त विक्रमादित्य की जय!

(चर का प्रवेश)

चर-- परम भट्टारक की जय हो!

स्कंद०-- क्या समाचार है?

चर-- देव! हूण शीघ्र ही नदी के पार होकर आक्रमण की प्रतीक्षा कर रहे है। परंतु, यदि आक्रमण न हुआ तो वे स्वयं आक्रमण करेंगे।

वंधु०-- और कुभा के रणक्षेत्र का क्या समाचार है? चर--मगध की सेना पर विश्वास करने के लिये मैं न कहूँगा। भटार्क की दृष्टि में पिशाच की मंत्रणा चल रही है। खिङ्गिल के दूत भी आ रहे हैं। चक्रपालित उस कूट-चक्र को तोड़ सकेंगे कि नहीं, इसमें सन्देह है।

स्कंद०--बंधुवर्म्मा! तुम कुभा के रणक्षेत्र की ओर जाओ, मैं यहाँ देख लूँगा।

बंधु०--राजाधिराज! मगध की सेना पर अधिकार रखना मेरे सामर्थ्य के बाहर होगा, और मालव की सेना आज नासीर में है। आज इस नदी की तीक्ष्ण धारा को लाल करके बहा देने की मेरी प्रतिज्ञा है। आज मालव का एक भी सैनिक नासीर-सेना से न हटेगा।

स्कंद॰--बंधु! यह यश मुझसे मत छीन लो।

बंधु०--परन्तु सबके प्राण देने के स्थान भिन्न है। यहाँ मालव की सेना मरेगी, दूसरे को यहाँ मरकर अधिकार जमाने का अधिकार नहीं। और बंधुवर्मा मरने-मारने में जितना पटु है, उतना षड्यंत्र तोड़ने में नहीं। आपके रहने से सौ बंधुवर्मा उत्पन्न होंगे। आप शीघ्रता कीजिये।

स्कंद॰--बंधुवर्म्मा! तुम बड़े कठोर हो!

बंधु०--शीघ्रता कीजिये। यहाँ हूणों को रोकना मेरा ही कर्त्तव्य है, उसे मैं ही करूँगा। महाबलाधिकृत का अधिकार मैं न छोड़ूँगा।चक्रपालित वीर है, परन्तु अभी वह नवयुवक है; आपका वहाँ पहुँचना आवश्यक है। भटार्क पर विश्वास न कीजिये। स्कंद०-- मैंने समझा कि हूणों के सम्मुख वह विश्वासघात न करेगा। बंधु०-- ओह! जिस दिन ऐसा हो जायगा, उस दिन कोई भी इधर आँख उठाकर न देखेगा। सम्राट! शीघ्रता कीजिये!

स्कंद॰-- (आलिङ्गन करता है) मालवेश की जय!

बंधु०-- राजाधिराज श्री स्कंदगुप्त विक्रमादित्य की जय!

(चर के साथ स्कंदगुप्त जाते हैं)

(नेपथ्य में रणवाद्य। शत्रु-सेना आती है। हूणों की सेना से विकट युद्ध। हूणों का मरना, घायल होकर भागना। बंधुवर्मा की अन्तिम अवस्था; गरुड़ध्वन टेककर उसे चूमना।)

बंधु०-- (दम तोड़ते हुए) विजय! तुम्हारी... विजय!... आर्य-साम्राज्य की जय!

सब-- आर्य्य-साम्राज्य की जय!

बंधु०-- भाई! स्कंदगुप्त से कहना कि मालव-वीर ने अपनी प्रतिज्ञा पूरी की; भीम और देवसेना उनकी शरण हैं।

सैनिक-- महाराज! आप क्या कहते हैं! (सब शोक करते हैं)

बंधु०-- बंधुगण! यह रोने का नहीं, आनंद का समय है। कौन वीर इसी तरह जन्म-भूमि की रक्षा में प्राण देता है, यही मैं ऊपर से देखने जाता हूँ।।

सैनिक-- महाराज बंधुवर्मा की जय!

(गरुड़ध्वज की छाया में बंधुवर्मा की मृत्यु)

[दुर्ग के सम्मुख कुभा का रणक्षेत्र; चक्रपालित और स्कंदगुप्त]

चक्र०-- सम्राट्! प्रतारणा को पराकाष्ठा! दो दिन से जान-बूझकर शत्रु को उस ऊँची पहाड़ी पर जमने का अवकाश दिया जा रहा है। आक्रमण करने से मैं रोका जा रहा हूँ। समस्त मगध की सेना उसके संकेत पर चल रही है।

स्कंद०-- चक्र! कुभा में जल बहुत कम है, आज ही उतरना होगा। तुम्हें दुर्ग में रहना चाहिये। मैं भटार्क पर विश्वास तो करता ही नहीं, परन्तु उसपर प्रकट रूप से अविश्वास का भी समय नहीं रहा।

चक्र०-- नहीं सम्राट! उसे बंदी कीजिथे। वह देखिये-- आ रहा है।

भटार्क-- (प्रवेश करके) राजाधिराज की जय हो!

स्कंद०-- क्यो सेनापति! यह क्या हो रहा है?

भटार्क-- आक्रमण की प्रतीक्षा सम्राट्!

स्कंद°-- या समय की?

भटार्क-- सम्राट् का मुझपर विश्वास नहीं है, यह ....

चक्र०-- विश्वास तो कहीं से क्रय नहीं किया जाता!

भटार्क-- तुम अभी बालक हो।

चक्र०-- दुराचारी कृतघ्न! अभी मैं तेरा कलेजा फाड़ खाता; तेरा.......! भटार्क-- सावधान! अब मैं सहन नहीं कर सकता!

(तलवार पर हाथ रखता है)

स्कंद०-- भटार्क! वह बालक है। कूटमंत्रणा, वाक् चातुरी नहीं जानता। चुप रहो चक्र!

(चक्रपालित और भटार्क सिर नीचा कर लेते हैं)

स्कंद०-- भटार्क! प्रवञ्चना का समय नहीं है। स्मरण रखना- कृतघ्न और नीचों की श्रेणी में तुम्हारा नाम पहले रहेगा!

(भटार्क चुप रह जाता है)

स्कंद०-- युद्ध के लिये प्रस्तुत हो?

भटार्क-- मेरा खड्ग साम्राज्य की सेवा करेगा।

स्कंद०-- अच्छा तो अपनी सेना लेकर तुम गिरिसंकट पर पीछे से आक्रमण करो और सामने से मैं आता हूँ। चक्र! तुम दुर्ग की रक्षा करो।

भटार्क-- जैसी आज्ञा। नगरहार के स्कंधावार को भी सहायता के लिये कहला दिया जाय तो

अच्छा हो।

स्कंद०–चर गया है। तुम शीघ्र जाओ। देखो-सामने शत्रु दीख पड़ते हैं।

(भटार्क का प्रस्थान)

चक्र०-- तो मैं बैठा हूँ?

स्कंद-- भविष्य अच्छा नहीं है चक्र! नगरहार से समय पर सहायता पहुँचती नहीं दिखाई देती। परंतु, यदि आवश्यकता हो तो शीघ्र नगरहार की ओर प्रत्यावर्तन करना। मैं वहीं तुमसे मिलूँगा।

(चर का प्रवेश)

स्कंद°-- गान्धार-युद्ध का क्या समाचार है?

चर-- विजय। उस रणक्षेत्र में हूण नहीं रह गये। परंतु सम्राट्! बंधुवर्म्मा नहीं हैं!

स्कंद०-- आह बंधु! तुम चले गये? धन्य हो वीर-हृदय!

(शोक-मुद्रा से बैठ जाता है)

चक्र०-- इसका समय नहीं है सम्राट्! उठिये, सेना आ रही है; इस समय यह समाचार नहीं प्रचारित करना है।

स्कंद°-- (उठते हुए) ठीक कहा।

(भटार्क के साथ सेना का प्रवेश)

स्कंद०-- देखो, कुभा के उस बंध से सावधान रहना! आक्रमण में यदि असफलता हो, और शत्रु की दूसरी सेना कुभा को पार करना चाहे, तो उसे काट देना। देखो भटार्क! तुम्हारे विश्वास का यही प्रमाण है।

भटार्क-- जैसी आपकी आज्ञा।

(कुछ सैनिकों के साथ जाता है)

स्कंद०-- चक्र! दुर्ग-रक्षक सैनिकों को लेकर तुम प्रतीक्षा करना। हम इसी छोटी-सी सेना से आक्रमण करेंगे। तुम सावधान!

(नेपथ्य से रणवाद्य)

देखो--वह हूण आ रहे हैं! उन्हें वहीं रोकना होगा। तुम दुर्ग में जाओ।

चक्र०-- जैसी आज्ञा। (जाता है)

स्कंद°--वीर मगध-सैनिकों! आज स्कंदगुप्त तुम्हारी परिचालना कर रहा है, यह ध्यान रहे, गरुड़ध्वज का मान रहे, भले ही प्राण जायँ!

मगध-सेना--राजाधिराज श्री स्कंदगुप्त विक्रमादित्य की जय!

(सेना बढ़ती है, ऊपर से अस्त्रवर्षा होती हैं, घोर युद्ध के बाद हूण भागते हैं। साम्राज्य-सेना का, जयनाद करते हुए, शिखर पर अधिकार करना।)

नायक--(ऊपर देखता हुआ) सम्राट्! आश्चर्य है, भागी हुई हूण-सेना कुभा के उस पार उतर जाना चाहती है!

स्कंद°--क्या कहा!

नायक--कुछ मगध-सेना भी वहाँ है, परंतु वह तो जैसे उनका स्वागत कर रही है!

स्कंद°--विश्वासघात! प्रतारणा! नीच भटार्क!

नायक--फिर क्या आज्ञा है?

स्कंद°--दुर्ग की रक्षा होनी चाहिये। उस पार की हूण-सेना यदि आ गई तो कृतघ्न भटार्क उन्हें मार्ग बतावेगा। वीरो! शीघ्र उन्हें उसी पार रोकना होगा। अभी कुभा पार होने की संभावना है।

(नायक तुरही वजाता है, सैनिक इकट्ठे होते हैं।)

स्कंद०--(घबराहट से देखते हुए) शीघ्रता करो।

नायक--क्या?

स्कंद०--नीच भटार्क ने बंध तोड़ दिया है, कुभा में जल बड़े वेग से बढ़ रहा है! चलो शीघ्र--

(सब उतरना चाहते हैं, कुभा में अकस्मात् जल बढ़ जाता है;
सब बहते हुए दिखाई देते हैं।)

[अंधकार]

चतुर्थ अंक

(विजया और अनन्तदेवी)

अनन्त०--क्या कहा?

विजया--मैं आज ही पासा पलट सकती हूँ। जो झूला ऊपर उठ रहा है, उसे एक ही झटके में पृथ्वी चूमने के लिये विवश कर सकती हूँ।

अनन्त०--क्यों? इतनी उत्तेजना क्यों है? सुनू भी तो।

विजया--समझ जाओ।

अनन्त०--नहीं, स्पष्ट कहो।

विजया--भटार्क मेरा है!

अनन्त--तो?

विजया--उस राह से दूसरों को हटना होगा।

अनन्त०--कौन छीन रहा है?

विजया--एक पाप-पङ्क में फंसी हुई निर्लज्ज नारी। क्या उसका नाम भी बताना होगा? समझो, नहीं तो साम्राज्य का स्वप्न गला दबाकर भंग कर दिया जायगा।

अनन्त०--(हँसती हुई) मूर्ख रमणी! तेरा भटार्क केवल मेरे कार्य्य-साधन का अस्त्र है, और कुछ नहीं। वह पुरगुप्त के ऊँचे सिंहासन की सीढ़ी है, समझो?

विजया--समझी; और तुम भी जान लो कि तुम्हारा नाश समीप है।

अनन्त०--(बनाती हुई) क्या तुम पुरगुप्त के साथ सिंहासन पर नहीं बैठना चाहती हो? क्यों--वह भी तो कुमारगुप्त का पुत्र है?

विजया--हाँ, वह कुमारगुप्त का पुत्र है, परन्तु वह तुम्हारे गर्भ से उत्पन्न है! तुमसे उत्पन्न हुई सन्तान--छिः!

अनन्त०--क्या कहा? समझकर कहना।

विजया--कहती हूँ, और फिर कहूँगी। प्रलोभन से, धमकी से, भय से, कोई भी मुझको भटार्क से नहीं वञ्चित कर सकता है। प्रणय-वञ्चिता स्त्रियाँ अपनी राह के रोड़े-विघ्नों--को दूर करने के लिये वज्र से भी दृढ़ होती हैं। हृदय को छीन लेनेवाली स्त्री के प्रति हृतसर्वस्वा रमणी पहाड़ी नदियों से भयानक, ज्वालामुखी के विस्फोट से भी वीभत्स, और प्रलय की अनल-शिखा से भी लहरदार होती है। मुझे तुम्हारा सिंहासन नहीं चाहिये। मुझे क्षुद्र पुरगुप्त के विलास-जर्जर मन और यौवन में ही जीर्ण शरीर का अवलम्ब वांछनीय नहीं। कहे देती हूँ, हट जाओ, नहीं तो तुम्हारी समस्त कुमंत्रणाओं को एक फूँक में उड़ा दूँगी!

अनन्त०--क्या? इतना साहस! तुच्छ स्त्री! तू जानती है कि किसके साथ बात कर रही है? मैं वही हूँ--जो अश्वमेध-पराक्रम कुमारगुप्त से, बालों को सुगन्धित करने के लिये गंधचूर्ण जलवाती थी—जिसकी एक तीखी कोर से गुप्त-साम्राज्य डाँवाडोल हो रहा है, उसे तुम......एक सामान्य स्त्री! जा-जा, ले अपने भटार्क को; मुझे ऐसे कीट-पतंगों की आवश्यकता नहीं। परन्तु स्मरण रखना, मैं हूँ अनन्तदेवी! तेरी कूटनीति के कंटकित कानन की दावाग्नि--तेरे गर्व-शैलश्रृंग का वज्र! मैं वह आग लगाऊँगी, जो प्रलय के समुद्र से भी न बुझे!

(जाती है)

विजया--मैं कहीं की न रही! इधर भयानक पिशाचों की लीला-भूमि, उधर गम्भीर समुद्र! दुर्बल रमणी-हृदय! थोड़ी आँच में गरम, और शीतल हाथ फेरते ही ठंढा! क्रोध से अपने आत्मीय जनों पर विष उगल देना! जिनको क्षमा की आवश्यकता है--जिन्हें स्नेह के पुरस्कार की वांछा है, उनकी भूल पर कठोर तिरस्कार और जो पराये हैं, उनके साथ दौड़ती हुई सहानुभूति! यह मन का विष, यह बदलनेवाले हृदय की क्षुद्रता है। ओह! जब हम अनजान लोगों की भूल और दुःखों पर क्षमा या सहानुभूति प्रकट करते हैं, तो भूल जाते हैं कि यहाँ मेरा स्वार्थ नहीं है। क्षमा और उदारता वही सच्ची है, जहाँ स्वार्थ की भी बलि हो। अपना अतुल धन और हृदय दूसरों के हाथ में देकर चलूँ--कहाँ? किधर--(उन्मत्त भाव से प्रस्थान करना चाहती है)

(पदच्युत नायक का प्रवेश)

नायक--शांत हो।

विजया--कौन?

नायक--एक सैनिक। विजया--दूर हो, मुझे सैनिकों से घृणा है।

नायक--क्यों सुन्दरी?

विजया--क्रूर! केवल अपने झूठे मान के लिये, बनावटी बड़प्पन के लिये, अपना दम्भ दिखलाने के लिये, एक अनियंत्रित हृदय का लोहों से खेल विडम्बना है! किसकी रक्षा, किस दीन की सहायता के लिये तुम्हारे अस्त्र हैं?

नायक--साम्राज्य की रक्षा के लिये।

विजया--झूठ। तुम सब को जंगली हिंस्र पशु होकर जन्म लेना था। डाकू! थोड़े-से ठीकरों के लिये अमूल्य मानव-जीवन का नाश करनेवाले भयानक भेड़िये!

नायक--(स्वगत) पागल हो गई है क्या?

विजया--स्नेहमयी देवसेना को शंका से तिरस्कार किया, मिलते हुए स्वर्ग को घमंड से तुच्छ समझा, देव-तुल्य स्कंदगुप्त से विद्रोह किया, किस लिये? केवल अपना रूप, धन, यौवन दूसरे को दान करके उन्हें नीचा दिखाने के लिये? स्वार्थपूर्ण मनुष्यों की प्रतारणा में पड़कर खो दिया--इस लोक का सुख, उस लोक की शान्ति! ओह!

नायक--शांत हो!

विजया--शांति कहाँ? अपनों को दंड देने के लिये मैं स्वयं उनसे अलग हुई; उन्हे दिखाने के लिये--"मैं भी कुछ हूँ"! अपनी भूल थी, उसे अभिमान से उनके सिर दोष के रूप में मढ़ रक्खा था। उनपर झूठा अभियोग लगाकर नीच-हृदय को नित्य उत्तेजित कर रही थी। अब उसका फल मिला!

नायक--रमणी! भूला हुआ लौट आता है, खोया हुआ मिल जाता है; परन्तु जो जान-बूझकर भूलभुलियाँ तोड़ने के अभिमान से उसमें घुसता है, वह उसी चक्रव्यूह में स्वयं मरता है, दूसरों को भी मारता है। शांति का--कल्याण का--मार्ग उन्मुक्त है। द्रोह को छोड़ दो, स्वार्थ को विस्मृत करो,

सब तुम्हारा है।

विजया--(सिसकती हुई) मैं अनाथ निःसहाय हूँ!

नायक--(बनावटी रूप उतारता है) मैं शर्वनाग हूँ। मैं सम्राट का अनुचर हूँ। मगध की परिस्थिति देखकर अपने विषय अन्तर्वेद को लौट रहा हूँ।

विजया--क्या अन्तर्वेद के विषयपति शर्वनाग?

शर्व०--हाँ, परंतु देश पर एक भीषण आतंक है। भटार्क की पिशाच-लीला सफल होना चाहती है। विजया! चलो, देश के प्रत्येक बच्चे, बूढ़े और युवक को उसकी भलाई में लगाना होगा; कल्याण का मार्ग प्रशस्त करना होगा। आओ, यदि हम राजसिंहासन न प्रस्तुत कर सकें तो हमें अधीर न होना चाहिये; हम देश की प्रत्येक गली को झाड़ू देकर ही इतना स्वच्छ कर दें कि उसपर चलनेवाले राजमार्ग का सुख पावें!

विजया--(कुछ सोचकर) तुमने सच कहा। सबको कल्याण के शुभागमन के लिये कटिबद्ध होना चाहिये। चलो--

[दोनों का प्रस्थान]

[भटार्क का शिविर]

(नर्त्तकी गाती है)

भाव-निधि में लहरियाँ उठतीं तभी
भूलकर भी जब स्मरण होता कभी
मधुर मुरली फेंक दी तुमने भला
नींद मुझको आ चली थी बस अभी
सब रगों में फिर रही हैं बिजलियाँ
नील नीरद! क्या न बरसोगे कभी
एक झोंका और मलयानिल अहा।
क्षुद्र कलिका है खिली जाती अभी
कौन मर-मरकर जियेगा इस तरह
यह समस्या हल न होगी क्या कभी

(कमला और देवकी का प्रवेश)

देवकी-भटार्क! कहाँ है मेरा सर्वस्व? बता दे मेरे आनन्द का उत्सव, मेरी आशा का सहारा, कहाँ है?

भटार्क-- कौन!

कमला-- कृतघ्न! नहीं देखता है, यह वही देवी हैं-- जिन्होंने तेरे नारकीय अपराध को क्षमा किया था-- जिन्होने तुझ-से घिनौने कीड़े को भी मरने से बचाया था। वही, वही, देव-प्रतिमा महादेवी देवकी।

भटार्क-- (पहचानकर) कौन? मेरी माँ!

कमला-- तू कह सकता है। परन्तु मुझे तुझको पुत्र कहने में संकोच होता है, लज्जा से गड़ी जा रही हूँ! जिस जननी की संतान--जिसका अभागा पुत्र-ऐसा देशद्रोही हो, उसको क्या मुँह दिखाना चाहिये? आह भटार्क!

भटार्क--राजमाता और मेरी माता!

देवकी--बता भटार्क! वह आर्य्यावर्त्त का रत्न कहाँ है? देश को बिना दाम का सेवक, वह जन-

साधारण के हृदय का स्वामी, कहाँ है? उससे शत्रुता करते हुए तुझे.....

कमला--बोल दे भटार्क!

भटार्क--क्या कहूँ, कुभा की क्षुब्ध लहरों से पूछो, हिमवान की गल जानेवाले बर्फों से पूछो कि वह कहाँ है। मैं नहीं.....

देवकी--आह! गया मेरा स्कंद!! मेरा प्राण!!!

(गिरती है, मृत्यु!)

कमला--(उसे सम्हालती हुई) देख पिशाच! एक बार अपनी विजय पर प्रसन्नता से खिलखिला ले। नीच! पुण्य-प्रतिमा को, स्त्रियों की गरिमा को, धूल में लोटता हुआ देखकर, एक बार हृदय खोलकर हँस ले। हा देवी!

भटार्क--क्या! (भयभीत होकर देखता है)

कमला--इस यंत्रणा और प्रतारणा से भरे हुए संसार की पिशाच भूमि को छोड़कर अक्षय लोक को गई, और तू जीता रहा--सुखी घरों में आग लगाने, हाहाकार मचाने और देश को अनाथ बनाकर उसकी दुर्दशा कराने के लिये--नरक के कीड़े! तू जीता रहा!!

भटार्क-- मा, अधिक न कहो। साम्राज्य के विरुद्ध कोई अपराध करने का मेरा उद्देश्य नहीं था; केवल पुरगुप्त को सिंहासन पर बिठाने की प्रतिज्ञा से प्रेरित होकर मैंने यह किया। स्कंदगुप्त न सही, पुरगुप्त सम्राट होगा।

कमला-- अरे मूर्ख! अपनी तुच्छ बुद्धि को सत्य मानकर, उसके दर्प में भूलकर, मनुष्य कितना बड़ा अपराध कर सकता है! पामर! तू सम्राटों का नियामक बन गया? मैंने भूल की; सूतिका-गृह में ही तेरा गला घोंटकर क्यों न मार डाला! आत्महत्या के अतिरिक्त अब और कोई प्रायश्चित्त नहीं।

भटार्क-- मा, क्षमा करो। आज से मैंने शस्त्र-त्याग किया। मैं इस संघर्ष से अलग हूँ, अब अपनी दुर्बुद्धि से तुम्हें कष्ट न पहुँचाऊँगा (तलवार डाल देता है)

कमला-- तूने विलम्ब किया भटार्क! महादेवी......एक दिन जिसके नाम पर गुप्त-साम्राज्य नतमस्तक होता था, आज उसकी अन्त्येष्टि-क्रिया के लिये कोई उपाय नहीं!......हा दुर्दैव!

भटार्क-- (ताली बजाता हैं, सैनिक आते हैं) महादेवी की अन्त्येष्टि-क्रिया राजसम्मान से होनी चाहिये। चलो, शीघ्रता करो।

(देवकी के शव को एक ऊँचे स्थान पर दोनो मिलकर रखते हैं)

कमला-- भटार्क ! इस पुण्यचरण के स्पर्श से, संभव है, तेरा पाप छूट जाय।

[भटार्क और कमला पर तीव्र आलोक]

[काश्मीर]

(न्यायाधिकरण में मातृगुप्त)

(एक स्त्री और दंडनायक)

मातृगुप्त--नन्दीग्राम के दंडनायक देवनंद! यह क्या है?

देवनंद--कुमारामात्य की जय हो! बहुत परिश्रम करने पर भी मैं इस रमणी के अपहृत धन का पता न लगा सका। इसमें मेरा अपराध अधिक नहीं है।

मातृगुप्त--फिर किसका है? तुम गुप्तसाम्राज्य का विधान भूल गये! प्रजा की रक्षा के लिये "कर" लिया जाता है। यदि तुम उसकी रक्षा न कर सके, तो वह अर्थ तुम्हारी भृति से कटकर इस रमणी

को मिलेगा।

देवनंद--परंतु वह इतना अधिक है कि मेरे जीवन-भर की भृति से भी उसका भरना असम्भव है।

मातृगुप्त--तब राज-कोष उसे देगा, और तुम उसका फल भोगोगे।

देवनंद--परंतु मैं पहले ही निवेदन कर चुका हूँ, इसमें मेरा अपराध अधिक नहीं है। यह श्रीनगर की सबसे अधिक समृद्धि-शालिनी वेश्या है। यह अपने अंतरंग लोगों का परिचय भी नहीं बताती; फिर मैं कैसे पता लगाऊँ? गुप्तचर भी थक गये।

मातृगुप्त--हाँ, इसका नाम मैं भूल गया।

देवनंद--मालिनी।

मातृगुप्त--क्या! मालिनी? (कुछ सोचता हुआ) अच्छा, जाओ, कोषाध्यक्ष को भेज दो।

(देवनद का प्रस्थान)

मातृगुप्त--मालिनी! अवगुंठन हटाओ, सिर ऊँचा करो; मैं अपना भ्रम-निवारण करना चाहता हूँ।

(अवगुंठन हटाकर मालिनी मातृगुप्त की ओर देखती है, मातृगुप्त चकित होकर उसको देखता है।)

मातृगुप्त--तुम कौन हो--मालिनी? छलना! नहीं-नहीं, भ्रम है।

मालिनी--नहीं मातृगुप्त, मैं ही हूँ! अवगुंठन केवल इसीलिये था कि मैं तुम्हें मुख नहीं दिखला सकती थी। मातृगुप्त! मैं वहीं हूँ।

मातृगुप्त--तुम? नहीं मेरी मालिनी! मेरे हृदय की आराध्य देवता--वेश्या! असम्भव। परंतु नहीं, वही है मुख! यद्यपि विलास ने उसपर अपनी मलिन छाया डाल दी है--उसपर अपने अभिशाप की छाप लगा दी है; पर तुम वही हो। हा दुर्दैव!

मालिनी--दुर्दैव!

मातृगुप्त--मैं आज तक तुम्हें पूजता था। तुम्हारी पवित्र स्मृति को कंगाल की निधि की भाँति छिपाये रहा। मूर्ख मैं... आह मालिनी! मेरे शून्य भाग्याकाश के मंदिर का द्वार खोल कर तुम्हीं ने उनींदी उषा के सदृश झाँका था, और मेरे भिखारी संसार पर स्वर्ण बिखेर दिया था। तुम्हीं मालिनी! तुमने सोने के लिये नंदन का अम्लान कुसुम बेच डाला। जाओ मालिनी! राज-कोष से अपना धन ले लो। मालिनी-- (मातृगुप्त के पैरों पर गिरती हुई) एक बार क्षमा कर दो मातृगुप्त!

मातृगुप्त-- मैं इतना दृढ़ नहीं हूँ मालिनी! कि तुम्हें इस अपराध के कारण भूल जाऊँ। पर वह स्मृति दूसरे प्रकार की होगी। इसमें ज्वाला न होगी। धुंआ उठेगा और तुम्हारी मूर्ति धुंधली होकर सामने आवेगी! जाओ!

(मालिनी का प्रस्थान, चर का प्रवेश)

चर-- कुमारामात्य की जय हो!

मातृगुप्त-- क्या समाचार है? सम्राट् का पता लगा?

चर-- नहीं। पंचनद हूणों के अधिकार में है, और वे काश्मीर पर भी आक्रमण किया चाहते है।

मातृ°--- जाओ!

(चर का प्रस्थान)

मातृ०-- तो सब गया! मेरी, कल्पना के सुंदर स्वप्नों का प्रभात हो रहा है। नाचती हुई निहार-

कणिकाओं पर तीखी। किरणों के भाले! ओह! सोचा था कि देवता जागेंगे, एक बार आर्यावर्त्त में गौरव का सूर्य चमकेगा, और पुण्यकर्मों से समस्त पाप-पंक धो जायेंगे; हिमालय से निकली हुई सप्तसिंधु तथा गंगा-यमुना की घाटियाँ, किसी आर्ये सद् गृहस्थ के स्वच्छ और पवित्र आँगन-सी, भूखी जाति के निर्वासित प्राणियों को अन्नदान देकर संतुष्ट करेंगी; और आर्य्यजाति अपने दृढ़ सबल हाथो में शस्त्र-ग्रहण करके पुण्य का पुरस्कार और पाप का तिरस्कार, करती हुई, अचल हिमाचल की भाँति सिर ऊँचा किये, विश्व को सदाचरण के लिए सावधान करती रहेगी, आलस्य-सिन्धु में शेष-पर्यक-शायी सुषुप्तिनाथ जागेंगे; सिन्धु में हलचल होगी, रत्नाकर से रत्नराशियाँ आर्यावर्त की बेलाभूमि पर निछावर होंगी। उद्बोधन के गीत गाये-हृदय के उद्गार सुनाये जायेंगे, परन्तु पासा पलट कर भी न पलटा! प्रवीर उदार-हृदय स्कन्दगुप्त, कहाँ है? तब, काश्मीर! तुझसे विदा!

[प्रस्थान]

[नगर-प्रांत में पथ]

(धातुसेन और प्रख्यातकीर्त्ति)

प्रख्यात०--प्रिय वयस्य! आज तुम्हें आये तीन दिन हुए, क्या सिंहल का राज्य तुम्हे भारत-पर्य्यटन के सामने तुच्छ प्रतीत होता है?

धातुसेन--भारत समग्र विश्व का है, और सम्पूर्ण वसुन्धरा इसके प्रेम-पाश में आबद्ध है। अनादि-काल से ज्ञान की, मानवता की, ज्योति यह विकीर्ण कर रहा है। वसुन्धरा का हृदय--भारत--किस मूर्ख को प्यारा नहीं है? तुम देखते नहीं कि विश्व का सबसे ऊँचा शृंग इसके सिरहाने, और सबसे गम्भीर तथा विशाल समुद्र इसके चरणों के नीचे है? एक-से-एक सुंदर दृश्य प्रकृति ने अपने इस घर में चित्रित कर रक्खा है। भारत के कल्याण के लिये मेरा सर्वस्व अर्पित है। किन्तु देखता हूँ, बौद्ध जनता और संघ भी साम्राज्य के विरुद्ध हैं। महाबोधि-विहार के संघ-महास्थविर ने निर्वाण-लाभ किया है, उस पद के उपयुक्त भारत-भर में केवल प्रख्यातकीर्त्ति है। तुमसे संघ की मलिनता बहुत-कुछ धुल जायगी।

प्रख्यात०--राजमित्र! मुझे क्षमा कीजिये। मैं धर्म्म-लाभ करने के लिये भिक्षु हुआ हूँ, महास्थविर बनने के लिये नहीं।

धातुसेन--मित्र! मैं मातृगुप्त से मिलना चाहता हूँ।

प्रख्यात०--वह तो विरक्त होकर घूम रहा है!

धातुसेन--तुमको मेरे साथ काश्मीर चलना होगा।

प्रख्यात०--पर अभी तो कुछ दिन ठहरोगे?

धातुसेन--जहाँ तक संभव हो, शीघ्र चलो।

(एक भिक्षु का प्रवेश)

भिक्षु--आचार्य्य! महान अनर्थ!

प्रख्यात०--क्या है, कुछ कहो भी?

भिक्षु--विहार के समीप जो चतुष्पथ का चैत्य है, वहाँ कुछ ब्राह्मण बलि किया चाहते हैं! इधर भिक्षु और बौद्ध जनता उत्तेजित है।

धातु०--चलो, हम लोग भी चलें--उन उत्तेजित लोगों को शान्त करने का प्रयत्न करें।

[सब जाते हैं]

[विहार के समीप चतुष्पथ। एक ओर ब्राह्मण लोग बलि का उपकरण लिए, दूसरी ओर भिक्षु और

[बौद्ध जनता उत्तेजित।दंडनायक का प्रवेश]

दंडनायक-- नागरिकगण! यह समय अन्तर्विद्रोह का नहीं है। देखते नहीं हो कि साम्राज्य बिना कर्णधार का पोत होकर डगमगा रहा है, और तुम लोग क्षुद्र बातों के लिये परस्पर झगड़ते हो!

ब्राह्मण-- इन्हीं बौद्धों ने गुप्त शत्रु का काम किया है। कई बार के विताड़ित हूण इन्हीं लोगों की सहायता से पुनः आये हैं। इन गुप्त शत्रुओं को कृतघ्नता का उचित दंड मिलना चाहिये।

श्रमण-- ठीक है। गंगा, यमुना और सरयू के तट पर गड़े हुए यश्ययूप सद्धर्मियों की छाती में ठुकी हुई कीलों की तरह अब भी खटकते हैं। हम लोग निस्सहाय थे, क्या करते? विधर्मी विदेशी की शरण में भी यदि प्राण बच जायँ और धर्म की रक्षा हो। राष्ट्र और समाज मनुष्यों के द्वारा बनते है-- उन्हीं के सुख के लिये। जिस राष्ट्र और समाज से हमारी सुख-शान्ति में बाधा पड़ती हो, उसका हमें तिरस्कार करना ही होगा। इन संस्थाओं का उद्देश है--मानवों की सेवा। यदि वे हमीं से अवैध सेवा लेना चाहें और हमारे कष्टों को न हटावें, तो हमे उसकी सीमा के बाहर जाना ही पड़ेगा।

ब्राह्मण-- ब्राह्मणों को इतनी हीन अवस्था में बहुत दिनों तक विश्वनियंता नहीं देख सकते। जो जाति विश्व के मस्तिष्क का शासन करने का अधिकार लिए उत्पन्न हुई है, वह कभी चरणों के नीचे न बैठेगी। आज यहाँ बलि होगी-हमारे धर्माचरण में स्वयं विधाता भी बाधा नहीं डाल सकते।

श्रमण-- निरीह प्राणियों के वध में कौन-सा धर्म है ब्राह्मण? तुम्हारी इसी हिंसा-नीति और अहंकारमूलक आत्मवाद का खंडन तथागत ने किया था। उस समय तुम्हारा ज्ञान-गौरव कहाँ था? क्यों नतमस्तक होकर समग्र जम्बूद्वीप ने उस ज्ञान-रणभूमि के प्रधान मल्ल के समक्ष हार स्वीकार की? तुम हमारे धर्म पर अत्याचार किया चाहते हो, यह नहीं हो सकेगा। इन पशुओं के बदले हमारी बलि होगी। रक्त-पिपासु दुर्दान्त ब्राह्मणदेव! तुम्हारी पिपासा हम अपने रुधिर से शांत करेंगे।

धातुसेन-- (प्रवेश करके) अहंकारमूलक आत्मवाद का खंडन करके गौतम ने विश्वात्मवाद को नष्ट नहीं किया। यदि वैसा करते तो इतनी करुणा की क्या आवश्यकता थी? उपनिषदों के नेति-नेति से ही गौतम का अनात्मवाद पूर्ण है। यह प्राचीन महर्षियों का कथित सिद्धान्त, मध्यमा-प्रतिपदा के नाम से, संसार में प्रचारित हुआ; व्यक्तिरूप में आत्मा के सदृश कुछ नहीं है। वह एक सुधार था, उसके लिये रक्तपात क्यों?

दंडनायक-- देखो, यदि ये हठी लोग कुछ तुम्हारे समझाने से मान जायँ, अन्यथा यहाँ बलि न होने दूँगा।

ब्राह्मण-- क्यों न होने दोगे? अधार्मिक शासक! क्यों न होने दोगे? आज गुप्त कुचक्रों से गुप्तसाम्राज्य शिथिल है। कोई क्षत्रिय राजा नहीं, जो ब्राह्मण के धर्म की रक्षा कर सके--जो धर्माचरण के लिये अपने राजकुमारों को तपस्वियों की रक्षा में नियुक्त करें! आह धर्मदेव! तुम कहाँ हो?

धातुसेन-- सप्तसिंधु-प्रदेश नृशंस हूणों से पदाक्रांत है। जाति भीत और त्रस्त है, और उसका धर्म असहाय अवस्था में पैरों से कुचला जा रहा है। क्षत्रिय राजा, धर्म का पालन कराने वाला राजा, पृथ्वी पर क्यों नहीं रह गया? आपने इसे विचारा है? क्यों ब्राह्मण टुकड़ो के लिये अन्य लोगों की उपजीविका छीन रहे हैं? क्यों एक वर्ण के लोग दूसरों की अर्थकरी वृत्तियाँ ग्रहण करने लगे हैं? लोभ ने तुम्हारे धर्म का व्यवसाय चला दिया। दक्षिणाओं की योग्यता से-स्वर्ग, पुत्र, धन, यश, विजय और मोक्ष तुम बेचने लगे। कामना से अंधी जनता के विलासी-समुदाय के ढोंग के लिये तुम्हारा धर्म आवरण हो गया है। जिस धर्म के आचरण के लिये पुष्कल स्वर्ण चाहिये, वह धर्म जन-साधारण की सम्पत्ति नहीं! धर्मवृक्ष के चारों ओर स्वर्ण के काँटेदार जाल फैलाये गये है, और व्यवसाय की ज्वाला से वह दग्ध हो रहा है। जिन धनवानों के लिये तुमने धर्म को सुरक्षित रखा, उन्होंने समझा कि धर्म धन से खरीदा जा सकता है। इसलिये धनोपार्जन मुख्य हुआ और धर्म गौण। जो पारस्य-देश की मूल्यवान मदिरा रात को पी सकता है, वह धार्मिक बने रहने के लिये प्रभात में एक गो-निष्क्रय भी कर सकता

है। धर्म को बचाने के लिये तुम्हें राजशक्ति की आवश्यकता हुई। धर्म इतना निर्बल है कि वह पाशव बल के द्वारा सुरक्षित होगा?

ब्राह्मण--तुम कौन हो? मूर्ख उपदेशक! हट जाओ। तुम नास्तिक प्रच्छन्न बौद्ध! तुमको अधिकार क्या है कि हमारे धर्म की व्याख्या करो?

धातुसेन-- ब्राह्मण क्यों महान हैं? इसीलिये कि वे त्याग और क्षमा की मूर्ति हैं। इसीके बल पर बड़े-बड़े सम्राट उनके आश्रमो के निकट निरस्त होकर जाते थे, और वे तपस्वी ऋत और अमृत वृत्ति से जीवन-निर्वाह करते हुए सायं-प्रातः अग्निशाला में भगवान से प्रार्थना करते थे--

सर्वेऽपि सुखिनः सन्तु सर्वे सन्तु निरामयाः
सर्वे भद्राणि पश्यन्तु मा कश्चिद् दुःखमाप्नुयात्

--आप लोग उन्हीं ब्राह्मणों की संतान हैं, जिन्होंने अनेक यज्ञों को एक बार ही बंद कर दिया था। उनका धर्म समयानुकूल प्रत्येक परिवर्तन को स्वीकार करता है; क्योंकि मानवबुद्धि ज्ञान का--जो वेदों के द्वारा हमें मिला है--प्रस्तार करेगी, उसके विकास के साथ बढ़ेगी; और यही धर्म की श्रेष्ठता है।

प्रख्यातकीर्ति-- धर्म के अंधभक्तो! मनुष्य अपूर्ण है। इसलिये सत्य का विकास जो उसके द्वारा होता है, अपूर्ण होता है। यही विकास का रहस्य है। यदि ऐसा न हो तो ज्ञान की वृद्धि असंभव हो जाय। प्रत्येक प्रचारक को कुछ-न-कुछ प्राचीन असत्य-परम्पराओं का आश्रय इसीसे ग्रहण करना पड़ता है। सभी धर्म, समय और देश की स्थिति के अनुसार, विवृत हो रहे हैं और होंगे। हम लोगों को हठधर्मी से उन आगंतुक-क्रमिक पूर्णता प्राप्त करनेवाले ज्ञानों से मुँह न फेरना चाहिये। हम लोग एक ही मूल धर्म की दो शाखाएँ हैं। आओ, हम दोनों अपने उदार विचार के फूलों से दुःख-दग्ध मानवों का कठोर पथ कोमल करें।

बहुत-से लोग-- ठीक तो है, ठीक तो है। हम लोग व्यर्थ आपस मे ही झगड़ते हैं और आततायियों को देखकर घर में घुस जाते हैं। हूणों के सामने तलवारें लेकर इसी तरह क्यों नहीं अड़ जाते?

दंडनायक-- यही तो बात है नागरिक!

प्रख्यातकीर्ति-- मैं इस विहार का आचार्य हूँ, और मेरी सम्मति धार्मिक झगड़ों में बौद्धों को माननी चाहिये। मै जानता हूँ कि भगवान ने प्राणिमात्र को बराबर बनाया है, और जीव-रक्षा इसी लिये धर्म है। किन्तु जब तुम लोग स्वयं इसके लिये युद्ध करोगे, तो हत्या की संख्या बढ़ेगी ही। अतः यदि तुममें कोई सच्चा धार्मिक हो तो वह आगे आवे, और ब्राह्मणों से पूछे कि आप मेरी बलि देकर इतने जीवों को छोड़ सकते हैं। क्योंकि इन पशुओं से मनुष्यों का मूल्य ब्राह्मणों की दृष्टि में भी विशेष होगा। आइये, कौन आता है, किसे बोधिसत्व होने की इच्छा है?

(बौद्धों में से कोई नहीं मिलता)

प्रख्यात०-- (हँसकर) यही आपका धर्मोन्माद था? एक युद्ध करनेवाली मनोवृत्ति की प्रेरणा से उत्तेजित होकर अधर्म करना और धर्माचरण की दुन्दभी बजाना--यही आपकी करुणा की सीमा है? जाइये, घर लौट जाइये। (ब्राह्मण से।) आओ रक्त-पिपासु धार्मिक! लो, मेरा उपहार देकर अपने देवता को संतुष्ट करो! (सिर झुका लेता है)

ब्राह्मण-- (तलवार फेंककर) धन्य हो महाश्रमण! मै नहीं जानता था कि तुम्हारे-ऐसे धार्मिक भी इसी संघ में है! मैं बलि नहीं करूँगा।

[जनता में जयजयकार; सत्ब धीरे-धीरे जाते हैं]

[पथ में विजया और मातृगुप्त]

विजया-- नहीं कविवर! ऐसा नहीं।

मातृगुप्त-- कौन, विजया?

विजया-- आश्चर्य्य और शोक का समय नहीं है। सुकविशिरोमणी! गा चुके मिलन-संगीत, गा चुके कोमल कल्पनाओं के लचीले गान, रो चुके प्रेम के पचड़े? एक बार वह उद्बोधनगीत गा दो कि भारतीय अपनी नश्वरता पर विश्वास करके अमर भारत की सेवा के लिये सन्नद्ध हो जायें!

मातृगुप्त-- देवी! तुम देवी ......

विजया-- हाँ मातृगुप्त! एक प्राण बचाने के लिये जिसने तुम्हारे हाथ में काश्मीर-मंडल दे दिया था, आज तुम उसी सम्राट् को खोजते हो। एक नहीं, ऐसे सहस्र स्कन्दगुप्त, ऐसे सहस्रों देव-तुल्य उदार युवक, इस जन्म-भूमि पर उत्सर्ग हो जायँ! सुना दो वह संगीत-- जिससे पहाड़ हिल जाय और समुद्र काँपकर रह जाय; अँगड़ाइयाँ लेकर मुचकुन्द की मोहनिद्रा से भारतवासी जग पड़ें। हम-तुम गली-गली कोने-कोने पर्य्यटन करेंगे, पैर पड़ेंगे, लोगो को जगावेंगे!

मातृगुप्त-- वीरबाले! तुम धन्य हो। आज से मैं यही करूँगा। (देखकर) वह लो--चक्रपालित आ रहा है!

(चक्रपालित का प्रवेश)

चक्र-- लक्ष्मी की लीला, कमल के पत्तों पर जल-बिन्द, आकाश के मेघ-समारोह-- अरे इनसे भी क्षुद्र निहार-कणिकाओं की प्रभात-लीला। मनुष्य की अदृष्ट-लिपि वैसी ही है जैसी अग्नि-रेखाओं से कृष्ण मेघ में बिजली की वर्णमाला--एक क्षण में प्रज्वलित, दूसरे क्षण में विलीन होनेवाली। भविष्यत् का अनुचर तुच्छ मनुष्य केवल अतीत का स्वामी है!

मातृगुप्त--बन्धु चक्रपालित!

चक्र०--कौन, मातृगुप्त?

भीम०--(सहसा प्रवेश करके) कहाँ है मेरा भाई, मेरे हृदय का बल, भुजाओं का तेज, वसुन्धरा का श्रृंगार, वीरता का वरणीय बंधु, मालव-मुकुट आर्य्य बंधुवर्म्मा?

(प्रख्यातकीर्ति और श्रमण का प्रवेश)

प्रख्यात०--सब पागल, लुट गये-से, अनाथ और आश्रयहीन-- यही तो हैं! आर्य्यराष्ट्र के कुचले हुए अंकुर, भग्न साम्राज्य-पोत के टूटे हुए पटरे और पतवार, ऐसे वीर हृदय! ऐसे उदार!!

मातृगुप्त--तुम कौन हो?

प्रख्यात०--सम्भवतः तुम्ही मातृगुप्त हो!

मातृगुप्त--(शंका से देखता हुआ) क्यों अहेरी कुत्तों के समान सूँघते हुए यहाँ भी! परंतु तुम ......

प्रख्यात०--संदेह मत करो मातृगुप्त! शैशव-सहचर कुमार धातुसेन की आज्ञा से मैं तुम लोगों को खोज रहा हूँ। यह लो प्रमाण-पत्र।

मातृगुप्त--(पढ़कर) धन्य सिंहल के युवराज श्रमण! कह देना, मैं आज्ञानुसार चलूंगा, और कनिष्क-चैत्य के समीप भेंट होगी।

प्रख्यातकीर्ति---कल्याण हो! (जाता है)

विजया---कहाँ चले हम लोग?

मातृगुप्त---उसी जंगल में।

[सब लोग जाते हैं]
[कमला की कुटी]

(विचित्र अवस्था में स्कंदगुप्त का प्रवेश)

स्कंद०-- बौद्धों का निर्वाण, योगियों की समाधि और पागलों की-सी सम्पूर्ण विस्मृति मुझे एक साथ चाहिये। चेतना कहती है कि तू राजा है, और उत्तर में जैसे कोई कहता है कि तू खिलौना है-- उसी खिलवाड़ी वटपत्रशायी बालक के हाथों का खिलौना है। तेरा मुकुट श्रमजीवी की टोकरी से भी तुच्छ है!

करुणा-सहचर! क्या जिसपर कृपा होती है, उसीको दुःख का अमोघ दान देते हो? नाथ! मुझे दुःखों से भय नहीं, संसार के संकोच-पूर्ण संकेतों की लज्जा नहीं। वैभव की जितनी कड़ियाँ टूटती हैं, उतना ही मनुष्य बंधनों से छूटता है, और तुम्हारी ओर अग्रसर होता है! परन्तु......यह ठीकरा इसी सिर पर फूटने को था! आर्य्य-साम्राज्य का नाश इन्हीं आँखो को देखना था! हृदय काँप उठता है, देशाभिमान गरजने लगता है! मेरा स्वत्व न हो, मुझे अधिकार की आवश्यकता नहीं। यह नीति और सदाचारों का महान आश्रय-वृक्ष-गुप्तसाम्राज्य-हरा-भरा रहे, और कोई भी इसका उपयुक्त रक्षक हो। ओह! जाने दो, गया, सब कुछ गया! मन बहलाने को कोई वस्तु न रही। कर्त्तव्य-विस्मृत; भविष्य- -अंधकार-पूर्ण, लक्ष्यहीन दौड़ और अनंत सागर का संतरण है!

बजा दो वेणु मनमोहन! बजा दो
हमारे सुप्त जीवन को जगा दो
विमल स्वातंत्र्य का वस मंत्र को
हमे सब भीति-धंधन से छुड़ा दो
सहारा उन अँगुलियों का मिले हाँ
रसीले राग में मन को मिला दो
तुम्हीं सत हो इसीकी चेतना हो
इसे आनन्दमय जीवन बना दो

(प्रार्थना में झुकता है; उन्मत्त भाव से शर्वनाग का प्रवेश)

शर्व०-- छीन लिया, गोद से छीन लिया; सोने के लोभ से मेरे लालों को शूल पर के माँस की तरह सेंकने लगे! जिनपर विश्व-भर का भंडार लुटाने को मैं प्रस्तुत था, उन्हीं गुदड़ी के लालों को राक्षसों ने- -हूणों ने--लुटेरों ने--लूट लिया! किसने आहों को सुना?--भगवान ने? नहीं, उस निष्ठर ने नहीं सुना। देखते हुए भी न देखा। आते थे कभी एक पुकार पर, दौड़ते थे कभी आधी आह पर, अवतार लेते थे कभी आर्य्यों की दुर्दशा से दुखी होकर; अब नहीं। देश के हरे कानन चिता बन रहे हैं। धधकती हुई नाश की प्रचंड ज्वाला दिग्दाह कर रही है। अपने ज्वालामुखियों को बर्फ की मोटी चादर से छिपाये हिमालय मौन है, पिघलकर क्यों नहीं समुद्र से जा मिलता? अरे जड़, मूक, बधिर, प्रकृति के टीले!

(उन्मत्त भाव से प्रस्थान)

स्कंद०-- कौन है? यह शर्वनाग है क्या? क्या अन्तर्वेद भी हूणों से पादाक्रांत हुआ? अरे आर्य्यावर्त्त के दुर्दैव बिजली के अक्षरों से क्या भविष्यत् लिख रहा है? भगवन्! यह अर्धोन्मत्त शर्व! आर्य्यसाम्राज्य की हत्या का कैसा भयानक दृश्य है? कितना वीभत्स है! सिंहों की विहारस्थली में श्रृंगाल-वृन्द सड़ी लोथ नोच रहे हैं!

(पगली रामा का प्रवेश; स्कंद को देखकर)

रामा-- लुटेरा है तू भी! क्या लेगा, मेरी सूखी हड्डियाँ? तेरे दाँतों से टूटेंगी? देख ते--(हाथ चढ़ाती है)

स्कंद०-- कौन? रामा!

रामा-- (आश्चर्य से) मैं रामा हूँ! हाँ, जिसकी संतान को हूणों ने पीस डाला! (ठहरकर) मेरी? मेरी

संतान! इन अभागों की-सी वे नहीं थीं। वे तो तलवार की बारीक धार पर पैर फैलाकर सोना जानती थीं! धधकती हुई ज्वाला में हँसते हुए कूद पड़ती थीं। तुम (देखती हुई) लुटेरे भी नहीं, उहूँ, कायर भी नहीं; अकर्मण्य बातो में भुलानेवाले तुम कौन हो? देखा था एक दिन! वही तो है जिसने अपनी प्रचंड हुङ्कार से दस्युओं को कँपा दिया था, ठोकर मारकर सोई हुई अकर्मण्य जनता को जगा दिया था, जिसके नाम से रोएँ खड़े हो जाते थे, भुजाएँ फड़कने लगती थीं। वही स्कंद--रमणियों का रक्षक, बालको का विश्वास, वृद्धों का आश्रय, और आर्य्यावर्त्त की छत्रच्छाया। नहीं, भ्रम हुआ! तुम निष्प्रभ, निस्तेज, उसीके मलिन-चित्र-से तुम कौन हो? (प्रस्थान)

स्कंद°-- (बैठकर) आह! मैं वही स्कंद हूँ-- अकेला निस्सहाय!

(कमला कुटी खोलकर बाहर निकलती है)

कमला-- कौन कहता है तुम अकेले हो? समग्र संसार तुम्हारे साथ है। स्वानुभूति को जागृत करो। यदि भविष्यत् से डरते हो कि तुम्हारा पतन ही समीप है, तो तुम उस अनिवार्य्य स्रोत से लड़ जाओ। तुम्हारे प्रचंड और विश्वासपूर्ण पदाघात से विंध्य के समान कोई शैल उठ खड़ा होगा, जो उस विघ्न-स्रोत को लौटा देगा। राम और कृष्ण के समान क्या तुम भी अवतार नहीं हो सकते? समझ लो, जो अपने कर्म्मों को ईश्वर का कर्म्म समझकर करता है, वही ईश्वर का अवतार है। उठो स्कंद! आसुरी वृत्तियों का नाश करो, सोनेवालों को जगाओ, और रोनेवालो को हँसाओ। आर्य्यावर्त्त तुम्हारे साथ होगा और उस आर्य्य-पताका के नीचे समग्र विश्व होगा। वीर!

स्कंद-- कौन तुम? भटार्क की जननी!

(नेपथ्य से क्रन्दन–'बचाओ बचाओ!' का शब्द)

स्कंद०-- कौन? देवसेना का-सा शब्द! मेरा खड्ग कहाँ है? (जाता है)

(देवसेना का पीछा करते हुए हूण का प्रवेश)

देवसेना-- भीम! भाई! मुझे इस अत्याचारी से बचाओ, कहाँ गये?

हूण-- कौन तुझे बचाता है! (पकड़ना चाहता है, देवसेना छुरी निकालकर आत्म-हत्या किया चाहती है। पर्णदत्त सहसा एक ओर से आकर एक हाथ से हूण की गर्दन, दूसरे हाथ से देवसेना की छुरी पकड़ता है।)

हूण-- क्षमा हो!

पर्णदत्त-- अत्याचारी! जा, तुझे छोड़ देता हूँ। आ बेटी, हम लोग चलें महादेवी की समाधि पर।

कमला-- कहाँ, वहीं--कनिष्क के स्तूप के पास?

देवसेना-- हाँ, कौन--कमला देवी?

कमला-- वही अभागिनी।

देवसेना-- अच्छा, जाती हूँ; फिर मिलूँगी।

(पर्णदत्त के साथ देवसेना का प्रस्थान)

(स्कंद का प्रवेश)

स्कंद०-- कोई नहीं मिला। कहाँ से वह पुकार आई थी? मेरा हृदय व्याकुल हो उठा है। सच्चे मित्र बंधुवर्म्मा की धरोहर! ओह!

कमला-- वह सुरक्षित है, घबराइये नहीं। कनिष्क के स्तूप के पास आपकी माता की समाधि है, वहीं पर पहुँचा दी गई है।

स्कंद-- मा! मेरी जननी! तू भी न रही! हा!
(मूर्छित होता है; कमला उसे कुटी में उठा ले जाती है।)
[पटाक्षेप]

पंचम अंक

[पथ में मुद्गल]

मुद्गल-- राजा से रंक और ऊपर से नीचे; कभी दुवृर्त्त दानव, कभी स्नेह-संवलित मानव; कहीं वीणा की झनकार, कहीं दीनता का तिरस्कार। (सिरपर हाथ रखकर बैठ जाता है)

भाग्यचक्र! तेरी बलिहारी! जयमाला यह सुनकर कि बंधुवर्म्मा वीरगति को प्राप्त हुए, सती हो गई, और देवसेना को लेकर बूढ़ा पर्णदत्त देवकुलिक का-सा महादेवी की समाधि पर जीवन व्यतीत कर रहा है। चक्रपालित, भीमवर्म्मा और मातृगुप्त, राजाधिराज को खोज रहे है। सब विक्षिप्त! सुना है कि विजया का मन कुछ फिरा है, वह भी इन्हीं लोगो के साथ मिली है; परंतु उसपर विश्वास करने का मन नहीं करता। अनंतदेवी ने पुरगुप्त के साथ हूणो से संधि कर ली हैं; मगध में महादेवी और परम भट्टारक बनने का अभिनय हो रहा है! सम्राट् की उपाधि है "प्रकाशादित्य"; परन्तु प्रकाश के स्थान पर अंधेरा है! आदित्य में गर्मी नहीं। सिंहासन के सिंह सोने के है! समस्त भारत हूणों के चरणों में लोट रहा है, और भटार्क मूर्ख की बुद्धि के समान अपने कर्मों पर पश्चात्ताप कर रहा है। (सामने देखकर) वह विजया आ रही है! तो हट चलूँ।

(उठकर जाना चाहता है)

विजया-- अरे मुद्गल! जैसे पहचानता ही न हो। सच है, समय बदलने पर लोगों की आंखें भी बदल जाती हैं।

मुद्गल-- तुम कौन हो जी? मुझे बेजान-पहचान की छेड़छाड़ अच्छी नहीं लगती और तिसपर मैं हूँ ज्योतिषी। जहाँ देखो वहीं यह प्रश्न होता है; मुझे उन बातों के सुनने में भी संकोच होता है- «मुझसे रूठे हुए हैं? किसी दूसरे पर उनका स्नेह है? वह सुन्दरी कब मिलेगी? मिलेगी या नहीं?? --इस देश के छबीले छैल और रसीली छोकरियों ने यही प्रश्न गुरूजी से पाठ में पढ़ा है। अभिचार के लिये, जुआ खेलने के लिये, प्रेम के लिये, और भी, अभिसार के लिये, मुहूर्त पूछे जाते हैं!

विजया-- क्या मुद्गल! मुझे पहचान लेने का भी तुम्हें अवकाश नहीं है?

मुद्गल-- अवकाश हो या नहीं, मुझे आवश्यकता नहीं।

विजया-- क्या आवश्यकता न होने से मनुष्य, मनुष्य से बात न करें? सच है, आवश्यकता ही संसार के व्यवहारों की दलाल है! परन्तु मनुष्यता भी कोई वस्तु है मुद्गल!

मुद्गल-- उसका नाम न लो। जिस हृदय में अखंड वेग है, तीव्र तृष्णा से जो पूर्ण है, जो कृतघ्नता और क्रूरताओं का भंडार है, जो अपने सुख--अपनी तृप्ति के लिये संसार में सब कुछ करने को प्रस्तुत है, उसका मनुष्यता से क्या सम्बन्ध?

विजया-- न सही, परन्तु इतना तो बता सकोगे, सम्राट् स्कंदगुप्त से कहाँ भेंट होगी? क्योंकि यह पता चला है कि वे जीवित हैं। मुद्गल-- क्या तुम महाराज से भेंट करोगी, किस मुँह से? अवन्ती में एक दिन यह बात सब जानते थे कि विजया महादेवी होगी!

विजया-- उसी एक दिन के बदले मुद्गल! आज मैं फिर कुछ कहना चाहती हूँ। वही एक दिन का

अतीत आज तक का भविष्य छिपाये था।

मुद्गल-- तुम्हारा साहस तो कम नहीं है।

विजया-- मुद्गल! बता दोगे?

मुद्गल-- तुम विश्वास के योग्य नहीं। अच्छा अब और तुम क्या कर लोगी। देवसेना के साथ जहाँ पर्णदत्त रहते हैं, आज कमलादेवी के कुटीर से सम्राट् वहीं अपनी जननी की समाधि पर जानेवाले हैं, उसी कनिष्क-स्तूप के पास। अच्छा, मैं जाता हूँ। देखो विजया! मैंने बता तो दिया, पर सावधान!

(जाता है)

विजया-- उसने ठीक कहा। मुझे स्वयं अपने पर विश्वास नहीं। स्वार्थ में ठोकर लगते ही मैं परमार्थ की ओर दौड़ पड़ी। परन्तु क्या यह सच्चा परिवर्त्तन है? क्या मैं अपने को भूलकर देशसेवा कर सकूँगी? क्या देवसेना****ओह! फिर मेरे सामने वही समस्या। आज तो स्कन्दगुप्त सम्राट् नहीं है; प्रतिहिंसे, सो जा। क्या कहा? नहीं, देवसेना ने एक बार मूल्य देकर खरीदा था, परन्तु विजया भी एक बार वही करेगी। देशसेवा तो होगी ही, यदि मैं अपनी भी कामना पूरी कर सकती! मेरा रत्नगृह अभी बचा है, उसे सेना-संकलन करने के लिये सम्राट् को दूँगी, और एक बार बनूँगी महादेवी। क्या नहीं होगा? अवश्य होगा। अदृष्ट ने इसीलिये उस रक्षित रत्नगृह को बचाया है! उससे एक साम्राज्य ले सकती हूँ! तो आज वही करूँगी, और इसमें दोनों होगा-- स्वार्थ और परमार्थ!

(प्रस्थान)

(भटार्क का प्रवेश)

भटार्क--अपने कुकर्मों का फल चखने में कड़वा, परन्तु परिणाम में मधुर होता है। ऐसा वीर, ऐसा उपयुक्त और ऐसा परोपकारी सम्राट्। परन्तु गया- मेरी ही भूल से सब गया! आज भी वे शब्द सामने आ जाते हैं, जो उस बूढ़े आमात्य ने कहा था-- «भटार्क, सावधान! जिस कालभुजंगी राष्ट्रनीति को लेकर तुम खेल रहे हो, प्राण देकर भी उसकी रक्षा करना।» हाय! न हम उसे वश में कर सके और न तो उससे अलग हो सके! मेरी उच्च आकांक्षा, वीरता का दम्भ, पाखंड की सीमा तक पहुँच गया। अनन्तदेवी--एक क्षुद्र नारी--उसके कुचक्र में, आशा के प्रलोभन में, मैंने सब बिगाड़ दिया। सुना है कि कहीं यहीं स्कंदगुप्त भी हैं; चलूँ उस महत् का दर्शन तो कर लूँ।

[कनिष्क-स्तूप के पास महादेवी की समाधि]

(अकेला पर्णदत्त, टहलते हुए)

पर्णदत्त-- सूखी रोटियाँ बचाकर रखनी पड़ती हैं। जिन्हें कुत्तों को देते हुए संकोच होता था, उन्हीं कुत्सित अन्नों का संचय! अक्षय निधि के समान उनपर पहरा देता हूँ। मैं रोऊँगा नहीं; परंतु यह रक्षा क्या केवल जीवन का बोझ वहन करने के लिये है? नहीं, पर्ण! रोना मत। एक बूँद भी आँसू आँखों में न दिखाई पड़े। तुम जीते रहो, तुम्हारा उद्देश सफल होगा। भगवान यदि होंगे तो कहेंगे कि मेरी सृष्टि में एक सच्चा हृदय था। सन्तोष कर उछलते हुए हृदय! संतोष कर, तू रोटियो के लिये नहीं जीता है; तू उसकी भूल दिखाता है, जिसने तुझे उत्पन्न किया है। परंतु जिस काम को कभी नहीं किया, उसे करते नहीं बनता, स्वांग भरते नहीं बनता; देश के बहुत-से दुर्दशा-ग्रस्त वीर-हदयों की सेवा के लिये करना पड़ेगा। मैं क्षत्रिय हूँ, मेरा यह पाप ही श्रापद्धर्म्म होगा; साक्षी रहना भगवन!

(एक नागरिक का प्रवेश)

पर्ण-- बाबा! कुछ दे दो।

नागरिक-- और वह तुम्हारी कहाँ गई वह......(संकेत करता है)

पर्ण०-- मेरी बेटी स्नान करने गई है। बाबा! कुछ दे दो।

नागरिक-- मुझे उसका गान बड़ा प्यारा लगता है, अगर वह गाती, तो तुम्हे कुछ अवश्य मिल जाता। अच्छा, फिर आऊँगा। (जाता है) पर्ण०-- (दाँत पीसकर)-- नीच, दुरात्मा, विलास का नारकीय कीड़ा! बालों को सँवारकर, अच्छे कपड़े पहनकर, अब भी घमंड से तना हुआ निकलता है? कुलवधुओं का अपमान सामने देखते हुए भी अकड़कर चल रहा है; अब तक विलास और नीच वासना नहीं गई! जिस देश के युवक ऐसे हों, उसे अवश्य दूसरों के अधिकार में जाना चाहिये। देश पर यह विपत्ति, फिर भी यह निराली धज!

देवसेना-- (प्रवेश करके) क्या है बाबा! क्यों चिढ़ रहे हो? जाने दो, जिसने नहीं दिया--उसने अपना; कुछ तुम्हारा तो नहीं ले गया!

पर्ण-- अपना! देवसेना! अन्न पर स्वत्व है भूखों का और धन पर स्वत्व है देशवासियों का। प्रकृति ने उन्हें हमारे लिये-- हमे भूखों के लिये रख छोड़ा है। वह थाती है; उसे लौटाने में इतनी कुटिलता! विलास के लिये उनके पास पुष्कल धन है, और दरिद्रों के लिये नहीं? अन्याय का समर्थन करते हुए तुम्हें भूल न जाना चाहिए कि......

देवसेना-- बाबा! क्षमा करो। आने दो, कोई तो देगा।

पर्ण०-- हमारे ऊपर सैकड़ों अनाथ वीरों के बालकों का भार है। बेटी! वे युद्ध में मरना जानते हैं, परंतु भूख से तड़पते हुए उन्हें देखकर आँखों से रक्त गिर पड़ता है।

देवसेना-- बाबा! महादेवी की समाधि स्वच्छ करती हुई आ रही हूँ। कई दिन से भीम नहीं आया, मातृगुप्त भी नहीं! सब कहाँ हैं? पर्ण०-- आवेंगे बेटी! तुम बैठो, मैं अभी आता हूँ।

(प्रस्थान)

देवसेना-- संगीत-सभा की अन्तिम लहरदार और आश्रयहीन तान, धूपदान की एक कीण गंध-धूम-रेखा, कुचले हुए फूलों का म्लान सौरभ, और उत्सव के पीछे का अवसाद, इन सबों की प्रतिकृति मेरा क्षुद्र नारी-जीवन! मेरे प्रिय गान! अब क्यों गाऊँ और क्या सुनाऊँ? इस बार-बार के गाये हुए गीतों में क्या आकर्षण है--क्या बल है जो खींचता है? केवल सुनने की ही नहीं, प्रत्युत् जिसके साथ अनन्त काल तक कंठ मिला रखने की इच्छा जग जाती है।

(गाती है)

शून्य गगन में खोजता जैसे चन्द्र निराश
राका में रमणीय यह किसका मधुर प्रकाश
हृदय! तू खोजता किसको छिपा है कौन-सा तुझमें
मचलता है बता क्या दूँ छिपा तुझसे न कुछ मुझमें
रस-निधि में जीवन रहा, मिटी न फिर भी प्यास
मुँह खोले मुक्तामयी सीपी स्वाती आस
हृदय! तू है बना जलनिधि, लहरियाँ खेलती तुझमें
मिला अब कौन-सा नवरत्न जो पहले न था तुझमें

(प्रस्थान)

(वेश बदले हुए स्कन्दगुप्त का प्रवेश)

स्कंद०-- जननी! तुम्हारी पवित्र स्मृति को प्रणाम।

(समाधि के समीप घुटने टेककर फूल चढ़ाता है)

माँ! अन्तिम बार आशीर्वाद नहीं मिला, इसीसे यह कष्ट; यह अपमान। माँ! तुम्हारी गोद में पलकर भी तुम्हारी सेवा न कर सका--यह अपराध क्षमा करो।

(देवसेना का प्रवेश)

देवसेना--(पहचानती हुई) कौन? अरे! सम्राट् की जय हो!

स्कंद॰-- देवसेना!

देवसेना-- हाँ राजाधिराज! धन्य भाग्य, रज दर्शन हुए।

स्कंद॰-- देवसेना! बड़ी-बड़ी कामनाएँ थीं।

देवसेना-- सम्राट!

स्कंद॰-- क्या तुमने यहाँ कोई कुटी बना ली है?

देवसेना-- हाँ, यही गाकर भीख माँगती हूँ, और आर्य्य पर्दणत्त के साथ रहती हुई महादेवी की समाधि परिष्कृत करती हूँ।

स्कंद॰-- मालवेश-कुमारी देवसेना! तुम और यह कर्म्म! समय जो चाहे करा ले। कभी हमने भी तुझे अपने काम का बनाया था। देवसेना! यह सब मेरा प्रायश्चित्त है। आज मैं बंधुवर्म्मा की आत्मा को क्या उत्तर दूँगा? जिसने निःस्वार्थ भाव से सब कुछ मेरे चरणों मे अर्पित कर दिया था, उससे कैसे उऋण होऊँगा? मैं यह सब देखता हूँ और जीता हूँ।

देवसेना-- मैं अपने लिये ही नहीं माँगती देव! आर्य्य पर्णदत्त ने साम्राज्य के बिखरे हुए सब रत्न एकत्र किये हैं, वे सब निर-विलम्ब हैं। किसीके पास टूटी हुई तलवार ही बची है, तो किसीके जीर्ण वस्त्र-खंड। उन सबकी सेवा इसी आश्रम में होती है।

स्कंद॰--वृद्ध पर्णदत्त, तात पर्णदत्त! तुम्हारी यह दशा? जिसके लोहे से आग बरसती थी, वह जंगल की लकड़ियाँ बटोरकर आग सुलगाता है! देवसेना! अब इसका कोई काम नहीं; चलो महादेवी की समाधि के सामने प्रतिश्रुत हों, हम तुम अब अलग न होंगे। साम्राज्य तो नहीं है, मैं बचा हूँ; वह अपना ममत्व तुम्हें अर्पित करके उऋण होऊँगा, और एकांतवास करूँगा।

देवसेना--सो न होगा सम्राट्! मैं दासी हूँ। मालव ने जो देश के लिये उत्सर्ग किया है, उसका प्रतिदान लेकर मृत आत्मा का अपमान न करूँगी। सम्राट्! देखो, यहीं पर सती जयमाला की भी छोटी-सी समाधि है, उसके गौरव की भी रक्षा होनी चाहिये।

स्कंद॰--देवसेना! बंधु बंधुवर्म्मा की भी तो यही इच्छा थी।

देवसेना--परंतु क्षमा हो सम्राट्! उस समय आप विजया का स्वप्न देखते थे; अब प्रतिदान लेकर मैं उस महत्त्व को कलंकित न करूँगी। मै आजीवन दासी बनी रहूँगी; परंतु आपके प्राप्य मे भाग न लूँगी।

स्कंद॰--देवसेना! एकांत में, किसी कानन के कोने में, तुम्हे देखता हुआ, जीवन व्यतीत करूँगा। साम्राज्य की इच्छा नहीं—एक बार कह दो। देवसेना-- तब तो और भी नहीं। मालव का महत्त्व तो रहेगा ही, परन्तु उसका उद्देश्य भी सफल होना चाहिये। आपको अकर्म्मण्य बनाने के लिये देवसेना जीवित न रहेगी। सम्राट्, क्षमा हो। इस हृदय में ...... आह! कहना ही पड़ा, स्कंदगुप्त को छोड़कर न तो कोई दूसरा आया और न वह जायगा। अभिमानी भक्त के समान निष्काम होकर मुझे उसीकी उपासना करने दीजिये; उसे कामना के भंवर में फंसाकर कलुषित न कीजिये। नाथ! मैं आपकी ही हूँ, मैंने अपने को दे दिया है, अब उसके बदले कुछ लिया नहीं चाहती।

(पैर पर गिरती है)

स्कंद॰-- (आँसू पोंछता हुआ) उठो देवसेना! तुम्हारी विजय हुई। आज से मैं प्रतिज्ञा करता हूँ कि, मैं कुमार-जीवन ही व्यतीत करूँगा। मेरी जननी की समाधि इसमें साक्षी है।

देवसेना-- हैं, हैं, यह क्या किया!

स्कंद-- कल्याण का श्रीगणेश। यदि साम्राज्य का उद्धार कर सका तो उसे पुरगुप्त के लिये निष्कंटक छोड़ जा सकूँगा।

देवसेना-- (निःश्वास लेकर) देवव्रत! तुम्हारी जय हो। जाऊँ आर्य्य पर्णदत्त को लिवा लाऊँ। (प्रस्थान)

(विजया का प्रवेश)

विजया-- इतना रक्तपात और इतनी ममता, इतना मोह-- जैसे सरस्वती के शोणित जल में इन्दीवर का विकास। इस कारण अब मैं भी मरती हूँ। मेरे स्कंद! मेरे प्राणाधार!

स्कंद--(घूमकर)--यह कौन, इन्द्रजाल मंत्र? अरे विजया!

विजया--हाँ, मैं ही हूँ।

स्कंद--तुम कैसे?

विजया--तुम्हारे लिये मेरे अन्तस्तल की आशा जीवित है!

स्कंद--नहीं विजया! उस खेल को खेलने की इच्छा नहीं; यदि दूसरी बात हो तो कहो। उन बातो को रहने दो।

विजया--नहीं, मुझे कहने दो। (सिसकती हुई) मैं अब भी.........

स्कंद--चुप रहो विजया! यह मेरी आराधना की तपस्या की भूमि है, इसे प्रवञ्चना से कलुषित न करो। तुमसे यदि स्वर्ग भी मिले, तो मैं उससे दूर ही रहना चाहता हूँ।

विजया--मेरे पास अभी दो रत्न-गृह छिपे हैं, जिनसे सेना एकत्र करके तुम सहज ही इन हूणो को परास्त कर सकते हो।

स्कंद०--परन्तु साम्राज्य के लिये मैं अपने को नही बेच सकता। विजया! चली जाओ; इस निर्लज्ज प्रलोभन की आवश्यकता नहीं। यह प्रसङ्ग यही तक।

विजया--मैंने देशवासियों को सन्नद्ध करने का संकल्प किया है, और भटार्क का संसर्ग छोड़ दिया है। तुम्हारी सेवा के उपयुक्त बनने का उद्योग कर रही हूँ। मैं मालव और सौराष्ट्र को तुम्हारे लिये स्वतंत्र करा दूँगी; अर्थ-लोभी हूण-दस्युओं से उसे छुड़ा लेना मेरा काम है। केवल तुम स्वीकार कर लो।

स्कंद०--विजया! तुमने मुझे इतना लोभी समझ लिया है? मैं सम्राट बनकर सिंहासन पर बैठने के लिये नहीं हूँ। शस्त्र-बल से शरीर देकर भी यदि हो सका तो जन्म-भूमि का उद्धार कर लूँगा। सुख के लोभ से, मनुष्य के भय से, मैं उत्कोच देकर क्रीत साम्राज्य नहीं चाहता।

विजया--क्या जीवन के प्रत्यक्ष सुखो से तुम्हें वितृष्णा हो गई है? आओ, हमारे साथ बचे हुए जीवन का आनंद लो।

स्कंद०--और असहाय दीनों को, राक्षसों के हाथ, उनके भाग्य पर छोड़ दें?

विजया--कोई दुःख भोगने के लिये है, कोई सुख। फिर सबका बोझ अपने सिर पर लादकर क्यो व्यस्त होते हो?

स्कंद°--परंतु इस संसार का कोई उद्देश है। इसी पृथ्वी को स्वर्ग होना है, इसीपर देवताओं का निवास होगा; विश्व-नियन्ता का ऐसा ही उद्देश मुझे विदित होता है। फिर उसकी इच्छा क्यो न पूर्ण करूँ? विजया! मै कुछ नहीं हूँ, उसका अस्त्र हूँ--परमात्मा का अमोघ अस्त्र हूँ। मुझे उसके संकेत

पर केवल अत्याचारियो के प्रति प्रेरित होना है। किसीसे मेरी शत्रुता नहीं, क्योंकि मेरी निज की कोई इच्छा नहीं। देशव्यापी हलचल के भीतर कोई शक्ति कार्य कर रही है, पवित्र प्राकृतिक नियम अपनी रक्षा करने के लिये स्वयं सन्नद्ध हैं। मैं उसी-ब्रह्मचक्र का एक ...

विजया--रहने दो यह थोथा ज्ञान। प्रियतम! यह भरा हुआ यौवन और प्रेमी हृदय विलास के उपकरणों के साथ प्रस्तुत है। उन्मुक्त आकाश के नील-नीरद-मंडल में दो बिजलियों के समान क्रीड़ा करते-करते हम लोग तिरोहित हो जायँ। और उस क्रीड़ा में तीव्र आलोक हो, जो हम लोगों के विलीन हो जाने पर भी जगत् की आँखों को थोड़े काल के लिये बन्द कर रक्खे। स्वर्ग की कल्पित अप्सराएँ और इस लोक के अनंत पुण्य के भागी जीव भी जिस सुख को देखकर आश्चर्यचकित हों, वही मादक सुख, घोर आनन्द, विराट विनोद, हम लोगों का आलिङ्गन करके धन्य हो जाय!--

अगरु-धूम की श्याम लहरियाँ उलझी हों इन अलकों से
मादकता-लाली के डोरे इधर फँसे हो पलकों से

व्याकुल बिजली-सी तुम मचलो आर्द्र-हृदय-घनमाला से
आँसू बरुनी से उलझे हों, अधर प्रेम के प्याला से

इस उदास मन की अभिलाषा अँटकी रहे प्रलोभन से
व्याकुलता सौ-सौ बल खाकर उलझ रही हो जीवन से

छवि-प्रकाश-किरणें उलझी हों जीवन के भविष्य तम से
ये लायेंगी रङ्ग सुलालित होने दो कम्पन सम से

इस आकुल जीवन की घड़ियाँ इन निष्ठर आघातों से
बजा करें अगणित यन्त्रों से सुख-दुख के अनुपातों से

उखड़ी साँसे उलझ रही हों धड़कन से कुछ परिमित हो
अनुनय उलझ रहा हो तीखे तिरस्कार से लांछित हो

यह दुर्बल दीनता रहे उलझी फिर चाहे ठुकराओ
निर्दयता के इन चरणों से, जिसमें तुम भी सुख पाओ

(स्कन्द के पैरों को पकड़ती है)

स्कंद--(पैर छुड़ाकर) विजया! पिशाची! हट जा; नहीं जानती, मैंने आजीवन कौमार-व्रत की प्रतिज्ञा की है।

विजया--तो क्या मै फिर हारी?

(भटार्क का प्रवेश)

भटार्क--निर्लज्ज हारकर भी नहीं हारता, मरकर भी नहीं मरता।

विजया--कौन, भटार्क?

भटार्क--हाँ, तेरा पति भटार्क। दुश्चरित्रे! सुना था कि तुझे देश-सेवा करके पवित्र होने का अवसर मिला है, परन्तु हिंस्र पशु कभी एकादशी का व्रत करेगा--कभी पिशाची शांति-पाठ पढ़ेगी!

विजया--(सिर नीचा करके) अपराध हुआ।

भटार्क--फिर भी किसके साथ? जिसके ऊपर अत्याचार करके मै भी लज्जित हूँ, जिससे क्षमा-याचना करने मैं आ रहा था। नीच स्त्री!

विजया--घोर अपमान, तो बस...

(छुरी निकालकर आत्म-हत्या करती है)

स्कंद०--भटार्क! इसके शव का संस्कार करो।

भटार्क--देव! मेरी भी लीला समाप्त है।

(छुरी निकालकर अपने को मारना चाहता है, स्कंद हाथ पकड़ लेता है)

स्कंद०--तुम वीर हो, इस समय देश को वीरो की आवश्यकता है। तुम्हारा यह प्रायश्चित्त नहीं। रणभूमि में प्राण देकर जननी जन्मभूमि का उपकार करो। भटार्क! यदि कोई साथी न मिला तो साम्राज्य के लिये नहीं--जन्मभूमि के उद्धार के लिये मैं अकेला युद्ध करूँगा और तुम्हारी प्रतिज्ञा पूरी होगी, पुरगुप्त को सिंहासन देकर मैं वानप्रस्थ-आश्रम ग्रहण करूँगा। आत्म-हत्या के लिये जो अस्त्र तुमने ग्रहण किया है, उसे शत्रु के लिये सुरक्षित रक्खो।

भटार्क-- (स्कन्द के सामने घुटने टेककर) «श्री स्कन्दगुप्त विक्रमादित्य की जय हो!" जो आज्ञा होगी, वही करूँगा।

स्कन्द०-- पहिले इस शव का प्रबंध होना चाहिये (प्रस्थान)

भटार्क-- (स्वगत) इस घृणित शव का अग्नि-संस्कार करना ठीक नहीं, लाओ इसे यहीं गाड़ दूँ!

(भूमि खोदते समय एक भयानक शब्द के साथ रत्नगृह का प्रकट होना और भटार्क का प्रसन्न होकर पुकारना; स्कन्दगुप्त का आकर रत्नगृह देखना)

स्कन्द०-- भटार्क! यह तुम्हारा है।

भटार्क-- हाँ सम्राट्! यह हमारा है, इसीलिये देश का है। आज से मैं सेना-संकलन में लगूँगा।

स्कन्द°-- वह दूर पर बड़ी भीड़ हो रही है स्तूप के पास। भटार्क-- नागरिकों का उत्सव है। (रत्नगृह बन्द करके) चलिये, देखूँ। (स्तूप का एक भाग--नागरिकों का आना। उन्हीं में वेश बदले हुए मातृगुप्त, भीमवर्म्मा, चक्रपालित, शर्वनाग, कमला, रामा इत्यादि। दूसरी ओर से वृद्ध पर्णदत्त का हाथ पकड़े हुए देवसेना का प्रवेश)

१–नागरिक--अरे वह छोकरी आ गई, इससे कुछ सुना जाय।

२. नागरिक--हाँ रे छोकरी! कुछ गा तो।

पर्ण०--भीख दो बाबा! देश के बच्चे भूखे है, नंगे है, असहाय है; कुछ दो बाबा!

१--अरे गाने भी दे बूढ़े!

पर्ण०--हाय रे अभागे देश!

(देवसेना गाती है)

देश की दुर्दशा निहारोगे
डूबते को कभी उबारोगे
हारते ही रहे, न है कुछ अब
दाँव पर आपको न हारोगे
कुछ करोगे कि बस सदा रोकर
दीन हो दैव को पुकारोगे
सो रहे तुम, न भाग्य होता है
आप बिगड़ी तुम्हीं सँवारोगे
दीन जीवन बिता रहे अब तक
क्या हुए जा रहे, विचारोगे

पर्ण०--नहीं बेटी, ये निर्लज्ज कभी विचार नहीं करेंगे। चक्रपालित और भीमवर्म्मा-- आर्य पर्णदत्त की जय!

पर्ण०-- मुझे जय नहीं चाहिये-भीख चाहिये। जो दे सकता हो अपने प्राण, जो जन्मभूमि के लिये उत्सर्ग कर सकता हो जीवन, वैसे वीर चाहिये; कोई देगा भीख में?

स्कंद०-- (भीड़ में से निकलकर) मैं प्रस्तुत हूँ तात!

भटार्क-- श्री स्कंदगुप्त विक्रमादित्य को जय हो!

(नागरिकों में से बहुत-से युवक निकल पड़ते हैं)

सब-- हम हैं, हम आपकी सेवा के लिये प्रस्तुत हैं।

स्कंद॰-- आर्य्य पर्णदत्त!

पर्ण०-- आओ वत्स! सम्राट्! (आलिङ्गन करता है)

[उत्साह से जनता पूजा के फूल बरसाती है। चक्रपालित, भीमवर्म्मा, मातृगुप्त, शर्वनाग, कमला, रामा, सबका प्रकट होना---जयनाद!]

[महाबोधि-विहार]

(अनन्तदेवी, पुरगुप्त, प्रख्यातकीर्ति, हूण-सेनापति)

अनन्त०--इसका उत्तर महाश्रमण देंगे।

हूण-सेनापति--मुझे उत्तर चाहिये, चाहे कोई दे।

प्रख्यात०--सेनापति! मुझसे सुनो। समस्त उत्तरापथ का बौद्ध संघ जो तुम्हारे उक्कोच के प्रलोभन में भूल गया था, वह अब न होगा।

हूण-सेना०--तभी बौद्ध जनता से जो सहायता हूण-सैनिकों को मिलती थी, बन्द हो गई; और उलटा तिरस्कार!

प्रख्यात०--वह भ्रम था। बौद्धों को विश्वास था कि हूण लोग सद्धर्म्म के उत्थान करने में सहायक होंगे, परन्तु ऐसे हिंसक लोगों को सद्धर्म्म कोई आश्रय नहीं देगा। (पुरगुप्त की ओर देख कर) यद्यपि संघ ऐसे अकर्म्मण्य युवक को आर्य्यसाम्राज्य के सिंहासन पर नहीं देखा चाहता, तो भी बौद्ध धम्माचरण करेंगे, राजनीति में भाग न लेंगे।

अनन्त०--भिक्षु! क्या कह रहे हो? समझकर कहना।

हूण-सेना०--गोपाद्रि से समाचार मिला है, स्कंदगुप्त फिर जी उठा है, और सिंधु के इस पार के हूण उसके घेरे में है; संभवतः शीघ्र ही अन्तिम युद्ध होगा। तब तक के लिये संघ को प्रतिज्ञा भंग न करनी चाहिये।

पुरगुप्त--क्या युद्ध! तुम लोगो को कोई दूसरी बात नहीं...

अनन्त०--चुप रहो। पुरगुप्त-- तब फिर एक पात्र। (सेवक देता है)

प्रख्यात०-- अनार्य्य! विहार में मद्यपान! निकलो यहाँ से।

अनंत-- भिक्षु! समझकर बोलो; नहीं तो मुंडित मस्तक भूमि पर लोटने लगेगा!

हूण-सेना०-- इसीकी सब प्रवञ्चना है; इसका तो मैं अवश्य ही वध करूँगा।

प्रख्यात०-- क्षणिक और अनात्मभव में किसका कौन वध करेगा मूर्ख!

हूण-सेना०-- पाखंड! मरने के लिये प्रस्तुत हो!

प्रख्यात°-- सिंहल के युवराज की प्रेरणा से हम लोग इस सत्पथ पर अग्रसर हुए है; वहाँ से नहीं लौट सकते।

(हूण-सेनापति मारना चाहता है)

कुमार धातुसेन--(सहसा प्रवेश करके) «सम्राट् स्कन्दगुप्त की जय!"

(सैनिक सवको बन्दी कर लेते हैं)

धातु०-- कुचक्रियो! अपने फल भोगने के लिये प्रस्तुत हो जाओ! भारत के भीतर की बची हुई समस्त हूण-सेना के रुधिर से यह उन्हीं की लगाई हुई ज्वाला शांत होगी।

अनंत०-- धातुसेन! यह क्या, तुम हो?

धातु०-- हाँ महादेवी! एक दिन मैंने समझाया था, तब मेरी अवहेला की गई; यह उसीका परिणाम है। (सैनिकों से) सबको शीघ्र साम्राज्य-स्कन्धावार में ले चलो।

[सबका प्रस्थान]

[रणक्षेत्र]

(सम्राट् स्कंदगुप्त, भटार्क, चक्रपालित, पर्णदत्त, मातृगुप्त, भीमवर्म्मा इत्यादि सेना के साथ परिभ्रमण करते है।)

मातृगुप्त-- वीरो!--(गान)--

हिमालय के आँगन में उसे प्रथम किरणों का दे उपहार उषा ने हँस अभिनंदन किया और पहनाया हीरक-हार जगे हम, लगे जगाने, विश्व लोक में फैला फिर आलोक व्योम-तम-पुञ्ज हुआ तब नष्ट, अखिल संस्कृति हो उठी अशोक विमल वाणी ने वीणा ली कमल-कोमल-कर में सप्रीत सप्तस्वर सप्त सिंधु में उठे, छिड़ा तब मधुर साम-संगीत बचाकर बीज-रूप से सृष्टि, नाव पर झेल प्रलय का शीत अरुण-केतन लेकर निज हाथ वरुण पथ में हम बढ़े अभीत सुना है दधीचि का वह त्याग हमारी जातीयता विकास पुरन्दर ने पवि से है लिखा अस्थि-युग का मेरे इतिहास सिंधु-सा विस्तृत और अथाह एक निर्वासित का उत्साह दे रही अभी दिखाई भग्न मग्न रत्नाकर में वह राह धर्म्म का ले लेकर जो नाम हुआ करती बलि, कर दी बंद हम ने दिया शांति-संदेश, सुखी होते देकर आनन्द विजय केवल लोहे की नहीं, धर्म्म की रही धरा पर धूम भिक्षु होकर रहते सम्राट दया दिखलाते घर-घर घूम यवन को दिया दया का दान, चीन को मिली धर्म्म की वृष्टि मिला था स्वर्ण-भूमि को रत्न, शील की सिंहल को भी सृष्टि किसीका हमने छीना नहीं, प्रकृति का रहा पालना यहीं हमारी जन्मभूमि थी यही, कहीं से हम आये थे नहीं जातियों का उत्थान-पतन आँधियाँ, झड़ी, प्रचंड समीर खड़े देखा, झेला हँसते, प्रलय में पले हुए हम वीर चरित थे पूत, भुजा में शक्ति, नम्रता रही सदा सम्पन्न हृदय के गौरव में था गर्व, किसी को देख न सके विपन्न हमारे सञ्चय में था दान, अतिथि थे सदा हमारे देव वचन में सत्य, हृदय में तेज, प्रतिज्ञा में रहती थी टेव वही है रक्त, वही है देश, वही साहस है, वैसा ज्ञान वही है शांति, वही है शक्ति, वही हम दिव्य आर्य्य-संतान जियें तो सदा उसी के लिये, यही अभिमान रहे, यह हर्ष निछावर कर दें हम सर्वस्व, हमारा प्यारा भारतवर्ष

सब-- (समवेत स्वर से) जय! राजाधिराज स्कन्दगुप्त की जय!!

(हूण-सेना के साथ खिङ्गिल का आगमन)

खिङ्गिल-- बच गया था भाग्य से, फिर सिंह के मुख में आना चाहता है। भीषण परशु के प्रहारों से तुम्हें अपनी भूल स्मरण हो जायगी।

स्कन्द०-- यह बात करने का स्थल नहीं। (घोर युद्ध, खिङ्गिल घायल होकर बंदी होता है। सम्राट् को बचाने में वृद्ध पर्णदत्त की मृत्यु; गरुड़ध्वज की छाया में वह लिटाया जाता है।)

स्कन्द०-- धन्य वीर आर्य्य पर्णदत्त!

सब-- आर्य्य पर्णदत्त की जय! आर्य्य-साम्राज्य की जय!!

(बन्दी-वेश में पुरगुप्त और अनन्तदेवी के साथ धातुसेन का प्रवेश)

स्कंद-- मेरी सौतेली माता! इस विजय से आप सुखी होंगी। अनंत०-- क्यों लज्जित करते हो स्कंद ! तुम भी तो मेरे पुत्र हो ?

स्कंद०-- आह ! यही यदि होता मेरी विमाता ! तो देश की इतनी दुर्दशा न होती।

अनंत०-- मुझे क्षमा करो सम्राट् !

स्कंद°-- माता का हृदय सदैव क्षम्य है। तुम जिस प्रलोभन से इस दुष्कर्म में प्रवृत्त हुई हो, वही ते कैकेयी ने किया था। तुम्हारा इसमें दोष नहीं। जब तुमने आज मुझे पुत्र कहा, तो मैं भी तुम्हे माता ही समझूँगा। परंतु कुमारगुप्त के इस अग्नितेज को तुमने अपने कुत्सित कर्मों की राख से ढक दिया। पुरगुप्त !

पुरगुप्त-- देव ! अपराध हुआ। (पैर पकड़ता है)

स्कंद०-- भटार्क ! मैने तुम्हारी प्रतिज्ञा पूरी की। लो, आज इस रणभूमि में मैं पुरगुप्त के युवराज बनाता हूँ। देखना, मेरे बाद जन्मभूमि की दुर्दशा न हो। (रक्त का टीका पुरगुप्त को लगाता है)

भटार्क-- देवव्रत ! अभी आपकी छत्रछाया में हम लोगों को बहुत-सी विजय प्राप्त करनी है; यह आप क्या कहते हैं ?

स्कन्द०-- क्षत-जर्जर शरीर अब बहुत दिन नहीं चलेगा, इसीसे मैने भावी साम्राज्य-नीति की घोषणा कर दी है। इस हूण को छोड़ दो, और कह दो कि सिंधु के इस पार के पवित्र देश में कभी आने का साहस न करे।

खिङ्गिल-- आर्य्यसम्राट् ! आपकी आज्ञा शिरोधार्य्य है।

[जाता है]

[उद्यान का एक भाग]

देवसेना-- हृदय की कोमल कल्पना ! सो जा। जीवन में जिसकी संभावना नहीं, जिसे द्वार पर आये हुए लौटा दिया था, उसके लिये पुकार मचाना क्या तेरे लिये कोई अच्छी बात है ? आज जीवन के भावी सुख, आशा और आकांक्षा–सबसे मैं बिदा लेती हूँ !

आह ! वेदना मिली विदाई
मैने भ्रम-वश जीवन-सञ्चित
मधुकरियों की भीख लुटाई

छलछल थे संध्या के श्रमकण
आँसू-से गिरते थे प्रतिक्षण
मेरी यात्रा पर लेती थी--
नीरवता अनन्त अँगड़ाई

श्रमित स्वप्न की मधुमाया में
गहन-विपिन की तरु-छाया में
पथिक उनींदी श्रुति में किसने--
यह विहाग की तान उठाई

लगी सतृष्ण दीठ थी सबकी
रही बचाये फिरती कबकी
मेरी आशा आह ! बावली
तूने खो दी सकल कमाई

चढ़कर मेरे जीवन-रथ पर
प्रलय चल रहा अपने पथ पर
मैंने निज दुर्बल पद-बल पर
उससे हारी- होड़ लगाई

लौटा लो यह अपनी थाती
मेरी करुणा हा-हा खाती
विश्व! न सँभलेगी यह मुझसे
इसने मन की लाज गँवाई

(स्कंदगुप्त का प्रवेश)

स्कंद०-- देवसेना !

देव०-- जय हो देव ! श्रीचरणों में मेरी भी कुछ प्रार्थना है।

स्कंद°-- मालवेश-कुमारी ! क्या आज्ञा हैं? आज बंधुवर्मा इस आनन्द को देखने के लिये नहीं हैं ! जननी जन्मभूमि के उद्धार करने की जिस वीर की दृढ़ प्रतिज्ञा थी, जिसका ऋण कभी प्रतिशोध नहीं किया जा सकता, उसी वीर बंधुवर्म्मा की भगिनी मालवेश-कुमारी देवसेना की क्या आज्ञा है ?

देवसेना-- मैं मृत भाई के स्थान पर यथाशक्ति सेवा करती रही; अब मुझे छुट्टी मिले !

स्कंद०-- देवी ! यह न कहो। जीवन के शेष दिन, कर्म्म के अवसाद में बचे हुए हम दुखी लोग, एक दूसरे का मुँह देखकर काट लेंगे। हमने अन्तर की प्रेरणा से शस्त्र द्वारा जो निष्ठरता की थी, वह इसी पृथ्वी को स्वर्ग बनाने के लिये। परन्तु इस नंदन की वसन्त-श्री, इस अमरावती की शची, इस स्वर्ग की लक्ष्मी, तुम चली जाओ-- ऐसा मैं किस मुंह से कहूँ ? (कुछ ठहरकर सोचते हुए) और किस वज्र-कठोर हृदय से तुम्हें रोकूँ ?

देवसेना ! देवसेना !! तुम जाओ। हतभाग्य स्कंदगुप्त, अकेला स्कंद, ओह !!

देवसेना-- कष्ट, हृदय की कसौटी है, तपस्या अग्नि है। सम्राट्य दि इतना भी न कर सके तो क्या ! सब क्षणिक सुखों का अंत है। जिसमें सुखों का अंत न हो, इसलिये सुख करना ही न चाहिये। मेरे इस जीवन के देवता ! और उस जीवन के प्राप्य ! क्षमा !

(घुटने टेकती है; स्कन्द उसके सिर पर हाथ रखता है।)

[यवनिका]

Lector House believes that a society develops through a two-fold approach of continuous learning and adaptation, which is derived from the study of classic literary works spread across the historic timeline of literature records. Therefore, we aim at reviving, repairing and redeveloping all those inaccessible or damaged but historically as well as culturally important literature across subjects so that the future generations may have an opportunity to study and learn from past works to embark upon a journey of creating a better future.

This book is a result of an effort made by Lector House towards making a contribution to the preservation and repair of original ancient works which might hold historical significance to the approach of continuous learning across subjects.

HAPPY READING & LEARNING!

LECTOR HOUSE LLP
E-MAIL: lectorpublishing@gmail.com